Image &
International Manners

이미지와
국제 매너

한올출판사

"이미지는 곧 힘이다."

국가의 이미지는 국력의 척도가 되기도 하며 기업의 이미지는 기업의 성공과 밀접한 관계가 있으며 정치인의 이미지는 당락의 중요한 결정 요인이 되기도 한다. 또한 개인의 이미지는 자신에 대한 신뢰도나 공신력이 되어 자신의 목표로 하는 삶을 위한 커다란 위력을 발휘하기도 한다.

흔히들 현대는 이미지의 시대라고 한다. 모든 것이 이미지에 달려 있다는 얘기다. 개인도, 기업도, 국가도 마찬가지이다. 개인이 자신의 이미지 관리에 많은 노력을 하고 기업들이 이미지 광고에 전력을 기울이고 있는 것, 국가가 해외에 자신들의 문화를 홍보하는 것도 다 이 때문이다. 이제 국제 사회는 이미지로 먹고 사는 사회이다. 세계가 하나가 되어가는 이 시대에 살면서 나라나 민족의 이미지 창출에 실패한다면 우리의 경제 발달을 저해하는 커다란 요인이 될 수밖에 없다.

현대 사회에서 성공 요인이 될 수 있는 이미지의 창출, 그럼 이미지란 무엇인가?

이미지란 총체적인 것이며 연속적이며 추상적인 것이다. 하나의 이미지가 형성되기까지는 수많은 지식과 풍성한 정신과 노력이 농축되어 있다. 이 이미지는 오랜 시간을 두고 서서히 형성되며 유무형의 모든 요소들이 투영되어 있다. 사람들은 이것을 알기 때문에 이미지에 거는 기대는 크다. 한 번 잘못 입력된 이미지는 결코 한 때의 제스처나 홍보 사교적인 언어로 쉽게 바뀌어지지 않는다. 우리 자신의 이미지를 바꾸기 위해서나 국가의 이미지를 바꾸기 위해서는 먼저 자신의 생각이 바뀌어야 하고, 행동으로 실천해야만 한다.

세계속의 우리 한국의 이미지도 우리 자신이 먼저 자신과 민족을 사랑할 때에 타인도

인류도 사랑할 수 있으며 우리의 불명예스런 국가 이미지도 전환할 수 있을 것이다. 가장 바람직한 이미지는 자신에 대한 사랑과 타인에 대한 배려에서 시작되어 진다는 얘기다. 그럼, 개인이나 기업, 국가 모두 이미지에 의해 좌우되는 시대에 살고 있다면 과연 이미지의 정체는 무엇인가?

Chapter **1** 이미지란?

C·o·n·t·e·n·t·s

Chapter **2** 국 제매너

상황별 에티켓과 매너 169

Chapter 3 성공적인 면접을 위한 Image Making

상대를 사로잡는 자기 소개서 238

1 기업에서 자기 소개서를 요구하는 이유 / 238

2 자기 소개서에 꼭 들어가야 할 내용 5가지 / 239

3 작성시 항상 주의할 점 / 241

4 자기 소개서 작성의 여러 유형 / 243

성공적인 면접을 위한 이미지 연출법 248

1 업종별 면접 요령 / 248

2 면접시의 요령 / 249

이미지란?

이미지의 개념

이미지는 상(象), 표상(表象)·심상(心象)등의 다양한 뜻을 지니고 있다. 이는 가시적 형태나 율동 등의 대상으로부터 느끼는 분위기·감각·연상 등 총제적인 개념으로 표현될 수 있으며, 인간의 지각 활동에 의해 형성된다. 인간이 자극을 받아들여서 뇌 속의 이미지들과 결합과정을 거쳐 새로운 의미를 가지게 되는 과정을 지각화 과정이라고 하는데 이때 부여된 의미를 이미지라고 할 수 있다. 다시 말해서 이미지란 지각화 과정인 자극-지각-인지-태도-반응을 통한 주관적이고도 선택적인 외부상황의 재 표현이다. 또한 단순화 된「판에 박힌 생각」이 아니라 믿음, 개념, 인상의 총합이라고 할 수 있으며 서로의 커뮤니케이션을 통해 표현되는 신뢰도가 공신력이기도 한다.

때론 자신이 타인에게 보여주고 싶은 특성들을 본질속에서 끄집어 내어 극대화 시키거나 보여주고 싶지 않은 부분들은 깊숙히 파묻어 두는 것을 스스로 결정하여 "내가 타인에게 공개하도록 선택한 나의 부분들의 총체"가 바로 이미지인 것이다.

이 이미지는 우리가 태어나는 순간부터 삶의 한 부분이 되며 경험이나 학습을 통해 향상되어 진다.

지금 우리가 살고 있는 이 시대는 이미지의 영향력이 우리 개인의 행동과 사회 문화를 형성해 나갈 만큼 크게 작용하고 있다. 곧 다시말해 어떤 분야에서든 타인에게 설득력 있는 메세지도 이 이미지를 잘 활용할 줄 아는 사람이 성공하는 시대가 되었다는 얘기다. 이런 현실속에서 이미지란 정치인이나 기업인, 연예인이나 스포츠맨 등 대중에게 인정받아야만 할 사람들만의 몫이 아니라, 우리 자신의 삶에서도 이미지를 제대로 활용할 줄 알아야 만이 자신이 원하는 삶에 다가갈 수 있다는 것이다.

You are the massage라는 말이 있다.

이미지의 시대에 살고 있는 우리는 자신의 삶을 성공적으로 이끌기 위해 자신의 이미지 관리에 좀 더 신중을 기해야만 한다. 이것은 나의 진가를 세상에알리기 위해 보다 성공적인 삶을 위해 꼭 필요한 작업이며 성공에 도달하기 위한 가장 빠른 지름길이 될 수 있다.

이미지는 만들어지는 것이다.

좋은 이미지를 창출하지 못한 개인이나 국가는 엄청난 손해를 볼 수 밖에 없는 것이 현대사회이다.

프랑스 파리에서 사온 향수를 나쁘다고 할 사람이 몇이나 될까. 그것은 파리는 이미 예술의 도시, 향수의 고향으로 이미지가 만들어져 있기 때문이다. 미국하면 '자유의 여신' 스페인 하면 '돈키호테' 혹은 '정열의 나라, 플라멩고', 네덜란드는 '꽃의 천국' 등 많은 문화국가는 나름대로의 이미지를 가지고 있다. 각 나라의 이미지는 순전히 그 나라 문화의 소산이다. 즉 자연의 소산이 아니라 인간에 의하여 만들어진 예술의 소산이라는 말이다.

이처럼 개인의 이미지도 마찬가지다.

타고나는 것이 아니라 자신이 원하는 데로 보여주고 싶은 이미지를 스스로 만들어가 야 한다.

Image란 실상과 허상, 균형과 조화이다.

즉 외형의 모습과 마음가짐, 매너가 조화를 잘 이루었을 때 가장 성공적인 이미지를 창출해 낼 수 있다.

이미지의 중요성

1 국가 이미지의 중요성

"이미지는 국력이다."

세계의 창에 비친 한국은 공격성의 나라이다. 일도 공격적이고 말과 행동도 공격적이다. 탄압도 아주 공격적이고 저항 또한 공격적이다. 우리의 지난 시절 공격성은 때로 고도 성장의 원동력이기도 했다. 그러나 공격성은 일정 단계를 지나면 발전에 도리어 장애가 된다. 이 공격성은 사람과 사람과의 관계에 그치지 않고 자연과의 관계에서도 공격적이다. 이웃이든 자연이든 모두가 더불어 함께 살아갈 존재가 아니라 공격과 정복의 대상일 뿐이다. 그리고 공격을 미화한다. 공격성은 타인을 긴장시키고 경계심과 혐오감을 불러일으킬 뿐이다.

국가 이미지라고 하지만 문제는 밖에 있지 않고 우리 내부에 있다. 우리 내부가 바뀌지 않는다면 우리의 국가 이미지 또한 바뀌지 않을 것이다. 글로벌 시대로 명명되는 21세기지만 우리에게는 아직도 '세계화' 란 단어가 체질화되어 있지 않다. 특히 한국의 '차별주의' 는 심각한 문제로 세계적인 인종차별 국가로 우리나라를 꼽기도 한다.

일부기업에서 외국인 노동자에 대한 비상식적인 학대 행위를 접하게 될 때가 있다. 물론 단순한 적대감일 수도 있고 낯선 것에 대한 본능적인 거부감일 수도 있고, 혹은 자기 표현에 서툰 탓일 수도 있다. 문제는 이 '차별의식' 을 단순한 생각에 그치지 않고 노골적인 형태로 드러낸다는 점이다. 상대방에게 적의와 반감, 멸시감을 던져 주는 경우가 종종 있다.

이제 새로운 한국의 이미지 만들기는 우리 모두의 손에 달려 있다고 해도 과언이 아니다. 프랑스의 문명 비평가는 "한국에는 뚜렷한 국가 이미지가 없다 '는 말을 드러내 놓고 한다. 국가 이미지가 없다는 것은 한국이라는 국가가 자기 정체성과 문화를 갖고 있지 않다는 것과 같은 말이다. 대부분의 사람들은 한국의 중국과 일본을 포함한 동아시아

문명권의 일원으로 보기 때문에 한국의 국가 이미지가 흐릿하게 인식되어진 탓도 있다.

얼마전 세계의 국가 친절 이미지를 조사한 결과 한국이 35개국 중 32위의 친절 국가로 평가된 바 있다. 외국인의 눈에 비친 한국은 무관심과 불친절의 이미지로 비춰지고 있다는 사실은 아직도 이미지 후진국임을 부정할 수 없다.

국가의 친절도는 여행지 선택에 큰 영향을 미치기도 한다는 사실을 미루어 볼 때, 우리의 국가 이미지는 곧 우리의 경제 발달과도 무관할 수 없다는 것이다. 국정 홍보처가 국가 이미지에 대한 실태 조사를 벌인 결과 각 지역에 따라 우리 나라에 대한 이미지가 상당히 다른 것으로 나타났으며 전반적으로 과거보다 향상되고 있다는 의견이 많았다.

특히 한국전쟁, 축구, 태권도 등 스포츠, '88서울올림픽, 2002년 월드컵 개최 등 국제적 행사, 개고기 식용문제, 현지 진출 대기업, 남북관계, 김대중 대통령, 관광객 등이 한국의 국가 이미지를 형성하는 중요한 키워드였다.

영국, 프랑스, 이탈리아, 스페인 등에선 축구, 음악 등 문화적 요인, 베트남, 인도네시아 등 동남아시아에선 한국 상품과 현지 진출기업이 이미지 형성에 주요한 영향을 끼치고 있다.

반면에 미주지역은 현지 교포와 체류 유학생이 이미지 형성의 결정적인 관건으로 작용했다. 국가 이미지를 언급하면서, 첫째 국가 이미지라는 것은 주관적이라는 것이라는 점이다. 둘째 누군가가 의도적으로 바꿀 수 있는 것인지 단언할 자신이 없다.

기업에는 CI(Corporate Identity)라는 개념이 있어서 그것을 기획, 제작하는 비즈니스가 성립되어 있지만 국가차원에서 그것이 가능할까?

사람의 이미지에는 두 가지 종류가 있다. 외견과 용모가 주는 이미지와 행동이 주는 이미지가 그것이다. 국가도 마찬가지이다.

나라의 외견을 바꾸는 것은 가능하지만, 나라를 구성하는 수천만인, 수억인의 인간의 행동을 바꾸는 것은 쉬운 일이 아니다.

국가의 이미지는 문화(Culture) 커뮤니케이션(Communication) 국제 공헌(Contribution)의 세 가지로 형성된다. 문화가 인간의 마음이라고 한다면, 커뮤니케이션 능력이나 국제 공헌은 인간의 행동양식에 해당된다.

첫째, 문화가 국가의 이미지에 중요한 이유는 문화가 요리나 패션, 가전제품 등의 상품과 밀접한 관련을 맺고 있다는 점 때문이다. 요즘 들어 연예인의 이미지가 국가의 이미지에 큰 영향을 미치면서 우리 나라의 브랜드 이미지에 긍정적 영향을 끼치고 나아가 상품의 판매촉진으로 연결되기도 한다.

둘째, 커뮤니케이션 능력은 문화의 차이를 넘어서 인간으로서의 교제가 가능한 능력이다. 자신의 감정에 충실하고 예스/노를 확실히 표명하며 숨김없이 사람과 교제하고 인생을 즐기는 능력이다.

셋째, 국제적인 공헌이라는 것도 사람의 얼굴이 보이지 않으면 그 효과는 반감된다. 즉, 국제적인 재난이라는 동 아시아의 재해 현상에서도 미국과 독일, 일본만이 보일 뿐 한국은 보이지 않았다. 국제사회 내에서 우리 나라의 위상을 찾아볼 수 없다는 것은 한국의 이미지가 없다는 것이다.

그곳에 한국 봉사단이 없는 것이 아니라 이들 대부분은 NGO나 관련 민간 단체 소속으로 활동하고 있다. 반면 세계 각지에서 들어온 수많은 의료진의 대부분은 민간 단체가 아닌 국가가 인도적 전략적 차원에서 지원한 대규모 지원 팀이다.

이제 우리도 정부 차원의 신속한 대처와 정보를 확보 실질적인 협력 시스템의 구축으로 자기가 속한 단체나 기관보다 국가 이미지를 먼저 생각하는 태도가 절실하다. 세계 어디에서든지 자랑스런 대한민국의 이름으로 당당히 일할 수 있는 국가적 차원의 이미지 전략이 필요한 때이다.

2 기업 이미지의 중요성

이미지는 만들어 지는 것이다.

대부분의 소비자는 제품을 구매하기 전에 이미 그 회사에 대한 이미지나 제품에 대한 이미지를 먼저 구입하게 된다.

그러므로 기업들은 이미지 목표를 명확히 설정하고 사소한데까지 세심한 주의를 기울여 보다 긍정적인 이미지 창출에 심혈을 기울여야 할 것이다.

또한 눈앞의 이익을 위해 장기간에 걸쳐 형성된 이미지를 희생하는 것은 기업의 성공과는 거리가 멀다고 볼 수 있다.

일반적으로 기업의 이미지는 직접적인 이미지와 간접적인 이미지로 나눌 수 있다.

직접적인 이미지는 건물 디자인, 상호 로고, 유니폼, 명함 등에 의해 형성되어진다.

즉, 광고, PR, 이벤트 사업 등 대중매체를 통해 보여주는 의도적인 이미지이다.

간접적인 이미지는 회사의 경영방침, 사장의 경영철학, 사원들의 행동 등을 통해 대중들이 느끼는 이미지이며 기업의 윤리성, 노사 대화, 이익 분배, 사원들의 자질 등을 들 수 있다.

이러한 기업의 전체적인 이미지는 상품판매, 신입사원의 모집과 선발, 외부로부터의 투자유도 등의 기업 활동에 중요한 영향을 미친다.

기업 이미지는 아주 사소함에도 그 평판이 형성되므로 고객의 불평이나 불만족뿐 아니라 사소한 배려도 이미지 형성에 중요한 요인이 되고 있음을 잊지 말아야 한다.

기업의 이미지를 창출하기 위해선 PR 자체에 대한 고도의 지식은 물론, 창출된 이미지에 맞게 내심을 기하려는 사원 개개인의 노력이 필요하다.

벨 전화 회사는 여러 가지 이미지 수정 테크닉을 도입, 전화 교환원들의 음성과 태도를 교육시켰고, 최근에는 종래의 기업 신조였던 '신속한 서비스'를 '손님에 대한 예절'로 바꾸었다.

맥도널드 사는 러시아에 맥도널드를 오픈할 때 미소 표정을 잘 짓는 직원만 골라 6개월간 맥도널드 대학에서 미소 훈련을 시킨 뒤 근무시키기도 했다.

미국은 지난 20여년 동안 사원이나 종업원들이 회사의 이미지를 대표하고 있다는 것을 주목해 오면서, 그에 따른 회사 방침을 세우고 있으며 최근 우리나라에서도 일반 기업체나 서비스업체에서 고객 서비스 교육의 필요성이 강조되는 것도 다 기업의 이미지를 향상시키기위한 방법의 하나라고 할 수 있다.

이와 같이 현실속에서의 기업 이미지는 고객을 불러 들이며 그들이 다시 오게끔 하는 중요한 이미지 마케팅 전략이다. 과거에 소비자를 설득해서 판매와 결부시키는 광고에 의지했다면 이제 소비자의 감성에 호소하여 상품이나 기업에 대한 호감도와 지명도 친근감을 높힘으로써 궁극적으로 판매 촉진을 도모하는 이미지 광고에 의지해야 하는 시

[사 례]

〈이미지 마케팅에 성공한 기업의 사례〉

IBM 사

기업의 통합적 이미지를 형성하여 비즈니스의 효율성을 높임과 동시에 기업의 이미지 유지와 향상을 꾀하는 전략, 약칭 C.I(Corporate Identity)를 1950년대 최초로 도입하였다.

자사에 근무하는 모든 직원의 옷차림을 이미지화하는 전략을 세워 어디서나 깔끔하고 고급스런 세련됨을 풍기도록 하였으며 몸에 익은 매너를 지켜 신뢰감을 형성하도록 하였다.

소비자는 IBM의 이미지를 생각할 때 컴퓨터에 대한 언급보다 직원들의 옷차림과 매너가 그들의 전문성을 높이 평가받도록 하므로 주저없이 IBM을 선택하게 된다고 한다. IBM은 컴퓨터 뿐만 아니라 세계 최대 서비스 컨설팅사의 이미지를 굳건히 다져가고 있다.

메르세데스 벤츠

메르세데스 벤츠의 이미지는 성공이다.

성공한 비즈니스맨이 가장 선호하는 자동차가 벤츠인 이유는 바로 벤츠 자동차가 오랫동안 지켜온 기업 이미지 때문일 것이다.

일본(日本)인들이 벤츠자동차의 반값으로 더 좋은 자동차를 생산할 수 있음을 입증했는 데도, 여전히 성공한 사람들은 벤츠 자동차를 선호하는 이유는 "이미지"라는 사실을 부정할 수 없다. 최고가 아니면 만들지 않는다는 벤츠자동차의 슬로건은 세계 최고의 프리미엄을 가진 브랜드로 자리잡아 1000여년 동안 열정의 브랜드 역사를 바탕으로 최고의 자동차로 인정받고 있다.

BMW

21C는 감성의 시대이다.

BMW는 소비자의 감성을 자극하기 위한 신차 개발에 주력하며, 고객의 감성을 유혹하기 위한 '오감 도발', '오감 마케팅' 전략을 세웠다.

눈으로 만족하는 디자인과 색상, 코로 느끼는 실내의 향기 촉감으로 느끼는 핸들과 의자의 감촉, 시동을 켤 때의 경쾌한 기계음 등 사소한 부분까지 소비자의 감성을 유혹하는 차를 개발해 냄으로 감성적인 신세대의 구매 욕구를 자극하므로 한층 젊어진 이미지 마케팅으로 소비자를 사로잡았다.

맥도널드

맥도널드 대학을 통한 서비스 훈련으로 전세계 어디서나 신속하고 친절한 맥도널드의 미소 이미지를 만들어 감과 동시에 아픈 어린이를 가진 가정을 도우는 등의 집과 같은 시민 참여를 통해서 지역 사회 주민들의 마음을 파고 들므로 긍정적인 이미지 창출에 성공할 수 있었고 세계 최고의 기업이 될 수 있었다.

대이다. 이제 기업은 소비자의 감성을 유혹할 수 있는 기업 이미지 마케팅에 주력해야만 이미지가 경쟁력인 시대에 성공한 기업의 대열에 오를 수 있을 것이다.

3 개인 이미지의 중요성

"You are the Message"

우리가 늘 갖고 다니는 것은 우리 자신 뿐이다.

지금 우리가 살고있는 이 시대는 이미지의 영향력이 우리 개인의 행동과 사회 문화를 형성해 나갈 만큼 크게 작용하고 있다.

즉, 이미지를 잘 활용할 줄 아는 사람이 성공하는 시대에 와 있다는 얘기다.

이 이미지는 우리가 태어나는 순간부터 삶의 한 부분이 되며 경험이나 학습을 통해 향상되어진다.

21세기는 이미지를 팔고 사는 시대라고 한다.

자신의 이미지를 어떻게 창출하느냐에 있어 자신의 브랜드 가치가 달라지고 있는 현실을 부인할 수 없다. 또한 빠른 정보 전달로 인해 사람들 간의 커뮤니케이션도 가속화되어 있는 지금 우리가 어떤 위치에 있든 어떤 상황에 있든 순간적인 이미지 전달이 얼마나 큰 위력을 발휘하는가를 알고 자신이 원하는 이미지를 창출하여 보다 성공적인 삶에 다가갈 수 있어야 한다.

1) 정치인의 이미지

존 F. 케네디는 서거한지 오랜 세월이 흘렀지만 아직도 미국 정치에 지대한 영향을 미치고 있다.

케네디의 성격, 정치, 표정, 스캔들, 말, 유명세, 실패, 암살 이 모든 것이 아직도 미국인들의 마음속에 여전히 살아 있기 때문이다.

케네디는 아주 세련되게 자신의 이미지를 연출해 적절히 활용함으로써 오늘날까지도 케네디의 신화가 이어지게 만들었다.

텔레비전 기자 회견을 정치에 처음 활용한 것도 케네디였다. 방송을 통해 자신의 개성과, 재치, 젊음을 대중에게 보여주었고, 유권자들은 구겨진 셔츠에 피곤해 보이는 누추한 닉슨 대신 젊고 매력적인 케네디를 선택하게 되었다. 유권자들에겐 그들 중 어느 쪽이 알맹이 있는 말을 하느냐는 그리 중요하지 않았던 것 같다.

또한 대중매체를 자신의 이미지에 잘 활용했던 정치인은 레이건 전 대통령이 손꼽힌다. 일찍이 연기력을 몸에 익힌 덕분으로 그는 TV화면으로 방송된 모습만으로 정치적인 쟁점을 완화시킨 적이 있다.

집권 당시 한 주에서 실업자 문제가 거세게 일어났다. 그는 그 지방의 순박한 노동자와 잠깐 접견하는 모습을 TV에 비춰 보이는 것만으로도 자신이 실업자 급증에 크게 우려하고 있으며 앞으로 확실한 정책을 펴나가겠다는 것을 충분히 표현해 보였다고 한다.

우리나라의 경우도 정치인들의 이미지는 오늘날 당락에 중요한 결정 요인이 되고 있다. 당선이 거의 확실시 되었던 한 대통령 후보는 아들의 병역 비리 문제로 낙선의 쓴 맛을 마셔야 했다. 통계적으로 안경을 낀 정치인의 당선율이 낮다고도 한다. 고도 근시인 레이건은 근시 치료 수술을 받기까지 했다.

우리 나라에 이미지 정치가 시작된 것은 노태우 전 대통령이 군부의 이미지를 버리고 "보통 사람" 이라는 이미지를 부각시키면서부터이다. 이후 김영삼, 김대중 그리고 노무현 대통령을 거치면서 대중들은 이미지 정치에 노출되었고 대선 후보들은 이를 십분 활용하기 시작했다.

바로 미디어의 발달이 그 원인이다.

(1) 미국 정치인의 이미지 사례

44대 미국 대통령 후보였던 조지 W. 부시 대통령과 존 케리 민주당 후보간에 벌어진 첫 TV토론에서 단순하지만 박력있는 표현이 장기인 부시 대통령과 세부 사항에 강한 세련된 토론가인 케리 후보는 외교 안보 정책을 주제로 팽팽한 대결을 벌였다.

부시는 잿빛 양복에 하늘색 넥타이를 매었고, 케리는 진한 감색 양복에 붉은 넥타이 차림으로 서로 웃으며 악수를 나누고 각각 마이크 앞에 섰다.

○ 부시 대통령과 케리후보

케리 후보는 모호하고 지루한 어법 때문에 설득력을 얻기 힘들 것으로 예상 했으나 표정과 어투가 딱딱하기는 했지만 단순어법을 구사하는데 성공하므로 '말실수' 선수인 부시를 앞지르고 침착하게 토론을 이끌어 가는데 성공했다.〈조선일보 2004년 10월 2일〉

그러나 선거 막판에 왠지 좋아할 수 없는 케리의 이미지는 유권자들의 등을 돌리게 하였으며 결국 부시의 승리로 돌아가게 되었다. 미국의 대통령 선거는 이처럼 이미지 전쟁을 방불케 한다. 색의 전쟁, 패션의 전쟁, 대화의 전쟁, 제스추어의 전쟁, 표정의 전쟁, 정책의 전쟁 …

또한 미국 대통령 선거에서 후보들의 외형적 조건은 선거의 당락에 큰 영향을 미쳤다. 역대 미국 대통령은 모두 금발에 큰키를 갖고 있었던 것을 보면, 외형적 이미지에서 그들이 바라는 가장 미국적인 대통령의 이미지를 갖추길 원했던 것이다. 이렇듯 정치에 있어 이미지가 중요한 것은 인간의 두뇌는 정치적 판단을 할 때 이성보다 감성에 의존하는 경향이 강하기 때문이다.

[사 례]

〈'특별한 힐러리 얼굴' 닮으면 뜬다〉

무명 정치인 얼굴에 합성 유권자 호감도 급속 증가

힐러리의 얼굴에는 무엇인가 사람들을 끄는 특별한게 있는 것 같다. 특정인의 얼굴에 그의 얼굴을 합성하면 호감도가 높아지는 것으로 나타났다.

워싱턴 포스트는 1일 "지명도가 낮은 선거 후보자의 얼굴에 힐러리 로드햄 클린턴 상원의원의 얼굴을 합성했더니 그 후보자에 대한 호감도가 눈에 띄게 높아지는 것으로 조사됐다"고 보도했다.

물론 일반 심리학 이론에 따르면 유명 정치인을 닮으면 호감도가 높아지게 돼 있다. 하지만 같은 실험에서 힐러리 의원 못지 않게 유명한 존 매케인 상원의원의 얼굴을 합성했더니 그와 닮으면 닮을수록 호감도가 떨어지는 정반대의 결과가 나와 흥미롭다.

실험은 컴퓨터를 이용해 전국적으로 별로 알려지지 않은 에드케이스(민주·하와이), 메리 보노(공화·캘리포니아) 하원의원의 얼굴 사진에 힐러리와 매케인 의원, 루돌프 줄리아니(공화) 전 뉴욕시장, 에반 베이(민주·인대애나), 케이 베일리 허친슨(공화·텍사스) 상원의원 등 5명의 전국적 지명도를 가진 정치인들의 얼굴 특징을 섞은 사진을 만들어 피실험자 22000여 명에게 보여주고 호감도 변화를 살폈다. 물론 케이스와 보노 의원은 다른 이름을 달아 가공의 상원의원 후보로 소개됐다.

실험 결과 가짜 상원의원 후보가 성별이나 정당이 어떻게 소개됐든 힐러리 의원의 얼굴이 섞인 비율이 20%, 40%로 올라갈수록 호감도가 눈에 띄게 좋아졌다. 이러한 변화는 피실험자의 남녀 성이나, 정당 소속과 관계없이 일어났고 특히 공화당 소속 피실험자들에게도 나타났다.

"미녀와 야수 효과는 아니다"

그러나 매케인 의원의 얼굴이 합성되면 호감도가 떨어졌다. 이러한 차이에 매케인 의원이 나이가 일부 변수가 됐을 수는 있으나 '미녀와 야수의 효과'는 아니었다고 신문은 지적했다. 역시 미녀라고 할 수 있는 텍사스대 치어리더 출신 허친슨 의원의 얼굴을 섞은 사진도 호감도에 별 효과를 마치지 못했기 때문이다.

공화당원에게 인기 좋은 매케인 의원과 줄리아니 전 시장의 얼굴 특징은 공화당 피실험자들에게도 가짜 후보의 지지도를 높이지 못했다.

최승진기자 hug@metroseoul.co.kr

(2) 중국 정치인의 이미지 사례

21세기 세계 질서에서 새로운 용으로 떠오른 중국.

13억 인구의 지도자로 등장한 후진타오는 잘 생긴 얼굴에 늘 사람 좋은 웃음을 띠고 있으며, 기억력이 좋고 상대방으로 하여금 자신의 친절함과 성실함을 느끼게 하는 감화력이 있다. 그는 평범함으로 자신의 몸을 끝없이 낮추는 겸손함과 미소의 이미지로 천하를 거머 쥐었다고 한다.

2) 연예인의 이미지

스타는 대중문화의 산물이며 산업의 마케팅 장치이며 문화적 의미와 이데올로기적 가치를 전달하지만 동시에 개인적 퍼스낼리티의 친밀감을 표현하고 욕망과 동일화를 끌어내는 사회적 기호이다.

스타는 미디어의 경계를 허물며 지속적으로 생산된다. 또한 스타는 계획된 기획에 따라 만들어진다. 팬들이 어떤 기호를 갖고 있는지 과학적인 시장조사를 마친 뒤 그에 딱 맞는 스타로 이미지를 만드는 시대에 와 있다.

어쩌면 연예인의·대중적인 힘은 그를 탄생으로 이끈 매니저나 기획사의 권력일 수도 있으며 대중들이 좋아할 만한 연예인을 맞춤 제작하고 이미지 메이킹 솜씨를 얼마만큼 잘 하느냐에 달려 있다고 해도 과언이 아니다. 스타는 튀어야 하며 스타의 독특한 개성 표출은 팬들의 시선을 끄는 포인트다.

스타를 보며 팬들은 스타와의 동일화를 꿈꾸며 흉내를 내거나 닮은 점을 찾아보려고 애쓰기도 하며, 스타의 외모 베끼기에 관심을 집중하기도 한다. 그러므로 스타 베끼기를 위한 소비가 유도되기도 하는 현상이 일어나고 있다. 연예인의 이미지는 가장 뛰어난 마케팅이며 소비가 직결되는 영향력을 지니고 있다.

하지만 스타라고 해서 결코 이미지만 가지고 성공할 수 있는 건 아니다. 탄탄한 실력, 순발력, 커뮤니케이션 능력, 열정 이 모든 것들이 골고루 갖추어 졌을 때, 더 브랜드 파워가 강한 이미지를 갖게 되는 것이다.

이제 우리 스타의 이미지는 아시아를 넘어 세계를 향해 거대한 이미지 파워로 한국의 이미지를 높여갈 것이다.

3) 스포츠 스타의 이미지

한사람의 스포츠 스타의 이미지가 국가의 이미지에 영향을 끼친다고 해도 과언이 아니다. 스포츠 스타의 이미지는 철저한 매니지먼트사의 이미지 전략에 따라 이루어진다.

골프 천재 소녀 미셸 위의 경우 '도전적'인 이미지를 심어주는데 부족함이 없다. 큰 키와 화려한 옷차림, 치렁치렁한 귀걸이, 커다란 혁대버클 등이 그의 이미지를 '화려함'과 '도전'으로 평하게 한다. 세계적인 시계 제조사 '오메가'는 신디크로퍼드와 함께 미셸 위를 모델로 썼다.

"명품은 명품이되 개성있는 명품에 어울리는 모델"이라는 평가에는 한국적 이미지도 큰 몫을 한다. 거기다 풋풋한 소녀의 이미지는 덤이다. 미셸 위 뒤에는 그의 이미지를 관리하는 20여명의 전략팀이 구성되어 있다.

축구스타 박지성의 경우도 마찬가지이다.

여드름 투성이의 순박한 소년이 이젠 약간 수줍음을 타는 세계적인 스타로 거듭나면서 그의 헤어스타일의 변신 또한 이미지 마케팅을 위한 전략인 것이다.

조재진 선수의 경우도 2002년 월드컵 최고의 스타였지만 2004년 올림픽 당시에는 머리를 밤톨같이 짧게 깎는 바람에 세련미가 전혀 느껴지지 않았다. 머리를 길게 기르고 수염을 기른 지금의 모습은 축구 실력뿐 아니라, 멋진 외모 때문에 여성팬들에게 인기를 끌고 있으며 광고에도 출연하게 되므로 최고의 인기남으로 떠오르고 있다.

스포츠 스타들의 이미지 전략은 단지 외형적인 것에 신경을 쓰는 것이 아니라 이미 그들은 스타로서의 의무를 다하기 위한 진정한 프로의 모습이라고 해야 할 것이다.

4) 개인 브랜드 이미지

"이 세상 최고의 브랜드는 당신입니다."

모 광고 회사의 카피를 통해서도 알 수 있듯이 현대를 살아가는 핵심으로 개인 브랜드의 중요성이 떠오르고 있다.

경영학자 톰 피터슨은 "마케팅에서 차별화가 점점 더 어려워지고, 경영자들의 진보 속도가 갈 수록 빨라지고 있다. 따라서 브랜드의 가치는 계속 오르게 될 것"이라고 브랜드의 중요성을 설파한다.

브랜드는 제품의 속성과 이미지 총합이다. 이것은 결과적으로 믿음의 도구가 된다. 좋은 브랜드는 그 이름만으로 소비자들이 해당 제품을 구매하게 유도한다. 즉 믿음으로 구매를 유도하는 것이다. 그렇다면 개인의 브랜드화는 어떤 의미일까?

나는 누구이고, 어떤 사람이고 또 무엇을 잘하는지, 간단명료하게 정의하고 표현하는 것이다. 그래야 나의 가치를 분명하게 사람들에게 보여줄 수 있고 자신의 정체성과 몸값을 올릴 수 있다.

앞으로 사회는 개인이 브랜드화 돼 있는 사람을 요구한다.

개인 브랜드를 갖기 위해선 재능과 자신의 능력을 정확히 인식하고 이를 세상에 정확히 알려주는 적극적 개인이어야 한다는 얘기다. 즉, 인맥을 네트워크화해야 하고, 자기 자신을 가치지향적으로 주변에 알려야 한다. 그래야 필요할 때 찾아주며 그 사람의 일을 가치있게 생각해 준다. 자기개발만으로는 부족하다.

이제 스스로를 브랜드로 만드는 것이다.

현대는 개인 브랜드의 시대이기 때문이다.

이미지 브랜드 파워

이미지의 시대에 살고 있는 우리는 자신의 삶을 성공적으로 이끌기 위해 자신의 이미지 관리에 좀 더 신중을 기해야만 한다. 이것은 나의 진가를 세상에 알리기 위해, 보다 성공적인 삶을 위해 꼭 필요한 작업이며 성공에 도달하기 위한 가장 빠른 지름길이기 때문이다.

그러나 명품이 하루 아침에 만들어 지는 것이 아니듯 브랜드 파워를 가진 이미지란 쉽게 얻을 수 있는 것이 아니다. 자신에 대한 확신과 신뢰를 바탕으로 오랜 시간을 두고 서서히 형성된 수많은 지식과 풍성, 정신과 노력이 농축되어 있어야 한다.

즉, 부분적인 것이 아니라 총체적인 것이며 일시적인 것이 아니라 연속적이며 구체적인 것이 아니라 추상적인 것이다.

그러나 정해져 있는 최상의 이미지가 존재하는 것은 아니다. 늘 같은 이미지만을 고집할 수도 없다. 다만 다른 사람과 비교되지 않는 자신만의 이미지를 끌어내는 노력이 필요할 뿐이다.

또한 상황에 맞는 순발력 있는 매너의 습득은 이미지와 매너가 성공을 좌우하는 치열한 경쟁속에서 단연 돋보이는 존재가 될 수 있을 것이다.

이제 자신의 이미지 브랜드를 결정할 때이다. 자신이 갖고 있는 트레이드 마크의 이미지인가 변신을 택할 것인가를 선택해야 할 필요가 있다.

1 이미지 콘트롤

"자신의 미래는 자신만이 만들 수 있다."
"자신의 매력은 자신만이 끌어낼 수 있다."

우리들의 능력은 흔히 빙산의 일각으로 비유된다.

평소에 우리가 쓰고 있는 힘은 전체의 10%에 지나지 않고 나머지 90%는 잠재되어 있다.

자신의 매력도 깊숙한 곳에 숨겨져 있기 때문에 진짜 자신의 매력을 모르는 채 살아가게 되는 경우가 많다.

특히 평소의 생활 속에의 부정적인 생각이 습관화되어 버린 사람이나 소극적 행동밖에 못하는 사람은 더더욱 그러하다.

자신의 매력의 능력을 끌어내기 위해 이미지를 조절하는 훈련을 이미지 콘트롤법이라고 한다. 이 방법은 스포츠나 교육, 산업, 의학 등 많은 분야에서 활용되기도 하며 과학적이고 실천적이며 효과가 크다.

첫째, 플러스 이미지를 이미지 한다.

자기의 모습을 거울에 비춰보고 버릴 자기와 살릴 자기를 음미한다. 그리고 조금씩 자기가 원하는 동경의 이미지로 접근해 간다. 이것이 첫 번째 변신법이다.

예를 들어 컴퓨터 게임은 잘했지만 공부는 영 엉망이었다면 게임을 하다 부모님께 혼난 기억은 버리고 게임에 열중해서 좋은 결과를 얻었던 기억만 남겨둔다. 게임에 열중할 수 있었다는 건 무슨 일에나 열중할 수 있는 능력을 가졌음을 뜻한다.

목표를 향해 집중할 수 있는 능력을 계속 이미지 해 두므로 자신과 용기가 솟아나게 되고 꿈이 부풀어 뭔가 가능성이 넓혀져 감을 느끼게 된다.

둘째, 플라시보(placebo) 효과를 활용해 본다.

 →실험

① 약 10~15cm 가량의 끈을 준비한다.
② 작은 물체를 끈에 매단다.(동전크기 정도)
　〈펜던트가 있는 목걸이를 활용해도 된다.〉
③ 얼굴에서 약 30cm정도 앞에서 엄지와 검지를 이용해 끈 끝을 잡는다.
④ 매달린 물체를 바라보며 "앞 뒤로 흔들린다"라고 머릿속에 이미지 한다.(이때 말을 하면서 이미지 하면 훨씬 효과가 크다.)
⑤ "좌우로 흔들린다"고 머릿속에 이미지 한다.

이렇게 계속 이미지 하면 실제로 물체가 앞·뒤로 좌·우로 흔들리게 된다.

플라서보 효과란 눈을 가리고 1m 상공의 헬기에서 높은 곳이라고 말한 뒤 떨어 트리면 겨우 1m 상공에서 추락사를 한다. 즉, 영양제를 진통제라고 속이면 통증이 낫는 것처럼 자신이 믿는 것이 사실이라고 느끼게 되는 것을 말한다.

자신의 이미지 또한 자신이 믿는 데로 변화되어진다는 것이다. 자신이 매력적이라고 믿으므로 그 이미지를 머릿속에 그려 놓는 것만으로도 매력적인 이미지를 만들 수 있다.

이렇듯, "이렇게 되고 싶다", "이렇게 하고 싶다", "이런 것을 갖고 싶다"고 미래의 이미지를 그려서 행동하면 반드시 이미지한 대로의 인간이 된다는 것이다. "나는 매력적이다", "나는 성공한다", "나는 할 수 있다"고 외친다. **이미지가 행동을 일으키고 행동이 이미지를 확실하게 하므로 자기가 믿는 이미지대로 변화하게 될 것이다.**

2 외형적 이미지

현실 생활에 있어서 이미지는 한 개인과는 불가분의 관계에 있다. 특히 사람을 처음 만나서 받은 이미지는 뇌리 속에서 쉽게 사라지질 않는데, 도대체 우린 처음 만난 사람에게서 무엇을 찾고 있는 것일까?

첫 만남, 단지 몇 분 동안에 우리는 상대방에 대한 어떤 이미지를 굳혀 버리게 된다. 몇 분 아니 7초 이내에 이미지가 결정된다고 한다. 더 나아가 천만분의 일초안에 이미지가 결정된다고 하는 학자도 있다.

이 짧은 순간에 아무 대화가 없더라도 눈으로, 얼굴로, 몸으로, 태도로, 느낌으로 커뮤니케이션이 이루어지는 것이다.

이렇듯 첫인상이 중요한 것은 그것이 그 진위에 관계없이 오랫동안 이미지에 영향을 미치기 때문이다.

또한 첫인상을 두 번 줄 수 없기 때문에 자신의 첫인상에 더욱 신중을 기해야 한다.

그러나 첫인상에 성공했다고 해서 성공이 이루어진 것은 아니다. 하루 24시간 자신의 행동은 자신이 이미지를 만들어가며 자신의 삶을 형성해 가고 있으므로 매일 매일 자신의 이미지 향상을 위한 노력을 게을리 하지 않아야 한다.

그럼 첫인상을 결정짓는 요인들을 살펴보고 평소 자신의 이미지와 비교 분석 자신이 전달하고픈 첫인상의 이미지를 선택해 보도록 한다.

1) 색 이미지

첫 인상을 좌우하는 가장 중요한 요인은 바로 시각적인 판단이다. 눈을 통해 얻어지는 첫 인상의 정보는 계속된 만남에 있어 끊임없는 정보를 제공한다.

시각적인 정보는 제일 처음 색에 의해 인식되어 지는데 색에는 사람의 마음을 움직이는 효과가 있는 미묘한 특성이 있기 때문이다. 색으로 받은 인상은 색채에 따라 다르며 감정도 다양하게 느껴지는 경험을 해보았을 것이다. 색을 선택할 때는 단지 색채 감각만으로 그치는 것이 아니라 그 색의 감정효과까지 의식해야 한다.

또한 우리의 생활에서 '색'의 중요성이 강조되어 온 것은 이미 오래전의 일이다.

이미 기업들도 기업의 이미지를 인식시키기 위해 다양한 색의 효과들을 활용하고 있으며, 이는 색을 통해 고객의 감성을 사로 잡을 수 있기 때문이다.

사람의 감성을 자극하는 색을 잘 활용한다면 자신의 이미지를 최대한 끌어 올릴 수 있을 것이며 상대방에게 호감을 주는 첫 인상을 인식시킴으로써 보다 성공적인 커뮤니케이션을 이끌어갈 수 있다.

사람은 태어나면서부터 유전에 따라 결정된 피부색을 가지고 있다. 이 유전적인 피부 바탕색은 절대 변하지 않는다. 즉, 멜라닌(밤색), 카로틴(노랑색), 헤모글로빈(빨강색) 이 3가지 색소가 합해져 자신만의 고유의 색을 갖게 된다. 이 바탕색을 기초로 해서 자신이 타고난 색이 파랑색 계통(차가운 사람)인가, 노랑색 계통(따뜻한 사람)인가를 구분해 내는

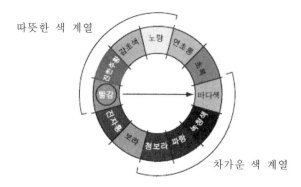

것이다. 자신의 타고난 색을 구별해서 자신과 가장 잘 어울리는 색을 찾아내는 작업을 색채진단이라고 한다.

사람들은 본능적으로 자신에게 어떤 색들이 가장 잘 어울리는지 알아 낸다. 자신의 색을 찾는 다는 것은 자신에 대한 자긍심을 갖는데 큰 효력이 있다.

〈색채 진단방법〉

· 1단계 - 피부 바탕색의 진단

  - 금색, 은색, 밤색, 검정색의 진단 수건을 준비한다.

  - 은색과 검정을 목에 둘렀을 때와 금색과 밤색을 목에 둘렀을 때 어느 쪽이 더 얼굴에 잘 받는지를 살핀다.

  - 은색과 검정이 더 잘 받을 땐 : 파랑색 계통의 차가운 사람

  - 금색과 밤색이 더 잘 받을 땐 : 노랑색 계통의 따뜻한 사람의 피부 바탕색을 갖고 있다고 진단한다.

· 2단계 - 파랑색 계통의 차가운 사람은 여름 사람과 겨울 사람으로 구별되며 노랑색 계통의 따뜻한 사람은 봄 사람과 가을 사람으로 구별된다.

겨울색	파랑색을 바탕색으로 채도가 높은 선명하고 원색계통의 짙은 색으로 깨끗한 이미지를 주면서도 차갑고 화려한 이미지를 주기도 한다. 강렬한 블루, 검정을 기본으로 블루, 레드, 와인, 청보라, 청회색, 은색 등이 있다.
여름색	흰색과 파랑색을 바탕색으로 은은하며 강하지 않은 중간색톤의 파스텔색으로 여성스럽고 부드러운 이미지이다. 연블루, 연회색, 연보라, 연핑크, 연 그레이 계열이다.
봄 색	노랑색을 바탕색으로(명도와 채도가 높은) 선명하며 밝은색, 은은하지 않고 너무 어둡지 않은 색이다. 선명한 레드, 블루, 그리, 오렌지, 바이올렛 등의 생명력과 에너지를 느낄 수 있는 색이다.
가을색	노랑색을 바탕색으로 차분하고 가라앉은 톤으로 비교적 채도와 명도가 낮아 풍성한 이미지를 준다. 황색빛의 노란색 계열, 브라운, 카키, 베이지계열 등이 있다.

★ 주의 ★ 진단을 할 때는 화장을 깨끗이 지우고 낮의 빛을 띤 전등 아래나 자연광 아래 이루어져야 하며 머리카락 색이 방해되지 않도록 흰 수건으로 감싼다.

〈올바른 진단시〉

· 피부가 맑고 건강한 고른 톤을 보인다.

· 눈동자가 반짝이며 동공색이 강하게 나타난다.

· 모공이 줄어든 듯 하여 잘 보이지 않는다.

· 얼굴이 젊어 보인다.

· 얼굴의 그림자 지는 부분이 적어진다.

· 여드름 자국 등이 잘 보이지 않는다.

· 부드러운 얼굴 표정이 보여진다.

· 잘못된 진단시엔 반대의 현상이 나타난다.

간단히 찬색을 좋아하는 사람은 차가운 색단에 속하는 경우가 많고 머리카락이나 눈빛이 검으며, 따뜻한 색을 좋아하는 경우 머리카락이나 눈빛이 갈색에 가까운 따뜻한 색단이 많다. 그러면 각 계절별 사람의 특징을 살펴보자.

➡ **봄** 사람의 특징

· 피부색은 노랑색을 띤다.

· 발랄하고 개성적이며 성격이 명랑하다.

· 피부는 잡티가 생기기 쉽다.

· 리더 기질이 많으며 나서는 성격이라 판매직이 좋다.

· 황금 주얼리가 잘 어울린다.

· 허약하며 음의 체질을 갖고 있다.

⊙ 스타일 제안

· 화사한 캐주얼의 스타일이 잘 어울린다. 검정색이나 갈색의 거친 질감의 옷이나 드레시한 스타일은 소화하기 힘들다.

➔ 가을 사람의 특징

· 피부색은 탁한 노란끼를 띠는게 특징이다. 햇볕에 잘타서 잡티나 기미가 잘 생긴다.
· 친근감을 느끼게 하는 사람들이다.
· 남을 위해 봉사하는 사회 사업가 기질이다.
· 지도자나 친목회 회장 등 다른 이에게 추대받는다.
· 좀처럼 남의 말에 휩쓸리지 않는다.
· 여유로운 분위기를 갖는다.
· 피부색이 부드러운 느낌이나 윤기가 없다.
· 가을의 모든 색이 어울린다.
· 자연재료로 만든 액세서리가 무난하다.
· 자연적이고 호감가는 인상이다.
· 음의 체질이므로 양의 색을 띤다.

⊙ 스타일 제안

· 도시적인 스타일 보다 내추럴한 풍으로 입는다. 광택나는 옷이나 액세서리는 금한다.

➔ 여름 사람의 특징

· 피부는 희고 뽀얗고, 밝거나 어두면서 붉은 빛이다.
· 고전적인 겸손함과 우아함을 지닌 클래식한 느낌의 사람들이 많다.
· 조용하고 치밀하므로 기획하는 일이 맞는다.
· 검은 눈빛, 검은 머리카락을 가졌으나 부드러운 느낌이 특징이다.
· 은색 액세서리가 어울리며 노랑을 바탕으로 한 밤색이나 녹슨색, 오렌지색 등을 삼간다.
· 바탕색이 청색으로 파스텔색이 가장 이미지와 어울린다.
· 양의 체질이므로 피부색은 음의 색을 띠며 붉은 느낌의 찬색이다.

· 엘레강스한 세미정장 스타일이나 내추럴한 스타일이 잘 어울린다. 가을이나 한 겨울의 스키복을 선택할 경우에도 여름색으로 입는다.

➜ 겨울 사람의 특징

· 피부색은 밝거나 어두운 노란색이며 윤기가 돈다.
· 강하고 맑은 인상을 준다.
· 눈동자와 머리카락은 선명한 검정색으로 푸른빛이 돈다.
· 개성적이며 도시적이고 섹시한 이미지가 많다.
· 정적으로 보이나 동적이다.
· 차가운색 계열의 와인색의 염색이 어울린다.
· 주얼리는 다이아몬드가 가장 어울린다.
· 차가운 느낌의 은이나 주석같은 금속성의 액세서리도 무난하다.
· 선명한 기본색이 잘 어울린다.
· 양의 체질이다.

◉ 스타일 제안

· 도시적이고 매니쉬한 스타일이 잘 어울린다. 생머리 스타일은 이미지와 어울리며 밝게 염색한 머리는 피한다.

이처럼 자신의 타고난 계절색을 제대로 찾으면 빛이 투과 했을 때 에너지가 방출되어 기를 상승 시키는 효과가 있으므로 마음을 가볍게 하기도 하고 편안함을 얻기도 하며 나아가 자신감을 갖게 한다.

그 반대의 경우 사람의 마음을 짓누르기도 하고 불안정하게 하기도 하는 미묘한 힘을 발휘한다.

어쩌면 색이란 우리 사람을 지배하고 있는 공기와 같은 존재인지도 모른다. 눈을 돌려 주위를 살펴보면 우리는 온통 색에 둘러싸여 살아가고 있다. 색에 의해 다양한 감정 효과까지 경험하게 되며 온도감이나 중량감, 강약감, 흥분과 침정, 화려함, 순수함, 시간의 장단 그리고 계절의 감정을 느끼면서 때론 색에 이끌려 때론 색을 이용하며 살아가고 있는 것이다.

색을 통해 상대의 심리를 엿볼 수도 있고, 색을 통해 나의 의사를 표현하기도 하며, 질병치료에도 많이 활용하고 있음을 알 수 있다.

생활속에서 색채가 가지고 있는 다양한 이미지를 제대로 활용하여 자신에게 맞는 색과 상황에 맞게 제대로 연출할 수 있도록 색에 대한 감각을 키우고 활용하여 첫 만남에 있어 자신의 이미지를 성공적으로 연출할 수 있도록 한다.

2) 옷차림의 이미지

"외형의 모습은 나의 영혼의 일부이며 곧 삶의 표현 방식이다."

입사 면접에서 지원자의 외모나 옷차림이 당락에 큰 영향을 준다고 답한 면접관은 90%에 달했다.

이 때 옷차림은 면접에 임하는 마음 가짐과 자세 매너뿐 아니라 그 사람의 신뢰감을 판단하는데도 영향을 미치기 때문이다. 실제로 미국의 전문직 종사자들 가운데 옷을 잘 입는 사람이 그렇지 못한 사람에 비해 20%정도 승진율이 더 빠르다는 통계를 보아도 옷차림이 사회생활에 미치는 영향을 부정할 수 없다.

일반적으로 상대방에 대한 사전 정보나 선입견 없이 사람을 만나게 될 때 우선 그 사람이 입고 있는 옷차림으로 첫 이미지를 판단하게 된다.

따라서 옷은 무성의 언어로서 사회내에서 살아가는 한 개인의 사회적 지위, 직업, 역할, 자신감, 지능, 동조성, 개성 그리고 기타 성격적인 특징에 대한 인상을 다른 사람들에게 전달해 준다. 옷차림은 사람의 외적인 면과 함께 내적인 자아도 직접적으로 표현하고 있으므로 옷차림을 통해 자신을 정확하게 알리고 최상의 모습으로 자신에 대한 정보를 제공하도록 해야 한다.

문밖에 발을 내딛는 순간부터 우리의 옷차림은 상대방에게 엄청난 양의 정보를 제공함을 기억해야 할 것이다.

3) 여성의 옷차림

(1) 여성 비즈니스 정장

현대는 적극적으로 자신의 이미지를 파는 시대이다.

특히 여성의 경우 재치와 따뜻함 등 커뮤니케이션 능력이 남자들 보다 뛰어난 장점을 갖고 있다.

거기에 자신만의 세련되고 도회적인 패션 감각을 연출할 수 있다면 남성과의 경쟁 사회에서도 우뚝 서는 존재가 될 것이다. 사회속에서 성공적인 이미지를 연출할 수 있는 비즈니스 정장에 대해 살펴보자.

➡ 슈트(Suit)

상의와 하의가 한 벌로 된 것을 슈트라 한다.

① 테일러드(Tailored) 슈트

· 제1차 세계대전을 시작으로 1915년부터 대중화되기 시작했다.
· 남성들의 양복 칼라처럼 칼라가 달려있다.
· 가장 기본형의 슈트로 유행을 거의 타지 않는다.

② 가디건(Cardigan) 슈트

· 칼라가 없는 재킷과 스커트를 입는 스타일이다.
· 선이 단순하므로 클래식한 분위기를 낼 수 있고 유행주기가 긴 스타일이다.
· 선이 길게 아래고 떨어지므로 키 작은 사람에게도 잘 어울린다.

③ 샤넬(Chanel) 슈트

· 1910년대에 샤넬이 디자인하여 오늘날까지 많은 여성들이 선호하는 슈트로 우아
하고 고전적인 이미지를 연출할 수 있다.
· 직선적인 실루엣으로 무릎 아래 5~10cm인 샤넬라인의 타이트 스커트나 세미타이
트 플리츠 스커트 등과도 매치가 가능하다.

④ 사파리(Safari) 슈트

· 사무직원보다는 활동이 많은 자유업 종사자에게 적절하다.
· 쿠롯 스커트나 미니 기장의 스커트에 벨트와 패치포켓이 있는 상의와 조화를 이룬다.

➡ 원피스 드레스(One-piece dress)

슈트보다는 정장의 이미지가 부족하긴 하지만 최근에는 직장여성에게도 많이 사랑받
는 복장이다. 그러나 프릴이나 레이스가 달린 여성스러움을 강조한 디자인은 피하는 것
이 좋다. 앞트임의 셔츠 스타일과 같은 일자형 원피스가 사무실 분위기에 잘 어울린다.
스커트의 폭은 넓지 않은 것을 선택하며 차분한 색상, 단색 또는 줄무늬나 체크무늬 등
의 도시 감각이 느껴지는 디자인이 적당하다.

· 몸의 곡선이 드러나지 않는 소재나 실루엣을 선택한다.
· 좀 더 격식을 차려야 할 자리엔 재킷이나 블레이저를 덧입어 준다.
· 사무실에서는 가디건과의 코디도 권할만 하다.
· 일자형 원피스에는 벨트를 하는 것이 더 정중함을 더할 수 있다.
· 원피스는 속옷의 라인이 드러나지 않도록 제대로 갖춰입어야 한다.

➡ 블라우스(Blouse)

여성도 남성과 마찬가지로 상의의 V-zone의 연출이 중요하다. 여성 정장도 마찬가지
로 슈트를 입더라도 안에 티셔츠를 받쳐 입으면 세미정장이 된다. 남성의 드레스 셔츠와

같이 블라우스는 정장의 상징이요, 여성만이 가지고 있는 우아함의 징표이다. 가능한한 고급스럽고 감촉이 좋은 실크 소재를 선택한다. 블라우스 칼라의 종류로는 버튼다운 칼라, 스탠드 칼라, 테일러드 칼라 등이 있다.

· 간결한 디자인이나 단색이 지적인 인상을 주면서 어떤 재킷과도 코디가 가능하다.
· 속이 비치는 소재의 블라우스는 입지 않는다.

➜ 니트

되도록 소재가 고급스러운 제품을 선택하며 가볍고 착용감이 뛰어나야 한다. 니트의 감각을 결정짓는 것은 소재에 달려 있다. 너무 여성스러울 땐 스웨터 위로 벨트를 하거나 스카프 등을 이용해 좀 더 정장의 느낌을 연출한다.

➜ 코트(coat)

소재는 울, 캐시미어 등이 있고 색상은 기본적인 검은색, 감청색, 베이지색 등이 좋다.

실루엣은 여성적인 것 보다 심플한 A라인이나 박스형이 정장위에 덧입기 무난하며 싫증나지 않게 입을 수 있다.

체형이 뚱뚱할 경우 싱글 버튼형을 고르는 것이 좋으며 바바리코트의 경우는 성숙하면서도 세련된 느낌을 살려주도록 한다.

➜ 액세서리

직장여성의 경우엔 액세서리를 절제하는 것이 바람직하다. 지나치게 화려하면 착용자 자신이 초라해 보일 수도 있다. 옷매무새를 도와주며 보완할 수 있는 선에서 코디한다.

업무중 낮에 하는 액세서리는 심플하며 보석이 없는 것으로 선택하며 저녁 파티용은 보석장식도 상관없다.

액세서리는 계절과 환경적인 요인 그리고 직업에 따라 분별력 있는 착용이 중요하며, 옷과의 균형을 맞추는 것이 최우선되어야 한다.

① 백(Bag)

외국 속담에 핸드백을 들지 않은 여자는 여자가 아니다라는 말이 있다. 핸드백은 액세서리이기 이전에 여성의 필수품기 때문이다. 백은 슈트의 스타일과 색상에 따라 또한 계절에 따라 여러 가지 조화로움을 배려하여 선택해야 한다.

- 계절에 따라 개성에 맞도록 구비한다.
- 여름용과 겨울용, 정장용과 캐주얼용을 기본적으로 갖춘다.
- 키가 작을수록 백으로 시선을 끌어본다.
- 백과 구두는 되도록 분위기를 맞추어 준다.
- 가장 정중한 자리에는 금속줄의 백이 적절한다.
- 숄더백, 손에 드는 토트백, 배낭, 지갑형 이브닝 백
- 고급스러운 가죽소재를 선택하여 이미지를 품위있게 정돈한다.

② 구 두

구두는 모든 코디의 시작일 수도 있다.

구두의 역할은 남성보다 여성의 경우 더 크게 전체 이미지에 영향을 미친다.

- 검은색, 갈색 외에 밝은색으로 크림색이나 베이지색을 갖춘다.
- 베이지 색은 스킨톤과 비슷하며 다리를 길어보이게 하는 효과가 있으며 어떤 의상과도 무난하다.
- 정장을 입을 때는 구두와 스타킹 색상을 통일시켜 주면 다리가 훨씬 더 길어보이며 정돈되 보인다.

㉠ 펌프스(Pumps)

하이힐로 유행에 좌우되지 않는 구두

발등이 깊게 보여 발과 다리를 날씬하게 보이게 하며 포멀한 슈트 차림에 어울린다.

ⓛ 로퍼즈(Laufers)

발등 부분까지 덮는 무난한 스타일이며 캐주얼하고 귀여운 차림, 바지차림
에도 잘 맞는다.

ⓒ 스트랩(Strap) 슈즈

펌프스와 비슷하나 옆과 뒤축이 줄로 되어 있어 세련되고 시원한 느낌을
주는 구두로 현대적인 느낌을 준다.

ⓔ Oxford 슈즈

끈으로 묶는 형태로 17세기 영국의 옥스퍼드 대학생들이 신은데서 유래되었다.
약간 큰 사이즈로 신어주는 것이 편하다.
캐주얼이나 매니쉬룩에 잘 어울린다.

ⓜ 부츠(Boots)

앵글 부츠, 롱 부츠 등이 있으며 멋과 보온성이 함께 유지할 수 있지만 격식있
는 자리의 차림에는 자제한다.

ⓗ 샌들(Sandals)

시원하고 세련돼 보이지만 자칫 경박해 보일 수도 있으므로 지나치
게 화려한 것은 정장과의 코디에 주의를 기울여야 한다. 직장에선 되도
록 신지 않는다.

③ 스타킹(Stockings)

스타킹은 원래 남성의 전유물이었으나 여권의 신장으로 이제는 여성의 필수품이 되
어 버렸다.
슈트 색상에 비해 무거운 색상은 답답해 보일 수 있으며 스커트와 구두색상을 고려해
서 선택한다.
· 구두보다 짙은색 스타킹은 피한다.

· 스커트 색과 같으면 날씬해 보이게 한다.

· 아이보리색은 깜찍하고 발랄한 분위기를 낼 수 있지만 자칫 하체가 뚱뚱해 보일 수 있다.

④ 벨트(Belt)

벨트는 의상의 분위기를 다양하게 변화시킬 수 있다. 벨트는 구두와 함께 그 사람의 품위를 나타내므로 되도록 좋은 소재의 고급스러운 것을 선택한다.

· 벨트와 구두의 색상을 맞추거나 벨트와 백의 색상을 맞추어 주면 훨씬 세련되 보인다.

· 옷색깔보다 튀면 시선이 옆으로 나뉘어져 키가 작아 보일 수도 있다.

· 폭이 너무 넓은 경우 더 뚱뚱하고 작아 보일수 있으므로 주의를 기울인다.

⑤ 귀금속(Jewelry)

귀금속은 반드시 T.P.O에 맞도록 해야 한다. 잘하면 세련되어 보이지만 잘못하면 오히려 역효과를 가져올 수 있으므로 가능한 심플한 것을 선택한다.

㉠ 시 계

전통적인 디자인이 싫증나지 않고 세련된 느낌을 준다.

· 정장용과 캐주얼용을 반드시 구별하고 계절도 감안한다.

· 얇을수록 현대적인 세련미를 풍긴다.

㉡ 귀걸이

얼굴과 가장 가까운 곳에 위치하므로 얼굴형을 가장 많이 고려해야 하며 직장일 경우 핀 타입으로 작은 것이 좋다. 그러나 파티나 저녁 만찬시에는 화려한 귀걸이가 필요하다. 자신감이 생길수록 귀걸이의 크기가 커진다고 한다. 그러나 연령과 얼굴형 등을 반드시 고려해 선택한다.

㉢ 목걸이

· 목걸이는 옷과 목선과의 관계를 고려한다. 또한 얼굴형도 반드시 염두에 두어야 한다.

· 긴 목걸이를 한 경우 흔들리는 귀걸이는 달지 않는다.

· 정장용은 심플하며 눈에 띠지 않는 것이 좋다.

㉣ 팔 찌

· 팔찌는 손의 움직임을 우아하게 연출하는데 효과적이다.

· 팔목이나 팔뚝이 굵은 경우 시선을 팔에 머물게 하므로 팔찌를 하지 않는 것이 좋다.

· 계절에 따라 형태 소재가 다른 제품을 구비한다.

㉤ 브로치

· 브로치는 재킷을 다양한 느낌으로 연출하는 데 효과적이다.

· 키가 작을수록 자켓 깃의 윗부분에 단다.

· 귀걸이나 목걸이와 조화를 이루어야 한다.

· 옷에 장식이 있거나 단추가 화려하면 달지 않는 편이 좋다.

· 색상이 여러 가지로 배합된 옷에는 산만해 보일 우려가 있으므로 하지 않는 것이 좋다.

㉥ 스카프(Scarf)

스카프는 우아함의 상징이다. 심플한 재킷 위의 스카프는 보온효과와 더불어 정중하면서도 세련된 멋을 준다. 유행에 관계없이 오래 사용할 수 있으므로 고급스러운 소재를 선택한다.

· 심플한 옷에 적당하며 장식이 많은 옷은 피한다.

· 전체적인 옷 색상과 반대될 경우는 악센트의 역할을 하고 동색인 경우에는 이너웨어와의 연결을 보다 자연스럽게 한다.

㉦ 모 자

모자는 옷차림을 마무리해 주는 액세서리이며 품위를 더할 수 있지만 의상과의 조화 얼굴이나 체형과의 조화 등은 신중히 고려해야 하므로 의상 코디에 자신이 있는 경우에만 권해볼 수 있다.

· 계절에 따라 소재가 달라야 한다.
· 여성의 경우 모자가 의복의 일부분이므로 실내에서도 벗지 않아도 된다.(스포츠 모
  쟈는 제외)

◎ 향 수

우리나라는 무색 무취의 문화권이기도 하다. 좋아하는 색도 무채색이며 표정도 무채
색이다. 예전엔 향수는 바람둥이의 상징으로 비쳐지기도 했지만 오늘날에 그 사람의 이
미지를 완성하는 단계라고 해도 과언이 아니다. 향은 기억속에 가장 오랫동안 입력되어
있기 때문에 자신은 어떤 향을 상대방의 기억속에 남길 수 있을지 생각해 보자. 향수의
발향 단계는 탑노트(top noto), 미들노트(Middle note), 베이스노트로(Base note)로 나
타낸다.

※ 사용법
· 맥이 뛰는 곳, 손목 안쪽과 귀 뒤쪽에 뿌린다.
· 향은 밑에서 위로 퍼지므로 양복 안단이나 무릎 뒤쪽에 뿌리는 것도 좋다.
· 여성의 경우 치맛단에 살짝 뿌려 보는 것도 좋다.
· 옷에 직접 뿌리면 탈색이 될 수 있다.
· 잔향이 실내에 남아 있으면 너무 많은 양을 사용한 것이다.

※ 종 류

종 류	농 도	지속시간
퍼퓸(Perfume)	15~30%	6~7시간
오데퍼(Eau de Perfume)	5~15%	5시간 전후
오데투왈렛(eau de toilette)	5~10%	3~4시간
오데코롱(eau de cologne)	3~5%	1~2시간

(2) 패션 이미지별 코디네이션

➡ 내추럴리즘(Naturalism) 이미지

· 천연 소재의 편안한 실루엣
· 자연으로 돌아가자는 인식의 변화에서 시작 자연미를 강조한 패션
· 클래식 감각의 신선한 여성미를 표현한다.

➡ 로맨틱(Romantic) 이미지

· 귀엽고 사랑스런 소녀적인 느낌의 패션
· 부드러운 질감의 꽃무늬와 열대지방의 감미로운 자연 색조를 사용
· 프릴이나 레이스 장식 등의 장식적인 디테일을 사용한다.

➡ 매니쉬(mannish) 이미지

· 독립적인 여성이 지니는 감성 이미지이다.
· 남녀평등의 의미로 입혀지기 시작했으나 가장 섹시한 당당한 여성미를 즐
　길 수 있는 이미지로 즐겨 입는다.
· 댄디룩, 밀리터리룩 등이 포함된다.

➡ 모던(modern) 이미지

· 미래지향적이며 현대적인 감각의 패션
· 정신적인 풍요로움과 시각적인 즐거움을 느낄 수 있다.
· 보다 지적인 이미지로 승화시켜 표현한다.

➡ 소피스티케이트(Sophisticated) 이미지

· 도시적이고 세련된 성숙미를 표현하는 전문직의 패션 스타일
· 섹시하면서도 스마트함을 표현한다.
· 지성미와 교양미를 최대한 표출시킨다.

➡ 여피(yuppie)

· 젊은 지식인과 사무직들의 패션으로 일류 브랜드 상품과 보석을 선호하며 전통적
  이며 보수적인 비즈니스 슈트

➡ 액티브(Active) 이미지

· 밝고 활달한 감성의 패션으로 활동적인 이미지를 강조
· 기능성을 중시

➡ 에스닉(Ethnic) 이미지

· 유럽을 제외한 여러 나라의 민속 의상과 염색, 직물, 패션, 자수 액세서리 등에서
  영감을 얻은 패션
· 토속적이며 소박하다.

➡ 엘레강스(Elegance) 이미지

· 우아함, 고상함, 단정함 등의 품위있는 이미지를 지향하는 클래식한 감성의 패션
· 페미닌 룩의 대표적인 패션으로 여성적인 아름다움을 지향한다.
· 장식이 배제한 심플한 분위기의 연출

(3) 체형의 결정을 보완하는 코디 요령

첫째, 자신의 체형의 장단점을 파악한다.

둘째, 디자인과 색상 선택을 통해서 착시 현상을 유도하여 장점을 살리고 단점을 커버한다.

➡ 체형별 코디

① 약간 통통한 체형

· 평퍼짐한 옷으로 체형을 감추면 훨씬 뚱뚱해 보인다.
· 몸에 피트되는 옷을 과감하게 연출하는 것이 훨씬 더 날씬해 보인다.

② 뚱뚱한 체형

· 애써 감추기보다 자연스러움을 살리는 것이 좋다.
· 짙은 색의 옷은 날씬해 보일 수도 있으나 이미지와 어울리지 않으므로 중간색 계열의 화사한 색상을 입는다.
· 레이어드 룩으로 멋스러움을 연출한다.
· 액세서리는 고급스러운 것을 선택한다.
· 심플한 라인의 의상을 입는다.

③ 왜소한 체형

· 체크무늬나 표범무늬 등을 입어 생동감 있게 표현한다.
· 두꺼운 소재를 선택하여 볼륨감을 준다.
· 액세서리를 많이 활용하는 코디네이션을 시도해 본다.

④ 다리가 짧은 체형

· 상의를 힙중간 정도로 입고 스커트를 길게 입는다.

· 굵은 벨트로 긴 허리로 가는 시선을 차단한다.

· 높은 굽의 구두를 신는다.

· 팬츠는 골반에 걸치지 않는 하이웨이스트를 선택한다.

⑤ 힙이 처진 체형

· 상의를 길게 입고 벨트를 한다.

· 상반신에 액센트를 주는 코디를 응용한다.

· 상의는 밝은 색으로 하의는 짙은 색으로 연출한다.

(4) 상황에 맞는 코디네이션 매너

의복 착용의 매너는 상대를 존경하는 마음이나 배려하는 마음이 전달될 수 있도록 착용해야 한다. 또 의복 착용은 의사소통의 간소화 기능의 작용도 하며 개인의 품위와 인격의 표현이기도 한다. 그러므로 개인의 개성이 무시된 옷차림이 아닌 다양한 라이프 스타일에 부합되고 상황에 맞는 옷차림으로 자신의 이미지를 당당하게 연출할 필요가 있다.

➡ 입사 면접시

· 응시자의 이미지를 전달하는 역할을 하므로 호감을 줄 수 있는 옷차림이 중요하다.

· 시선을 얼굴과 상체 부분에 받게 되므로 청결하고 단정한 이미지를 연출한다.

· 평소의 모습에서 너무 벗어나지 않도록 하며, 품위있고 침착하며 밝은 인상을 줄 수 있도록 코디하는 것이 무난하다.

➡ 맞선시

· 처음 대면하는 자리라 어색하고 긴장되는 순간이므로 과장되지 않게 평소의 스타일에 약간의 격식을 갖추는 것이 무난하다.

· 심한 노출은 삼가며 화사한 정장차림과 옅은 화장이 좋다.
· 예의 바른 자세로 좋은 인상을 주며 상대방을 편안하게 해준다.

➡ 결혼 축하시

· 밝은색의 슈트, 원피스, 드레스 등의 정장에 액세서리는 화사하게 하되 신부보다
  화려하지 않게 한다.
· 검정색만으로 구성된 스타일이나 청바지나 티셔츠, 운동화 등은 피하는 것이 바람
  직하다.

➡ 문상시

· 신체 노출을 가급적 자제하며 무채색 계통의 수수한 차림이 좋다.
· 주얼리는 일체하지 않는 것이 바람직하다.
· 짧은 소매나 민소매의 경우 상의를 걸친다.
· 짙은 화장은 삼가며 헤어스타일도 단정히 한다.
· 남성은 검정이나 짙은색 정장 차림으로 검정색 넥타이를 매도록 한다.

➡ 모임시

· 모임의 성격에 맞는 옷차림이 중요하며 무엇보다 주최자나 참가자들에 대한 예의
  를 갖춘 옷차림이어야 한다.
· 소품을 이용하여 화려하게 코디하는 것이 적합하다.
· 지나친 장식은 오히려 주눅들게 될 수도 있음을 명심한다.

➜ 화랑, 음악회 관람시

· 화랑은 작품보다 튀는 차림은 자제하며 수수하고 지적인 색상으로 차분하며 모던 한 스타일로 연출하는 것이 좋다.
· 음악회의 경우는 가장 화려하고 아름다운 차림을 연출해 본다. 고급스런 소재와 화려한 액세서리 등으로 격조있는 클래식한 분위기의 코디가 바람직하다.

➜ 레저 및 스포츠웨어

· 경제 성장과 변화로 여가를 본격적으로 즐기게 되면서 레저웨어나 스포츠웨어는 의생활의 큰 변화를 가져왔다.
· 자기만의 개성을 표현할 수 있는 스타일로 세련된 멋을 연출한다.

(5) 직업별 코디네이션

옷을 잘 입는 사람은 그렇지 못한 사람보다 20퍼센트 승진율이 빠르고 연봉이 13퍼센트 정도 높다는 통계가 있다. 이제 옷을 잘 입는다는 것은 업무 능력과도 무관하지 않음을 인식해야 한다. 즉, 옷을 잘 입는 사람은 대중과의 만남에서 매력적인 이미지를 심어주어 판매량과 위신을 높일 수 있다는 사실이다.

이제 성공과 옷차림은 떼어놓을 수 없는 중요한 관계에 있다.

➜ 호감을 주는 직업별 옷차림

① 전문직 여성

· 역시 슈트 정장이 가장 바람직하다.
· 옷의 디자인이나 컷이 남성적일수록 권위적인 이미지를 투사하는데 효과적이다.
· 스커트 길이는 무릎을 덮으며 항상 긴팔 소매를 입는 것이 좋다.

· 액세서리는 되도록 자제한다.
· 심플한 슈트와 여성스런 색상의 블라우스를 매치시킨다.

② 사무직

· 성실하고 활동적이며 침착하고 밝은 인상을 주도록 한다.
· 몸매가 드러나는 옷은 삼가며 노출이 심한 옷도 자제한다.
· 여성적인 장식이 많은 옷이나 너무 남성적인 스타일도 바람직하지 않다.
· 다소 보수적인 차림이나 포멀(Formal)한 의상이 좋다.
· 덜렁거리는 액세서리 등은 하지 않는다.

③ 교 사

· 학생들의 학습 의욕을 증대시킬 수 있는 색조화가 잘 된 옷차림이 좋다.
· 짙은 화장과 너무 화려한 의상은 저항감을 일으킬 수 있다.
· 너무 유행을 따르거나 너무 뒤떨어지지 않도록 한다.
· 피로감을 주는 보색대비나 강한 색보다 은은하고 차분한 색상이 좋다.

④ 비서직, 공무원직

· 깔끔하고 여성스럽게 입는다.
· 베이직 컬러의 유능해 보이는 의상이 좋으며 너무 딱딱하지 않게 연출한다.
· 부드럽고 친절한 이미지를 연출할 수 있도록 주의를 기울인다.

⑤ 상담, 보험설계사, 판매영업직

· 도덕적이고 활동적으로 입는다. 표정에 자신감을 연출하는 것이 중요하다.
· 화려한 색보다 활기찬 푸른색이나 부드러운 갈색이 좋다.

⑥ 광고기획, 홍보, 의류회사직

· 세련되고 눈에 띠게 입어 개성을 연출한다.

· 너무 어리거나 너무 나이들어 보이는 것은 금한다.

· 유행에 민감하게 반응하여 세련되고 패셔너블한 이미지를 갖는다.

· 자신이 곧 회사의 이미지가 될 수도 있으므로 깊은 인상을 남길 수 있도록 한다.

4) 남성의 옷차림

(1) 남성 비지니스 정장

➡ 신사복(슈트: Suit)

오늘날 남성들의 사회에서 옷차림은 지위와 성취도를 가름하는 중요한 지칭이며 그들의 목표 달성 과정에서 하나의 수단으로 사용된다. 즉, 사회 구성원의 일원으로서 타인에게 좋은 인상을 주기 위한 방편인 것이다.

특히 슈트는 단순한 옷이기 이전에 비즈니스맨의 매너와 품위를 대표하는 명함과도 같으므로 어떻게 입느냐에 따라 그 사람의 패션 성향뿐만 아니라 일의 성공도까지 짐작하게 한다.

① 더블 벤티드 스타일(double vented style)

상의 뒤에 양옆으로 두 개의 트임이 있는 스타일이다. 영국식 스타일로 앉거나 포켓에 손을 넣을 때 옷이 구겨지지 않게 하며, 엉덩이 부분을 가려줄 수 있다. 그러나 엉덩이가 크거나 배가 나온 사람에게는 적당치 않다.

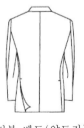  

더블 벤트(양트기)　　　싱글 벤트　　　벤트리스(트기 없음)
영국식　　　　　　　　미국식　　　　　　이탈리아

② 싱글 벤티드 스타일(single vented style)

뒤 중앙에 한 개의 트임이 있는 스타일이다. 아메리칸 스타일에서 흔히 볼 수 있는 것으로 착용자를 약간 작아 보이게 하지만 3버튼 슈트에 잘 어울린다.

③ 노 벤티드 스타일(no vented style)

뒤에 트임이 없는 스타일이다. 유럽인들이 선호하는 것으로 포켓에 손을 넣거나 앉을 때 약간의 주름이 생기기도 하지만 모양 자체로는 가장 깔끔하게 보이는 스타일이다.

(2) 슈트의 선택 요령

슈트를 고를 때 먼저 살펴보아야 할 것은 어깨와 가슴, 소매 둘레, 옷의 길이 등이다.

상의의 어깨 너비는 어깨의 끝에서 바닥으로 수직선을 그었을 때 팔이 선 밖으로 튀어나오지 않을 정도가 되어야 적당하다. 또 단추를 채웠을 때 가슴 부위가 첫째 단추 부분을 앞으로 당겨서 주먹 하나가 들어 갈 정도의 여유가 있어야 편안한 느낌의 옷이며 단추를 채운 채 앉아도 불편한 곳이 없어야 한다.

다음으로 주의해야 할 부위는 소매 둘레이다. 소매 둘레가 좁을 때에는 겨드랑이가 꼭 맞아서 입을 때 불편할 뿐만 아니라 활동적이지도 못하다. 반대로 소매 둘레가 넓을 때에는 팔을 높이 들기가 어려워진다.

상의의 길이는 원래 엉덩이 부위의 굴곡을 가릴 만큼 길어야 한다. 그러나 그만큼 길게 입지 않는 이유는 상의가 짧을

칼라 뒷부분에 주름이 잡히지 않는지 살펴본다.

칼라가 커서 목에서 벗어나지 않는지 살펴본다.

어깨는 소매 선이 바닥과 수직을 이룰 만큼 적당히 넣어야 한다.

소매 둘레가 좁으면 보기에도 흉할 뿐더러 활동하기에 불편하다.

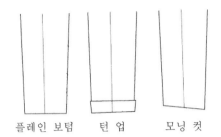

플레인 보텀   턴 업   모닝 컷

단을 접어올린 바지의 통을 구두 길이의 3/4정도를 덮는 것이 적당하다.

수록 다리가 길어보이기 때문이다.

길이를 2.5~5cm 이상 늘이거나 줄이게 되면 포킷의 위치가 균형을 잃게 된다. 또 앞길이가 뒷길이보다 1.5cm 정도 길어야 한다. 그래야만 옷이 뒤로 넘어가 보이지 않고 자연스러운 라인을 유지한다.

또, 평소에 가지고 다니는 지갑, 담배, 펜, 수첩같은 것을 넣어본다. 이때 가슴에 있는 주머니가 불룩해지지 않으면서 이런 소지품들을 다 넣을 수 있어야 한다.

드레스 셔츠가 적당히 보이는 지도 살펴야 한다. 슈트의 소매 길이는 셔츠의 커프스가 1.5m 정도 보여야 적당하다. 셔츠 칼라 또한 슈트 상의의 칼라 위로 1.5cm 정도 보여야 한다.

바지 길이는 밑단 앞쪽이 신발에 가볍게 닿고 뒤는 구두 굽보다 약간 위로 올라오는 정도가 적당하며 양말이 보여서는 안 된다.

단을 접지 않은 바지는 뒷 부분이 구두창과 굽이 만나는 지점까지 내려오는 것이 적당하다. 바지, 구두, 양말은 같은색 계열로 통일시키며 뒷 주머니에 지갑, 펜, 명함 등을 넣고 다니지 않는다. 스트레이트형 바지의 실루엣은 일직선 모양으로 치수가 넉넉지 않으면 주름이 생기며, 바지단은 일반적인 플레인 보텀, 클래식한 턴업과 키가 커 보이도록 하는 모닝 컷 형태가 있다.

(3) 올바른 코디 요령

➜ 나이와 지위에 맞게

어떤 옷이든 입는 사람의 나이와 지위에 걸맞게 선택해야 멋이 제대로 살아난다. 비즈니스 슈트의 경우는 나이에 관계없이 거의 비슷하게 입는 경향이 있지만, 젊은 사람은 젊은 사람답게 참신하고 세련된 분위기를 살리고, 나이 든 사람은 나이 든 사람답게 관록과 무게를 보여 줄 수 있어야 올바른 차림이다. 그러기 위해서는 넥타이나 구두 같은 소품도 색상, 디자인, 무늬 등을 잘 선택해야 한다.

➡ 다양한 소품 활용

멋있게 입기 위서는 슈트 한 벌로 여러 가지 분위기를 내는 센스 역시 필요하다. 이렇게 하려면 넥타이, 셔츠, 양말 등을 슈트에 맞춰 여러 개 갖춰야 한다.

항상 같은 셔츠에 같은 넥타이를 맨다면 색다른 맛이 없다. 가끔은 색깔 있는 셔츠나 줄무늬 셔츠를 입고 대담한 무늬의 넥타이를 매어 평소와 달라진 인상을 보여 주는 것도 좋다.

➡ 기본 색상의 결정

기본 색상을 정하는 일도 비즈니스 슈트를 멋있게 입는데 꼭 필요한 조건이다. 슈트는 일반적으로 어두운 색조를 중심으로 입는 것이지만, 어떤 색을 기본 색상으로 정하느냐에 따라 액세서리나 그 밖의 소품도 달라진다.

➡ 색상별 코디네이션 요령

① 군청색 슈트

군청색 슈트는 비즈니스 슈트 중에서도 가장 기본이 되는 아이템이다. 흰색의 레귤러 칼라 드레스 셔츠나 흰색 바탕에 가는 군청색 줄무늬 셔츠를 매치시키면 무난하다. 엷은 청색이나 회색, 베이지의 셔츠도 잘 어울린다. 넥타이는 레지멘탈 스타리이프와 같은 전통적인 패턴이 어울리며 군청색 또는 자주색 계통이 좋다. 구두와 벨트는 단순한 디자인의 검은색 가죽으로 된 것이 좋다.

② 베아지색 슈트

베이지색 슈트는 색조가 경쾌하고 스마트해서 현대적인 패션 감각에 잘 맞는다. 흰색, 엷은 청색, 베이지, 회색, 갈색 드레스 셔츠에는 갈색 계통의 넥타이가 적당하다. 그러나 대조적인 배색으로 눈에 띠는 효과를 노린다면 청색 계통도 좋다. 구두는 대체로 밝은 갈색이 무난하지만 짙은 밤색도 어울린다.

③ 회색 슈트

이것 또는 대표적인 비즈니스 웨어로서 1주일에 2~3일 정도 갖춰 입는다. 회색의 플란넬 슈트에는 어떤 색상의 드레스 셔츠도 잘 어울리며 소재 또한 실크나 면 혼방뿐만 아니라 모 등이 광범위하게 쓰인다. 군청색 슈트에 비해 액세서리 선택의 폭도 크다. 넥타이도 거의 모든 종류가 어울리는데 자주색 바탕에 흰 줄무늬도 무난하다. 벨트와 구두는 검정색이 좋다.

(4) 직업별 슈트 착용법

비즈니스맨의 옷차림에도 커다란 변화가 생기기는 했지만 T.P.O에 맞는 옷차림, 자신의 직업에 어울리는 슈트 착용이야말로 옷차림의 기본 매너라고 할 수 있다. 옷을 사기 전에 자신이 무엇을 하는 사람인가를 먼저 생각해 보자.

➡ 무역 업무 종사자

사내에서는 개성과 성실성이 돋보이는 깨끗한 옷차림, 외국 바이어 접대석상이나 회의석상에서는 드레시한 정장과 흰색 셔츠, 강렬한 색상의 타이를 선택하여 기품있고 세련된 멋으로 상대방에게 호감을 줄 수 있어야 한다.

옷의 소재는 고급스러운 것을 입는 것이 좋으며 세련된 옷맵시는 주목받는 비지니스맨으로 더욱 돋보일 것이다.

➡ 일반 사무직 종사자

획일적인 짙은 색 슈트와 흰색 셔츠로 대변되던 사무직 종사자들의 옷차림에도 최근 들어 많은 변화가 생기고 있다.

중요한 회의나 거래처 미팅 등의 공식적인 미팅이 있는 날에는 정장 차림을 하는 것이 예의이지만, 평소에는 색깔있는 셔츠나 밝은 색의 슈트 또는 재킷 차림으로 개성을 연출하는 것이 좋다.

조끼를 곁들인 쓰리피스 차림도 옷차림을 더욱 풍성하게 한다.

➡ 전문직, 자유직 종사자

진짜 프로는 옷차림도 확실한 자기 표현을 할 줄 안다.

자유로운 업무 환경과 독창적인 일의 성격상 활동적이고 개성이 돋보이는 강렬한 타이, 액세서리 등을 자유롭게 시도해 볼 수 있다. 그러나 지나치게 장식적인 옷은 뒷소리를 들을 수 있으므로 되도록 심플하게 입는다.

➡ 세일즈맨

많은 사람들과 대면해야 하는 세일즈맨들은 옷차림 자체가 업무의 일부분이다. 따라서 좋은 첫인상을 줄 수 있도록 깨끗하고 단정한 차림새를 유지해야 한다.

재킷보다는 슈트 중심으로 입는 것이 좋으며, 화려한 액세서리를 피하고 선명한 이미지의 타이로 포인트를 주는 것이 효과적이다. 개성과 감각을 살리기보다는 올바른 착장으로 단정한 차림새를 유지한다.

➡ 은행종사자

짙은 회색, 네이비 블루의 슈트를 입는 등 보수적인 옷차림을 선택하는 것이 좋다.

신뢰감을 줄 수 있는 옷 맵시를 갖도록 하되 화려하게 독창적인 패션 감각은 절제하는 것이 좋다.

이렇듯 비즈니스맨에게 옷차림이 중요한 이유는 첫인상을 좌우하는데 외모가 주는 인상의 비중이 중요하기 때문이다. 옷차림을 통해 첫인상을 심고, 평상시의 옷차림으로 자신의 이미지를 심어가는 일은 타인과의 만남의 연속인 사회생활에서 대단히 중요한 일이다.

(5) 드레스 셔츠(Dress Shirt)

➡ 기능과 특징

· 셔츠의 생명은 청결이다.
· 셔츠는 속옷의 개념을 가지고 있으며 슈트에 몸의 오염이 묻지 않도록 하는 역할을 하기도 한다.
· 여러 색상이 섞인 줄무늬나 격자무늬 셔츠는 비즈니스 슈트에는 입지 않는 것이 좋다.
· 비즈니스 슈트에는 여름에도 짧은 소매 셔츠를 입지 않는다.
· 고급 드레스 셔츠일수록 가슴 주머니를 달지 않거나 단순한 패치 포킷(뚜껑이 없는)이 좋다.

➡ 셔츠 착용법

· 소재로는 순면이 가장 적합하다.
· 선 자세에서 셔츠의 소매는 슈트 상의 소매 밖으로 1~1.5cm 정도 나오도록 입는 것이 보기에 좋다.
· 셔츠 칼라는 슈트 칼라 위쪽으로 1.5cm 정도 올라오는 것이 적당하다.
· 목둘레는 0.5cm 정도 여유 있는 것이 바람직하다.

· 소매의 커프스는 여유 있게 손목에 맞아야 하지만 단추를 풀지 않고는 손을 넣을
  수 없을 만큼 좁아야 한다.
· 셔츠의 길이는 허리 아래로 적어도 15cm 정도 내려와야 움직일 때 위로 빠져나오
  지 않으며, 바지의 앞 부분이 단정하게 보인다.

➡ 셔츠 칼라의 종류

① 버튼 다운 칼라(The Button Down Collar)

영국 폴로 선수들 복장에서 따온 것으로 1900년 뉴욕 존 브룩스에 의해 채택되었다.
경기 중 칼라가 바람에 날리지 않도록 포멀 드레스 셔츠 칼라를 단추로 고정시켰다. 어
려보이는 둥근 얼굴을 세련되고 샤프하게 연출해 준다.

② 라운드(클럽) 칼라(The Rounded or Club Collar)

영국 이튼 학교 학생들이 잘 입는 목이 높은 칼라.

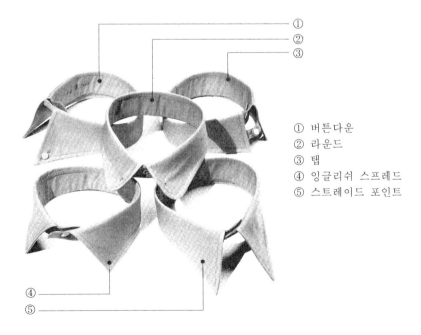

① 버튼다운
② 라운드
③ 탭
④ 잉글리쉬 스프레드
⑤ 스트레이드 포인트

빳빳한 것이 드레시하고 부드러운 것은 스포츠 재킷과 함께 입는다. 핀을 꽂기도 하고 꽂지 않을 수도 있다. 각진 네모형이나 목이 짧고 굵은 타입에 어울린다.

③ 탭 칼라(The Tab Collar)

윈저공이 미국 방문 때처음 입은 것인데 오늘날 아이비 리그 스타일로 블레이저와 함께 입는 미국식 칼라로 여겨지고 있다. 넥타이 매듭을 깔끔하고 편안하게 하기 위해 양 깃을 끌어 당겨둔다. 누름 단추를 청동 장식으로 하기도 한다. 긴얼굴을 보완해 주는 효과가 있다.

④ 잉글리시 스프레드 칼라(The English Spread Collar)

일명 와이드 스프레드 칼라라고도 하고 윈저 칼라라고도 한다. 넓은 윈저 매듭 넥타이에 잘 맞도록 디자인된 것으로 찰스 황태자가 애용하는 스타일이다. 공식 예복인 모닝 코트와 함께 입는 흰색의 빳빳하고 목인 높은 칼라이다. 목이 가늘어보이지 않게 해준다.

⑤ 스트레이트 포인트(턴 다운) 칼라(The Straight-point or Tum Down Collar)

가장 무난하고 용도가 넓은 스타일이다. 양복 깃과 크기에 따라 길이는 다양한데 요즘은 6.7~7.3cm(25/8~27/8인치) 사이이다.

(6) 넥타이(Necktie)

남성들이 처음 만나 악수를 건넨 후 대부분 상대방의 옷차림에 시선을 주게 되는데, 흔히 통상적인 신사복을 입고 있으면 그 즉시 넥타이 쪽으로 눈길이 가게 마련이다. 여성과의 만남의 경우에도 대부분 여성의 시선 위치가 남성의 목언저리의 넥타이에 가장 먼저 닿게 된다. 따라서 넥타이는 남성 옷차림에서 중요한 역할을 맡고 있으며 신사복 자체와 함께 선택과 활용에 세심한 주의를 기울여야 하는 품목이다.

넥타이는 좋은 품질을 고르는 것도 중요하지만 무엇보다 슈트와 어울리도록 선택

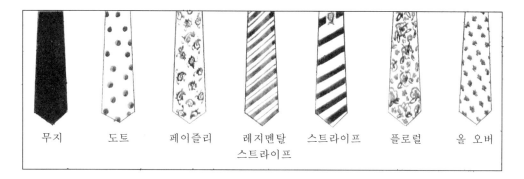

| 무지 | 도트 | 페이즐리 | 레지멘탈
스트라이프 | 스트라이프 | 플로럴 | 올 오버 |

하며 때와 장소에 맞추어 적절히 매어야 한다. 길이는 벨트의 버클을 살짝 가리는 정도여야 한다. 매는 방법도 소재에 따라 달리하면 더욱 더 멋스럽게 개성을 발휘할 수 있다.

➡ 넥타이 매는 법

① 플레인 노트(Plain Knot)

가장 평범한 모양의 매듭으로 크기가 제일 작고 어떤 셔츠나 재킷에도 잘 어울리는 스타일. 사회 초년생은 꼭 익혀두어야 할 방법이다.

플레인 노트

② 원저 노트(Windsor Knot)

원저 공이 고안해낸 방법으로 매듭이 가장 크기 때문에 와이드 스프레드 칼라나 더블 슈트에 잘 어울린다. 중후하면서도 대담한 느낌을 주므로 얼굴형이 비교적 길거나 턱이 홀쭉한 사람들이 얼굴을 짧아 보이게 하고 싶을 때 사용하면 좋다.

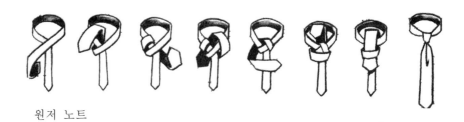

원저 노트

③ 하프 윈저 노트(Half-Windsor Knot)

윈저 노트와 플레인 노트의 중간 형태. 두 번 돌리는 윈저 노트에 한 번을 생략한 것으로 단정하고 깔끔한 이미지를 준다. 비즈니스 정장에 가장 잘 어울리는 넥타이 연출법이다.

하프 윈저 노트

④ 크로스 노트(Cross Knot)

매듭이 약간 비뚤어지게 하는 방법. 기본 매듭과는 전혀 다른 강한 이미지를 준다.

크로스 노트   드렛 다운 노트

⑤ 드레스 다운 노트(Dress Down Knot)

기본 매듭의 변형인데, 간단한 방법으로 캐주얼한 분위기를 낼 수 있는 방법이다. 가죽 점퍼 같은 것을 입을 때 해보면 멋스럽다.

➡️ 넥타이 연출법

셔츠위에 평평하게 놓여진 타이는 활력이 느껴지지 않는다.

매듭 아랫부분이 아치형으로 적당히 굽어진 타이는 도드라져 보여보다 활기있게 느껴진다.

(7) 액세사리

➡️ 구 두

깔끔한 수트는 반짝거리게 잘 닦은 구두는 그 사람의 첫인상을 바꿀수 있다. 어느 조사에 의하면 잘 닦은 구두를 신고 맞선을 보면 성공률이 90% 이상이라고 한다. 여자들은 깨끗한 구두를 신은 신사를 좋아하기 때문이다.

이렇듯 첫인상을 비롯해 그 사람의 성격까지 들여다볼 수 있는 구두는 넥타이, 양말, 슈트와의 조화를 고려해야 한다. 구두는 품질이 좋고 깔끔한 것을 선택하여 패션의 완성도를 높여 주도록 해야 하며, 되도록 슈트와 동계색으로 갖추는 것이 좋다. 정장용 구두는 끈이 있는 것으로 영국형과 이탈리아형의 두 계통이 있다.

영국형은 튼튼하고 바닥이 약간 두텁고 이탈리아형은 우아하고 부드러우며 구두바닥이 얇은 특징을 갖는다. 전통적인 아메리칸 스타일이나 브리티시 스타일의 슈트에는 영국형 구두가 더 잘 어울린다.

정장용 구두

➜ 양 말

색상은 바지나 구두와 동계색으로 해야 하며 바지가 밝을 경우 짙은 구두에 맞추는게 무난하나 바지색과 맞추어 지루함을 벗어나 보는 것도 괜찮다. 흰색 양말은 어떤 경우에도 비즈니스 슈트에 신어선 안되고 예복의 경우 주간에는 불투명한 검정색을 야간에는 살이 비치는 듯한 얇은 소재의 검정색을 신는 것이 원칙이다.

캐주얼이나 주말용의 세퍼레이트 차림이라면 무늬있는 양말도 즐길 수 있다. 되도록 상표가 두드러져 보이지 않는 것이 점잖다.

➜ 가 방

정장용 가방은 유행에 치우치지 않고 기능성과 품질이 뛰어난 것을 고른다. 소재는 고급소재를 선택하면 오래될수록 연륜이 더해져 그윽한 멋을 풍긴다.

색상은 검은색과 갈색을 기본으로 하며 와인색, 황갈색, 다크 그린 등도 세련되고 멋스럽다.

➜ 포켓 치프(pocket chief)

스마트하고 멋을 추구하기 위한 것이므로 타이와 조화를 이루는데 주안점을 두지만, 소재나 색채는 타이와 동일한 것은 착용하지 않는다. 너무 눈에 띠는 것은 단정치 못해 보이며 너무 깨끗이 접어 계산되어 있듯이 꽂혀 있으면 차가운 남자라는 인상을 줄 수도 있다. 가볍게 꽂아 포켓치프가 살짝 들여다 보이는 것이 가장 좋다.

➜ 벨 트

벨트는 바지를 입고서도 하지 않으면 정장에 넥타이를 매지 않은 것과 똑같이 취급될

수 있다. 넓을수록 스포티하고 좁을수록 드레시한 느낌을 준다. 색상 조화
는 구두를 기본으로 한다. 버클은 될 수 있는한 간결한 디자인이 좋고 드레
시하며 가장 정중한 느낌은 금속테 조차 가죽으로 감싼 것이다. 벨트는 디자인보다 품질
로 선택하는 것이 좋다.

➡ 멜빵(Suspenders)

바지를 흘러내리지 않게 하기 위한 도구에서 차츰 장식적인 의미를 띠기 시작
했으나, 무엇보다 바지 주름라인을 돋보이게 하여 우아한 모습을 연출하기 위해
서 필요한 소품으로 사용된다.

벨트와 함께 착용하지 않으며 키가 작거나 배가 나온 사람은 가능한한 하지
않는 것이 좋다. 어깨의 띠 선으로 인해 더 작아 보이거나 더 뚱뚱해 보일 수 있기 때문
이다.

➡ 스카프(Scarf)

스카프는 방한과는 상관없이 세퍼레이트 차림에 할 수 있으며 색상조화는 넥타이에
준하여 사용하면 된다. 소재는 촉감이나 광택이 좋으며 점잖아 보이는
실크가 좋다. 정장용 드레스 셔츠에는 어울리지 않으며 버튼다운 셔츠
나 컬러와 줄무늬가 있는 캐주얼 분위기를 가진 셔츠와 함께 코디한다.

➡ 머플러(Muffler)

머플러는 슈트나 코트의 V존을 돋보이게 하는 액세서리이다. 양보다
는 질을 중시해야 하며 소재가 고급인 것으로 오랫동안 사용할 수 있는 것을 선택한다.

➡ 시계(Watch)

시계는 빠트릴 수 없는 생활필수품이면서 동시에 액세서리의 역할도 한다. 그런만큼 전체적인 차림새에 맞춘 통일감을 보일 수 있어야 한다.

드레시한 차림이나 비즈니스 슈트에는 품위있는 금속성 아날로그 시계를 캐주얼하고 스포티한 차림에는 디지털이나 캐주얼한 아날로그 가죽줄 시계를 찬다.

➡ 주얼리

서양 남성들은 평상시 반지를 끼지 않는다. 특히 다이아몬드 반지는 파티처럼 성장할 때 갖추는 보석이다. 또 부를 과시해야 필요가 있는 사람들만 하는 것이다. 양복 차림에 다이아몬드는 어색하므로 비즈니스나 외국 출장시 삼간다.

원칙적으로 비즈니스 차림에는 어느 경우나 반지를 끼지를 말아야 한다.

➡ 타이핀과 커프 링크스(Tiepin & Cuff Links)

넥타이 핀은 통상 커프링크스와 세트로 판매되고 있는데 이 액세서리는 절제된 멋과 품위를 중시하는 신사들이 드러내 놓고 장식할 수 있는 부분이다.

그러나 여기서도 품위있고 세련된 것으로 선택해야 함은 물론이다. 단순하고 번쩍거리지 않으면서 지나치게 크지 않은 것이 좋다.

커프 링크스는 드레시한 슈트에 특히 잘 어울리는데, 더블 커프트 드레스 셔츠에는 커프 링크스를 하도록 되어 있다.

그러나 요즘에는 슈트의 깃이 짧고 3보턴 슈트에 조끼를 받쳐 입게 되어 넥타이 핀이 필요없게 되었다.

➜ 향 수

향기란 여성못지 않게 남성에게도 자기 연출에 도움을 준다. 특히 술, 담배 냄새에 찌든 현대 남성들이 자신의 이미지를 청결하고 산뜻하게 해주는 향수를 적절히 사용한다면 매력 창출도 의외로 손쉬울 수 있다.

강한 남성 취향의 향보다 요즘에는 여성적 취향의 부드러운 것을 선호하는 경향이 많다. 특히 지성인 남성은 깨끗한 향을 택하는 것이 자신의 이미지 관리에 도움이 될 수 있다.

5) 헤어 스타일과 Make-up 이미지

헤어 스타일은 그 사람의 인상을 좌우하는 절대적인 변수가 될 수 있다. 먼저 자신의 얼굴형을 제대로 파악하는 것이 중요하다. 장점을 최대한 살리고 결점을 보완할 수 있는 헤어스타일을 결정하는 것이 첫 번째 작업이고, 둘째로 전체적인 이미지를 고려해서 때에 따라 변신을 시도해 보도록 한다. 특히, 남성의 경우 헤어 스타일은 이미지 변신에 있어 더 큰 위력을 발휘한다.

스포츠 스타나 연예인들이 헤어 스타일의 변신만으로 촌스러움과 평범함에서 도시적이고 세련된 모습으로 거듭나는 것을 지켜보았을 것이다.

결국, 남자는 헤어 스타일이다. 단기간에 킹카로 거듭나는 데는 헤어 변신만한 게 없다. 이 때 유행 스타일도 중요하지만 자신의 얼굴형에 어울리는 헤어 스타일을 찾는 것이 더 중요하다.

(1) 남성 헤어 스타일

· 축구 선수 조재진의 경우

광대뼈가 나오고 볼이 홀쭉한 역삼각형의 얼굴엔 부드럽게 감싸는 긴 머리가 어울리고 볼 살이 꺼져 밋밋한 얼굴은 수염을 기르는 것도 도움이 된다.

- 영화 배우 박중훈의 경우

  목이 굵고 볼 주변에 살이 붙은 경우엔 머리를 기르면 얼굴이 네모나게 보이므로 짧은 머리가 훨씬 경쾌하다.
- 영화 배우 조인성이나 천정명의 레옹 스타일은 페이스라인이 또렷이 드러나 다소 나이들어 보이지만 남성적인 이미지를 강하게 표현하는 효과가 있다. 이때 중요한 것은 이마 선. 일직선보다는 자연스럽게 M자를 그리되, 꼭짓점 부분이 너무 많이 파이지 않도록 솜씨 있게 커팅해야 한다. '강적'의 천정명처럼 머릿속이 보일 정도로 깎으려면 반드시 두상을 고려할 것.
- 영화 배우 감우성처럼 보름달 얼굴은 정수리 볼륨을 살리고 앞머리는 적당히 가르마를 내는게 좋다. 너무 기르지 않도록 하며 너무 짧으면 얼굴이 커보일 수 있다.
- 얼굴이 길다면 배용준처럼 부드럽게 뒤로 날리는 '바람머리'도 시도할 만하다.
- 얼굴이 길고 볼살이 꺼진 사람은 머리를 짧게 치면 딱딱해 보이기 쉽다.
- 목이 굵거나 땅딸한 체형이라면 뒷머리는 깔끔하게 자르자.

(2) 여성 헤어 스타일

➜ 계란형

어떤 스타일도 소화해낼 수 있는 이상적인 얼굴형이다.

개성적으로 보이고 싶을 때 올백 스타일의 과감한 커트로 섹시하게 변신해 보는 것도 좋은 방법이다. 단, 키를 비롯한 체격 조건과 전체 자신의 이미지를 고려해서 결정하는 것이 현명하다.

➜ 둥근형

단발형의 스타일을 원할 때 복고풍의 옆은 길고 뒤는 약간 올려치는 스타일이 좋으며 앞머리를 가리지 않게 이마를 드러내는 편이 좋다. 머릿카락 부피가 옆쪽에 많이 올리는 단발퍼머는 촌스러움을 유발할 수 있다.

➜ 사각형

개성적이며 지적인 가장 현대적인 얼굴형이다.

약간 흘러내리는 듯한 자연스런 단발머리는 가장 지적인 느낌을 주며 흐트러진 듯한 굵은 웨이브도 멋지게 소화해 낼 수 있다.

앞머리를 크레오파트라 처럼 자른다든지 귀여운 스타일의 핀이나 헤어밴드 등은 이미지와 어울리지 않음을 기억하도록 한다.

➜ 장방형

이마를 한쪽만 비스듬히 가리고 부드러운 곡선의 긴 웨이브 머리가 좋다.

앞가리마를 한 긴 생머리는 피하는 것이 좋다.

➜ 역삼각형

귀엽고 발랄한 이미지를 낼 수 있는 최적의 얼굴

웨이브가 적고 많은 퍼머머리형도 소화해낼 수 있고 세미커트로 발랄해 보인다.

➜ 마름모형

광대뼈가 튀어나온 스타일로 억세보일수 있으므로 눈썹도 부드럽게 그려주고 헤어스타일도 부드러운 이미지를 만들어야 한다. 윗 머리를 적당히 볼륨을 주어 초라한 느낌만을 피하는 것이 좋다.

(3) 피부 관리

➡ 남성 피부 관리

오늘날 피부에 대한 중요성과 관심은 비단 여성들만의 문제가 아니다. 좋지 않은 피부는 자신의 관리에 소홀하다는 것이며 그 만큼 준비되어 있지 않은 나태한 이미지를 줄 수 있다. 피부는 건강함과 젊음의 표현이기도 하므로 규칙적인 생활 습관이다. 균형있는 식습관, 술, 담배, 커피 등을 자제하는 노력들이 있어야 하며 하루 2 *l* 이상의 물을 마시는 것도 잊지 말아야 한다.

첫째, 무엇보다 청결함이 중요하다.

피부 타입에 맞는 비누를 선택하여 충분히 거품을 낸 뒤 세안한다.

둘째, 일주일에 한 번 맛사지를 한 뒤 스팀 타올로 피부를 진정시킨 뒤 차가운 타올로 마무리한다.

셋째, 면도는 볼 → 입술 밑의 턱 부분을 밑에서 위로 당기듯이 → 입술 위쪽 → 목 부분의 순서로 한 뒤 스킨 로션을 발라준다.

넷째, 스트레스는 피부의 가장 큰 적이다.

피부는 스트레스나 짜증에 아주 민감하므로 긍정적인 사고로 스트레스를 줄이도록 노력한다.

➡ 여성 피부 관리

요즘 신세대들에게 어떤 여성이 이상형이냐는 질문에 "피부가 예쁜 여자"라는 답을 많이 들을 수 있다. 그것은 예전에 비해 메이크업에 의한 의존도가 많이 바뀌어진 유행 경향이기도 하며 그만큼 인위적인 것보다 자연스러운 아름다움이 각광받고 있기 때문이기도 하다.

물론 자연스럽고 지속성 있는 메이크업을 하려면 유분과 수분의 밸런스가 잡힌 맑고 투명한 피부가 기초가 되어야 한다.

일단 스킨 케어에서 가장 중요한 것은 자신의 피부 상태를 먼저 아는 것이다.

사람마다 생김새가 다르듯 피부에도 개인차가 있으며 24세 이후부터 노화가 시작된다고 한다.

피부는 일단 건성피부, 지성피부, 중성피부, 민감성피부 등의 네 가지 타입으로 나눌 수 있다.

◎ 건성피부

특 징	피부 표면이 거칠고 건조하며 화장이 잘 받지 않는다. 입가나 눈가에 잔주름이 쉽게 생기며 세안 후 푸석푸석한 느낌이 들며 피부가 당긴다.
관리방법	평상시 기초손질 충실, 수분과 유분을 적절히 공급, 충분한 수면, 비타민 A, E 크림을 사용, 보습효과가 좋은 에센스 사용, 피부신진대사 촉진을 위해 마사지를 매일한다. 무스타입에 거품이 풍성한 크린징 폼을 함으로써 부드럽게 더러움을 제거한다. 눈가나 입가에 주름이 잡히기 쉬우므로 아이크림과 에센스는 수시로 바른다.
식이요법	피지분비를 촉진시키기 위해서 적당량의 지방 식품을 섭취해 주며, 신진대사 촉진을 위해 비타민 A 식품을 준다. 1.5 L 정도의 생수를 섭취하여 보습에서 신경 쓴다.

◎ 지성피부

특 징	피지 분비량이 많아 번들거리며 끈적임이 있고 모공이 크다. 화장이 잘 지워지며 여드름이 생기기 쉽다.
관리방법	피부가 청결하도록 세안을 철저히 하며, 수면 부족이나 스트레스로 인해 피지분비가 촉진되기도 하므로 규칙적인 생활을 한다. 특히 아침 세안에 주의해야 하는데 밤 동안의 왕성한 신진대사로 피부 위에 피지나 노폐물이 가득하기에 아침 세안을 더욱 철저히 해야 한다. 수렴효과가 좋은 화장수로 거칠어진 피부결을 정리해 주며 클린징 효과가 큰 팩으로 피부의 더러움을 제거해 준다.
식이요법	피부의 신진대사를 활발하게 하고 저항력을 길러주는 비타민 B식품을 섭취하며, 무, 난황, 유제품, 시금치, 현미, 귤, 간, 소고기 등을 적절하게 섭취해준다.

◎ 중성피부

특 징	땀과 피지의 분비가 정상적으로 이루어지며 여드름이 생기지 않고, 피부의 혈액 순환이 잘 이루어지므로 피부색이 엷고 분홍빛을 띈다. 적당한 수분을 함유하고 있어 부드럽고 촉촉하며 탄력이 있으며 모공이 크지 않다.

관리방법	계절·자외선·생활습관·건강에 따라서 피부상태가 변할 수 있으므로, 정상적인 피부 상태를 유지할 수 있도록 세심한 손질을 해주어야 한다는 점이다. 겨울철에는 수분과 피지의 부족으로 건성피부가 되기 쉽다. 이럴 때는 수분과 영양을 동시에 공급하는 유액과 화장수를 충분히 사용한다.
식이요법	균형있는 영양 섭취

○ 민감성 피부

특 징	외부 자극에 민감하며 심리적, 정신적인 것과도 연관성을 갖는다. 쉽게 거칠어지며 쉽게 주름을 형성하기도 한다.
관리방법	클린징은 물론 썻어내는 타입으로 선택하며, 무알콜 저자극성 무향 무색소의 민감용 타입 제품을 사용한다. 스크럽, 필링제, 효소세안제 석고팩은 사용하지 않는다.
식이요법	정신적 스트레스·과로·수면 부족·불균형적인 영양 상태를 개선

(4) 메이크업

메이크업이란 감추고 인위적인 아름다움이 아니라 자신의 매력을 강조하면서 상대방에 대한 예의와 배려의 차원에서 이루어지고 있다. 또한 센스있는 여성이라면 T.P.O에 맞게 자신을 연출할 줄 아는 지혜가 필요하다.

메이크업을 통해 자신의 이미지를 만들어 가는 것은 당당하고 자신감있는 현대 여성의 기본 매너인 것이다.

➡ 메이크업의 순서

① 기초 화장

① 화장수 → ② 아이크림 → ③ 에센스 → ④ 밀크로션 → ⑤ 영양크림 → ⑥ 자외선 차단제를 순서로 피부를 정돈한다.

② 바탕 화장

① 메이크업 베이스 → ② 파운데이션 → ③ 페이스 파우더의 순서로 피부색을 표현한다.

③ 색조 화장

㉠ Eye Brow

눈썹은 얼굴의 지붕이라고 할 만큼 얼굴의 이미지를 결정하는데 큰 역할을 한다.

㉡ Eye-Shadow

눈의 색감과 음영을 주어 입체감 있는 눈을 연출한다. 섀도의 색상이 전체 이미지 전달에 큰 역할을 한다.

㉢ Lip Makeup

얼굴 전체에 포인트 역할을 한다. 얼굴 전체를 생동감 있게 표현 해준다. 피부톤, 섀도 컬러, 의상 컬러를 충분히 고려한다.

㉣ Check make-up

피부에 혈색을 주고 밋밋한 윤곽에 음영을 준다. 눈과 입술을 자연스럽게 조화시켜 준다.

· 핑크 - 앳된 이미지
· 오렌지 - 신선하고 생동감이 넘치며 건강하고 활동적인 이미지
· 브라운 계열 - 현대적이고 세련된 이지적인 이미지와 성숙한 인상을 준다.
· 로즈 계열 - 여성스럽고 사랑스런 이미지를 준다.

○ 색상 선택 요령

피부톤	립스틱 색상
흰피부	창백해 보이기 쉬우므로 핑크(pink)계, 밝은 퍼플계, 레드계열, 선명한 색
푸른빛 피부	파스텔(Pastel)계의 신선한 느낌의 색
핑크빛	블루계열, 강한 와인색, 퍼플계열
황색피부	오렌지 계열, 레드 계열(어두운), 브라운(Brown)
황갈색 피부	벽돌색, 브라운(Brown) 계열

○ 색상 선택 요령

치 아	립스틱 색상
치아가 누런 경우	퍼플 계열의 짙은 색상
치열이 고르지 못한 경우	레드 계열

④ 치크 형태에 따른 이미지 변화

㉠ 여성적인 이미지

볼 뼈를 중심으로 관자놀이 쪽으로 바른다. 눈 주위와 관자놀이에도 옅게 바른다.

㉡ 지적인 이미지

볼 뼈 위쪽은 밝은색으로 하이라이트를 주고 그 밑은 약간 어두운 컬러로 섀도를 준다.

㉢ 활동적인 이미지

볼 뼈의 약간 아랫부분에 다소 짙은 컬러로 선적인 이미지를 살려 삼각형으로 나타낸다.

㉣ 귀여운 이미지

눈밑의 뺨 부분에 둥근 느낌이 나도록 바른다.

➡ 황금비율에 따른 메이크업 테크닉

① 둥근형(Round face)

헤어라인은 둥글게 보이고, 양턱은 짧고 각이 없으며 곡선형으로 이우어져 얼굴형은 짧게 보이고 얼굴 넓이의 길이가 거의 같아 보인다.

㉠ 피부표현(base)

하이라이트 눈밑을 조금 올리는 느낌으로 바른 후 입 주위, 턱 끝, 이마에서 콧등도 세로의 느낌으로 길게 하이라이트를 준다.

섀도 얼굴의 길이감을 주기 위해 노즈섀도를 선을 따라 가늘고 길게 펴 바른다.

㉡ 눈썹(Eye Brow)

약간 상승 느낌이 나듯이 각지게 그려줌으로써 세로의 분위기를 준다. 전체적으로 약간 올려서 각지게 그린다.

㉢ 눈(Eye Shadow)

눈꼬리가 처지지 않도록 그라데이션(Gradation)한다.

*그라데이션: 서서히 짙게 점층적으로 부드럽게 펴 바른다는 뜻으로 자주 사용되는 용어이다.

㉣ 입술(LIp)

눈썹의 상승각도와 같이 약간 각진 입술형태로 그린다.

㉤ 볼(Cheek)

귀 윗부분에서 구각보다 약간 윗쪽을 향하여 세로로 길게 펴 바른다.

② 사각형(Square Face)

이마와 턱은 직선으로 연결되어 전체적인 얼굴형은 짧으며 얼굴의 넓이와 길이가 거의 동일하다.

⊙ 피부표현(Base)

하이라이트 콧등을 비롯한 세로의 길이를 강조해 하이라이트를 준다.

섀도 각진 양턱과 이마끝 부위에 섀도를 주어 갸름해 보이도록 한다.

ⓛ 눈썹(Eye Brow)

너무 가늘지 않는 부드러운 곡선형으로 그린다.

ⓒ 눈(Eye Shadow)

관자놀이 방향으로 그라데이션한다.

ⓔ 입술(Eye Shadow)

눈썹의 상승 각도와 같이 조금 올려주되 곡선적이면서 전체적으로 부드럽게 그린다.

ⓜ 볼(Cheek)

약간 둥근 느낌이 폭넓게 발라 볼 넓이의 밸런스를 맞춘다. 각진 턱에는 어두운 브러시를 한다.

③ 역삼각형(Uninverted triangle face)

얼굴면적보다 길이가 짧게 느껴지는 얼굴형이다.

⊙ 피부표현(Base)

하이라이트 턱 중앙은 하이라이트를 생략하고 양쪽 아랫볼이 통통하게 보이게끔 하이라이트를 준다.

섀도 넓은 이마의 넓은 양쪽과 뾰족한 턱 끝부분에 섀도를 한다.

ⓛ 눈썹(Eye Brow)

날카로움을 감소시키기 위해 부드러운 아치형으로 짧게 그린다.

    ⓒ 눈(Eye Shadow)

눈앞머리 안쪽까지 그라데이션한다.

    ⓔ 입술(Eye Shadow)

길고 조금 두껍게 처리하여 밝은 색상으로 바른다.

    ⓜ 볼(Cheek)

귀부분에서 구각의 약간 윗쪽을 향해 부드럽게 펴 바른다.

   ④ 다이아몬드형(Diamond Face)

얼굴 중앙 부분이 넓으며 돌출된 형으로 얼굴 상하 부분이 좁은 것이 특징이다.
긴 얼굴에 속하는 형이다.

    ㉠ 피부표현(Base)

하이라이트 이마는 넓게 하이라이트를 주고, 턱선은 얇게 펴발라 턱의 라인을 부드럽
게 표현한다.
새도 튀어나온 광대뼈와 턱 끝을 중심으로 가볍게 바른다.

    ㉡ 눈썹(Eye Brow)

튀어나온 광대뼈가 다소 완화되어 보이게 눈썹의 앞머리에 포인트를 준 화살형으로
시선을 분산시킨다.

    ㉢ 눈(Eye Shadow)

눈 앞머리에 포인트를 주어 그라데이션 한다.

    ㉣ 입술(Eye Shadow)

눈썹 상향선의 각도로 약간 두껍고 부드러운 선으로 그린다.

ⓜ 볼(Cheek)

볼뼈를 중심으로 넓고 폭넓게 바른다. 부드러운 느낌을 살려주기 위해 따뜻한 톤의 색상을 선택한다.

⑤ 긴형(Oblong Face)

이미나 턱이 발달해 있으며, 코가 긴편이다.

㉠ 피부표현(Base)

하이라이트 코의 길이가 느껴지지 않도록 콧날은 약간 짧게 눈밑은 폭넓게 이마는 옆으로 다소 엷게 바른다.

섀도 코벽을 따라 짧게 이마와 아랫턱에 발라 길이감을 감소시켜준다.

㉡ 눈썹(Eye Brow)

수평적인 일자형 눈썹으로 그린다.

㉢ 눈(Eye Shadow)

수평으로 그라데이션 한다.

㉣ 입술(Eye Shadow)

입꼬리를 올려서 도톰하게 그려주고 구각의 경사를 눈썹의 각도처럼 가깝게 드려준다.

㉤ 볼(Cheek)

볼뼈를 중심으로 콧망울과 국각을 향하여 가로로 길고, 폭넓게 펴 바른다.

3 행동 이미지

1) 표정 이미지

"얼굴 표정은 곧 사람이다."

우리의 얼굴에는 우리의 문화가 있다.

첫째, **기후적인 특징**으로 추운 북방계인 우리의 얼굴은 홑겹눈과 평퍼짐한 코 얇은 입술의 특징을 갖고 있다. 한국인이 세계인 중에 눈이 가장 작은 것은 곧 시베리아의 방하기를 보낸 사람들이라는 증거이기도 하다.

둘째, **환경적**으로 농경사회였던 지역인 탓에 한 곳에 정착해서 오랫동안 살아왔기 때문에 새로운 사람을 만날 기회가 없었으며 상대방에게 잘 보이기 위한 행동들은 별로 중요치 않았다.

그러나 늘 떠돌아 다니며 유목생활을 했던 사람들은 새로운 곳에 정착할 때마다 자신에게 적의가 없음을 표시해야 했고, 새로운 사람들과의 교류를 위해 자신을 호감있게 만드는 연출을 해야만 했다.

당연히 그들의 표정은 다양하게 습관화 되고 웃는 모습 호감가는 표정들이 유전화되어 지금의 여유로운 서구인들의 표정이 만들어졌다고 해도 과언이 아니다.

또한 우리의 얼굴에도 선조들의 살아온 환경과 삶의 방식들이 굳어져 유전화되어 왔기 때문에 우리의 표정은 딱딱하고 근육이 쳐져 우울하거나 화난 인상을 갖게 되었다.

셋째, **언어 습관**도 표정에 미치는 영향을 무시할 수 없다. 언어가 발달할수록 표정이나 제스추어는 단순해지고, 그렇지 못할수록 표정이나 제스추어의 다양성을 알 수 있다. 풍부한 우리의 언어 표현으로 인해 표정이나 제스추어의 필요성이 크지 않았다는 얘기다.

얼굴에서의 "얼"은 영혼을 뜻하고 "굴"은 통로라는 뜻을 가지고 있다. 즉, 내 얼굴은 나의 영혼까지도 보여줄 수 있는 중요한 곳이다.

이처럼 얼굴은 사람의 신체 가운데 가장 표현력 있고 눈에 띄는 부분으로 얼굴을 통해 그의 삶이 어떠했는지를 판단하기도 하며 상대방의 느낌과 감정을 읽어내기도 한다. 특히 얼굴의 표정은 얼굴 생김새보다 더 중요한 커뮤니케이션의 수단으로써 상대에게 호감을 주느냐 못주느냐를 결정하기도 한다.

우리의 얼굴에는 무려 80여개의 근육이 있어 7천가지의 이상이 표정을 만들 수 있다고 한다. 표정이 있다는 것은 곧 내가 살아있다는 증거임을 잊지말아야 한다.

(1) 눈의 이미지

사람의 눈은 혀 만큼이나 많은 것을 이야기해 준다.

더욱이 시각적인 대화에는 사전이 필요 없으며 세계 어느 곳에서도 통용이 된다는 이점을 갖고 있다.

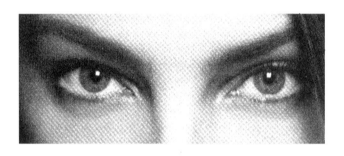

시선은 사람과 사람을 맺어주는 중요한 커뮤니케이션의 수단이다. 거의 모든 커뮤니케이션의 정보를 눈을 통해 받아 들이고 있다. 또한 상대방에게 시선을 주는 것은 말에 의한 전달을 보충해 주기도 한다.

교육을 할 때도 눈을 보면서 교육할 때 이해도가 매우 높으며 지속도가 크다. 이처럼 눈을 잘 활용하면 보다 훌륭한 커뮤니케이션이 이루어질 수 있다. '눈은 인간의 내면을 엿볼 수 있는 구멍'이라고 한다. 눈의 색깔, 움직임, 동공의 크기로 상대방의 다양한 심리(동요, 당황, 진지함 등)나 성격을 읽을 수 있다. 역으로 자신의 생각이나 의지를 눈을 통해 상대에게 전달할 수도 있으며 더 나아가 강요나 설득도 가능하게 한다.

일반적으로 우리는 사람을 처음대할 때 제일 먼저 눈을 보며 서로의 마음을 읽고 대화를 풀어 나가기 때문이다. 실제로 한 실험 결과에 의하면 인간의 두뇌는 사람을 떠올릴 때 한 사람의 전체 이미지 중 60% 이상을 눈의 이미지에 의해 기억한다고 한다. 이와 같이 커뮤니케이션에 있어 눈빛은 호감을 표시하기도 하고 적대감을 보이기도 하며 무의식 중에 나의 감정을 전달하게 되므로 '마음의 창' 이라고도 한다.

자신의 이미지 전달에 보다 신중을 기하기 위해선 호감과 신뢰감을 줄 수 있는 시선 연출을 할 수 있어야 한다. 그러기 위해선 항상 긴장을 잃지 않으며 자신있고 당당하게 자신을 표현할 수 있도록 늘 긍정적이고 능동적인 사고를 가져야 하며 상대방에 대한 배려와 삶에 대한 여유로운 마음 자세를 지녀야 한다.

➜ 바람직한 눈매

· 눈동자 한가운데 고정된 안정된 눈빛(초점이 정확한 눈빛)
· 맑고 또렷한 눈빛(술, 담배, 피곤에 지치지 않은 건강한 눈빛)
· 상대방의 눈 높이와 시선을 맞춘다.
· 부드럽게 상대방의 미간이나 볼 턱을 바라본다.
· 얼굴과 몸을 시선과 같은 방향으로 움직인다.

➜ 바람직하지 않은 눈매

· 치켜뜨는 눈, 내리뜨는 눈, 곁눈질, 흘겨보기 등

➜ 눈운동

· 눈을 꼭 감고 하나 둘 셋을 센 다음 최대한 크게 번쩍 뜬다.
· 3회 정도 반복한 뒤 눈을 크게 뜬 상태에서 눈동자를 천천히 위 → 아래 → 좌 → 우로 움직여 준다.
· 눈동자를 오른쪽으로 천천히 한 바퀴 다시 반대로 한 바퀴 천천히 돌려준다(2~3회 반복)

· 최대한 오른쪽으로 눈동자만 보낸뒤 5초 머문다. 다시 왼쪽으로 최대한 보낸뒤 5초 머문다.

(2) 눈썹의 플러스(Plus) 효과

상대방과의 대화중 눈썹을 올리면서 말하는 사람이 그렇지 않은 사람보다 심리적 우위에 선다고 한다. 눈썹은 상대방과의 만남을 자신감있고 호감있게 만들어 주는 역할을 한다. 눈썹을 한 번 위로 올려 주면 표정이 밝아지면 목소리도 활기차게 되어 긍정적인 이미지를 표현하게 된다.

➡ 눈썹 운동

· 찡그린 표정의 눈썹과 웃는 표정의 눈썹을 번갈아 만들어 본다.
· 양손의 검지 손가락을 눈썹에 살짝 갖다 댄다.
· 검지 손가락을 기준선으로 아래로 내렸다 위로 힘껏 당겨 올린다(5회씩 반복)
· 손가락을 떼고 위에서 5초 머물고 아래로 내려서 5초 머문다.

(3) 호감가는 미소 이미지

"미소는 상대방의 마음 문을 여는 열쇠이다."
아무리 주어도 줄지 않으며 받는 자는 풍부해지는 것이 미소의 힘이다.
미소는 머리로 배우는 지식이 아닌 반복적으로 익힐 수 있는 기술이자 습관이다. 상대방의 기분을 좋게 하는 밝고 경쾌한 미소는 상대방뿐 아니라 자신의 마음까지도 즐겁게 하는 강력한 에너지가 된다. 아이의 입에 연필을 물고 "이"하고 웃는 표정으로 만화를 보여주면 아주 '재밌다'는 반응을 보이고 입술을 내밀어 "우"하고 화난 표정으로 만화를 보게 했더니 한결같이 '재미 없다'는 반응이었다. 위의 실험으로 알 수 있듯이 행복해서 웃는 것 보다 웃으므로 행복해지는 기분을 더 만끽할 수 있다는 얘기다.
웃음은 사랑이며 희망이며 소망이기도 하다. 입이 웃으면 뇌가 웃고 뇌가 웃으면 마음이 웃는다고 한다. 웃음요법 치료사들은 한번 웃는 것은 에어로빅 운동 5분의 운동량과 같은 효과를 얻을 수 있다고 주장한다.

웃음은 이미지를 올려주고 건강을 주며 비즈니스에 있어 대단한 플러스 효과를 가져다 준다. 잘 웃는 사람 주변에는 늘 많은 사람들이 따른다는 것은 누구나 알고 있는 사실이다. 가장 쉬운 다이어트가 웃음이며, 세상에서 가장 아름다운 성형은 바로 미소이다.

사람과 만나는 것이 자산인 시대에, 미소가 매너로 자리잡은 세계인들과 함께 경쟁하고 공존하기 위해선 미소는 이제 우리의 생존 수단이 되었다.

이 생존 수단인 미소를 습관화 하는 것이 바로 경쟁력이다. 미소가 습관이 되면 관상이 바뀌어 운명이 바뀔 수 있다는 것도 부정할 수 없는 사실이다. 나의 표정은 내 마음의 거울이며, 상대방의 얼굴 표정은 곧 나의 거울이기도 하다.

➜ 미소 훈련

입 모양이 활짝 열리기 위해서는 우선 뺨에 있는 큰 광대근이 유연하게 풀려 있어야 입꼬리를 위로 활짝 당겨줄 수 있다.

· 풍선을 불듯이 입안에 공기를 빵빵하게 넣는다.
· 볼을 빵빵하게 부풀린 채 좌로 움직여 3초 우로 움직여 3초씩 머문다.(3회 반복)
· 공기를 다시 앞쪽으로 이동시킨 뒤 5번에 나누어 공기를 천천히 뱉는다.
· 입꼬리를 당겨 초승달 모양을 만든다.
· 큰소리와 큰 입모양으로 하-헤-히-호-후 한다.
· 위스키-이 하며 입모양을 10초간 유지한다.

➜ 가장 아름다운 미소

· 입꼬리가 위로 향한다.
· 입술 모양이 좌우 대칭이며 잇몸도 좌우 대칭이다.
· 미소 지을 때 입꼬리 끝이 눈동자 간격보다 넓다.

· 윗니가 90% 이상 아랫니가 10% 이하로 보여야 아름답다.

· 윗니의 끝부분이 아랫입술의 만곡된 모양을 따라 휘어야 젊은 느낌이 든다.

· 이는 황백색을 띤 것이 젊고 건강한 인상을 준다.

➜ 나의 미소는 몇점?

· 자신의 미소 짓는 얼굴이 마음에 든다.   (   )

· 웃는 얼굴이 매력적이라고 칭찬을 받은 적이 있다.   (   )

· 미소 지을 때 입술을 최대로 벌린다.   (   )

· 미소 지을 때 이가 되도록 많이 보이게 웃고 있다.   (   )

· 미소 지을 때 입술 끝이 위로 향하도록 노력한다.   (   )

· 항상 미소 짓고 있으려고 노력한다.   (   )

· 사진을 찍을 때 자연스럽게 웃는 얼굴을 취할 수 있다.   (   )

· 미소 지을 때 손으로 입을 가리지 않는다.   (   )

· 환하게 미소 짓는 얼굴이 건강에 좋다고 생각한다.   (   )

· 나의 웃는 얼굴을 바꾸고 싶다고 생각해 본 적이 없다.   (   )

이처럼 호감가는 미소 파워를 가졌다 하더라도 미소가 갖추어야 할 중요한 조건은 상황에 맞아야 하고 어색하지 않고 자연스러운 미소, 진심을 나타내는 미소가 되어야 함을 잊지 말아야 한다.

➜ 미소 효과

· Image plus 효과

· Health plus 효과

· Service plus 효과

찡그린 얼굴은 굴러들오는 복도 내쫓고, 다 된 일도 꼬이게 한다.

복을 부르는 표정 처세로 좋은 인상을 만드는 것은 성공의 기본 조건이다.

(4) 호감가는 인상 이미지

➡ 눈썹 코털은 가지런히

눈썹 사이 미간이 좋은 사람은 속이 꽉막힌 사람처럼 보일 수 있어 신뢰감이 떨어질 수 있다. 미간에 동전 한개가 들어갈 만큼 남기고 뽑아준다. 관상학에서 코는 영혼이 드나드는 통로, 특별히 청결하고 단정하게 관리해야 한다. 삐져나온 콧털은 단정하기 못한 인상을 주므로, 당연히 정리하는 게 좋다. 또 귀에 난 털은 몸이 건강하다는 표시이므로 놔둬도 되지만, 구레나룻은 길게 기르면 좋지 않다. 귀로 통하는 기를 막기 때문. 턱수염은 상관없다.

➡ 이마는 드러내고 점은 빼고

어른들 말처럼 이마는 흰한 게 좋다. 여성의 경우 동그랗게 넓으면 좋고, 남성의 경우 시원하게 각진 모양이 좋다. 이마가 좁고 밉더라도 시원하게 드러내는 것이 더 낫다는게 관상학자들의 조언. '3자' 모양으로 이미 한가운데 삐져나온 머리털은 뽑아주는게 좋다. 또 점이나 기미는 되도록 빼는 게 좋다.

➡ 청결한 입으로 자주 웃어라

남녀 모두 입이 단정해야 한다. 기운을 받아들이는 곳이기 때문이다.

입가에 침이 늘 고여있으면 상대방에게 불쾌감을 줄 수 있으므로 청결하게 한다.

관상학에서는 윗니는 사회생활, 아랫니는 개인생활과 관계 있다고 본다. 입 꼬리는 살짝 올라간 모양이 복을 부른다는데, 자주 웃으면 입 주위 근육이 좋아지고 입 꼬리도 올라간다. 입 꼬리가 처지면 우울한 인상을 주기 때문에 입 꼬리가 올라간 입 모양새를 만들어 유지하는 게 좋다. 여성의 경우 코를 찡그리면서 웃는 것도 좋지 않다.

➡ 다리를 떨면 집중이 안된다

관상학에서는 활처럼 단정한 몸 자세를 강조한다. 곧은 자세로 앉거나 선 사람은 다른 사람들에게 믿음직한 이미지를 안겨주기 때문이다. 직장인들 중 어깨가 굽은 사람이 많은데, 어깨가 굽으면 기운 자체가 퍼지지 못하고 뭉쳐서 스스로 위축되는가 하면 소화 기능도 나빠진다. '다리 떨면 복 나간다' 는 어르신들 말씀 역시 공연히 나온게 아니다. 몸의 받침대인 다리를 떠는 습관은 몸의 주춧돌을 자꾸 흔드는 샘. 정신 집중을 방해하고 다른 사람들에게도 산만한 인상을 준다. 두둑한 뱃살도 복을 쫓는다. 관상학에서는 '복소(腹小)' 라고 해서 작은 배를 권장한다.

➡ 매일 아침 치아를 운동시켜라

관상 수양법중 '고치법(叩齒法)' 이라고 해서 윗니, 아랫니를 하루 100번씩 부딪치는 방법. 치아가 튼튼해질 뿐 아니라 뇌수를 충만하게 해서 정신을 맑게 한다. 잠에서 깬 직후 양손을 비빈 뒤 그 따뜻한 기운으로 눈과 코, 귀를 닦아내듯 만져주는 것도 기운을 맑게 한다.

〈자료: sion.chosum.com〉

(5) 상황에 따른 표정관리 이미지

➡ 상사에게 혼날 땐 시선 주의

엉뚱한 곳에 시선을 두거나 눈동자에 초점이 없으면 상사의 말에 집중하지 않는 것처럼 보인다. 눈을 치켜 뜨거나 입 꼬리를 실룩대면 반항하듯 보여 치명적. 차후에 변명이나 해명을 하더라도 상사와 시선을 가끔 맞추며 진지한 표정으로 겸허하게 받아들인다. 입은 야무지게 다물고 가끔 고개를 끄덕인다.

➜ 지각했을 땐 미안한 듯

지각이 자기 탓이 아니라는 시위라도 하듯 억울하거나 짜증내는 표정으로 출근하는 사람들이 있다. 늦고 싶어 늦는 사람 없다. 지각한 이유를 다른 사람이 알기 전까지는 다소 책임감과 성실성 없는 사람으로 의심 받을 수 잇다. 최대한 서두른 듯 미안한 표정으로 들어가자.

➜ 짜증나고 화나면 심호흡

세상살이, 뜻대로 안 될 때 많다. 화가 날때 감정을 억제하지 못하고 씩씩대면 주변 사람까지 불편해진다. 도저히 참기 힘들면 화장실에 한번 다녀오자. 하지만 얼굴을 찡그린다고 화가 풀리는 건 아니다. 심호흡을 크게 하고 '아-에-이-오-우'를 반복해 보자.

➜ 칭찬 받았을 땐 얄밉지 않게

지나치게 겸손할 필요는 없지만 당연시 여기거나 너무 좋은 내색을 하면 얄미워 보인다. 쑥스러운 표정으로 겸손하게 감사를 표현한다. 상 받는 동료나 선후배를 축하해 줄 때 표정도 중요하다. "정말 대단하다"라는 말과 함께 진심으로 감탄하는 표정을 짓는다.

➜ 휴가 다녀왔을 때

쉬고 또 쉬어도 끝나면 아쉬운 게 휴가. 풀어진 몸 일으켜 다시 출근하려니 만사가 귀찮다. 설령 휴가를 망쳤더라도 오랜만에 만나는 상사와 동료들에게 밝은 표정으로 "덕분에 잘 다녀왔습니다" 하고 인사한다. 휴가를 못 잊고 멍해 있거나 노곤한 표정으로 앉아 이으면 상사는 "일하기 싫은데 와 있구나"라고 생각한다.

➜ 서비스할 땐 눈도 웃어야

서비스업에 종사하는 직장인은 '부드럽고 환환 미소'가 생명. 그러나 과장되고 억지스러운 미소는 부담만 준다. 가장 가식적으로 보일 때는 입은 웃고 있는데 눈은 가만히 있는 경우. 미소에 진심이 담겨야 고객에게 편안함을 준다.

〈자료: well.chosun.com〉

2) 자세 걸음걸이 이미지

'성공하려면 성공한 사람처럼 행동하라'

성공한 사람들의 대부분은 사소한 일상에도 빠르고 의식적인 페이스로 걷는다. 자세가 축 늘어져 있다면 결코 긍정적인 평가를 받기가 어려울 것이다.

바른 자세는 바른 정신을 갖게 하기도 하며 자신감 있고 당당한 사람으로 보여지게 하지만 꾸부정한 자세는 그 반대로 보여질 것이다.

몸은 사고한다. 그것을 표현하는 것은 바로 자세와 걸음걸이이다.

바른 자세는 힘과 자신감의 표현이다.

'멋지게 걷는다. 자세가 좋아진다'라고 하면 몸을 곧게 펴고 긴장하는 이미지를 떠올릴 것이다.

물론 자세를 바로 하는 것은 맞지만 힘으로 자세를 유지하면 금방 지쳐버리게 된다. 힘은 몸의 뼈를 의식하고 세우는 정도로 유지하면 된다.

일단 평상시 습관화된 나쁜 습관을 버려야 한다.

첫째, 등이 고양이처럼 굽어있지 않는가?

둘째, 고개가 앞으로 쳐져 있지 않는가?

셋째, 좌우로 몸을 흔들면서 걷지 않는가?

넷째, 무릎이 굽어 있지 않는가?

다섯째, 신발을 질질 끌고 다니지 않는가?

여섯째, 한쪽 어깨가 비뚤어져 있지 않는가?

일곱째, 옆에서 보면 엉덩이가 돌출되어 있지 않는가?

아홉째, 계단을 올라가는 소리가 너무 크지 않는가?

일상 생활에서 베어버린 버릇들은 얼마든지 고칠 수 있다. 몸을 머리보다 똑똑한 학습 능력을 갖고 있기 때문이다.

(1) 바른 자세의 중요성

바른 자세는 예의 바른 이미지와 자신감 있는 긍정적인 평가를 받는 중요한 요인이다.

또한 멋진 걸음걸이를 위해선 상반신의 바른 자세와 하반신의 바른 자세가 갖추어져야만 가능하다.

➜ 상반신의 바른 자세

· 배꼽을 위 아래로 길게 늘인다.
· 가슴을 펴고 위쪽으로 당기듯 올려준다.
· 갈비뼈가 최대한 늘어나도록 길게 편다.
· 목을 길게 뻗어 턱을 당겨 바닥과 수평이 되게 한다.
· 견갑골, 힙(hip), 발 뒷꿈치를 벽에 붙인다. (허리 뒤쪽은 주먹이 하나 들어갈 정도
  가 되어야 한다.)
· 어깨는 내리고 아랫 배에 힘을 주어 당긴다.
· 머리 위쪽이 당겨지고 있다고 의식한다.
· 등뼈의 맨 위에 머리가 살짝 얹혀 있다고 생각한다.

➜ 하반신의 바른 자세

· 양쪽 다리를 모으고 선다.
· 여성은 발끝을 주먹 한 개, 남성은 1.5개 넓이로 편다.
· 양쪽 다리의 장딴지를 밖에서 안쪽으로 민다는 느낌으로 선다.

· 무릎에서 엉덩이에 걸쳐 근육들을 끌어 올리듯이 당겨준다.(엉덩이에 동전을 끼운 느낌으로)

위와 같이 바른 자세를 취하는 것만으로 배와 엉덩이가 올라간다. 바른 자세를 곧 근육 거들을 입은 상태이다. 근육 거들을 의식하는 것 만으로도 멋진 몸매를 만들 수 있다.

➡ 평상시 바른 자세 취하는 법

· 다리에 힘을 주어 지탱하는 것이 아니라 척추에 양쪽 다리를 매단다는 느낌으로 허공에 뜬 척추에 양다리가 매달려 있다고 상상한다.
· 발끝으로 서 본다. 그 높이에 머리를 둔 채로 살짝 발꿈치를 내린다. 최대한 처음의 머리 높이를 유지 할려고 하면 목이 쭉 길어지고 척추도 펴진다. 신장이 2cm정도 길어질 수 있다.
· 몸은 반복해서 행한 것은 기억한다. 매일 같이 되풀이 되는 습관이 1년 후의 자신의 모습을 바꾸어 줄 것이다.

➡ 뒷모습의 연출

뒷모습은 거짓말을 하지 않는다. 그 사람의 살아 가는 모습까지도 관찰할 수 있다.
뒷모습은 외관의 아름다움이 아니라 내면의 표현이기 때문에 그러하다.
뒷모습이 아름다운 사람은 자신을 잘 알고 있으며 자신의 의사가 명확하며 지적이며 청결하며 마음이 아름다운 사람이다. 자신이 뒷모습을 늘 의식하자. 뒷모습에 무관심하면 등은 쓸쓸해지고 그래서 살이 붙는 것일지도 모른다. 뒷모습을 위해 일상 생활에서 팔을 어깨선 보다 뒤로 당기는 습관을 익혀 보자.
워킹을 할 때도 팔을 뒤로만 흔들고 돌아올 땐 힘을 주지 않는다.
매력적인 등에는 움직임이 있다. 등의 움직임은 남성에겐 강인한 매력을 여성에겐 부드러운 매력을 풍기게 한다.

(2) 성공을 위한 걸음걸이

걷는 자세는 개인의 인격과 마음을 나타낸다. 한국인의 걸음걸이는 대게 품위가 없는 경우가 많다. 성공한 사람의 대부분이 걸음걸이가 바른 것을 보면 긍정적이며 자신 있게 보이도록 하는 당당한 걸음걸이는 성공에 한 걸음 다가서는 계기가 될 수 있을 것이다.

➡ 올바른 걸음걸이

첫째, 허리에 손을 댄다. 여기서부터 아래가 전부 다리다. 허리를 이용해서 걸어야만 다리도 길어 보이고 아름다운 라인을 만들 수 있다.

둘째, 한쪽 다리를 가볍게 내민다. 몸의 중심은 뒤쪽에 있는 다리에 의지한 채로 둔다.

셋째, 앞에 있는 다리에 체중을 바꿔 싣는다. 이 때, 뒤에 있는 나머지 다리의 무릎과 발목을 쭉 편다.

넷째, 앞으로 나온 다리가 확실히 펴질 때까지 뒷다리로 바닥을 살짝 누르고 있는다.

다섯째, 중심이 완전히 앞다리로 옮겨지면 뒷다리의 역할은 끝난다. 가볍게 무릎을 굽혀서 앞으로 내민다. 위의 동작을 반복한다.

걸을 때 항상 중심 이동에 주의해야 한다. 걸으면서 거울이나 쇼윈도에 자신의 모습을 비춰 보아 머리가 앞으로 기울어지지 않았는지 확인해 본다. 시선은 항상 자기 머리 끝 부분 정도에 고정하는 것이 가장 아름다운 얼굴 모습을 연출할 수 있다. 도폭은 어깨 넓이 정도로 잡으며 팔은 골반을 스치듯 뒤쪽으로 당기듯 흔들고 앞쪽으로는 저절로 돌아오듯 힘을 뺀다. 무릎은 쭉 뻗어 보다 활기차게 자신감 있게 걷는다.

(3) 계단 오르 내리기

➜ 올라 가는 법

· 상체를 곧게 펴서 계단에 올라 다리의 무릎이 완전히 펴진 뒤 올라간다.
· 무릎을 한 계단마다 편다는 것은 근육을 쉬게 하는 것이다. 그래야 지치지 않는다.
· 힐의 뒷꿈치도 계단에 올리는 것이 좋다.
· 시선은 15° 정도 위를 향한다.

➜ 내려가는 법

· 내디딘 다리의 무릎을 편다.
· 착지해서 전 체중을 실은 후 뒤쪽 다리를 앞으로 뻗는다.
· 몸의 방향을 비스듬히 하여 내려온다.

➜ 계단 오르내릴 때의 매너

· 올라갈 때는 남자가 먼저 내려올 때에는 여자가 먼저 내려간다.
· 스커트 착용시에는 아래 사람을 의식해서 내려온다.

(4) 멋진 포즈 연출

멋진 포즈 하나로 인상이 달라 보일 수도 있다.

➜ 예의 바른 앉는 자세

첫째, 의자 옆에 단정히 서서 무릎 안이나 장딴지로 의자의 위치를 확인한 후, 우아하고 여유있게 앉도록 한다.

둘째, 고개를 돌리지 않고 어깨 너머로 의자를 보고 깊숙이 앉되 등받이에 등이 닿지 않도록 한다. (등과 등받이 사이 주먹 한 개)

셋째, 여성은 반드시 무릎을 붙이고 두 다리는 가지런히 하되 등과 허벅지가 90° 허벅지와 장단지가 90°를 유지하도록 한다. 남성은 무릎을 약간 벌리고 앉는다.

넷째, 다리를 의자 아래로 밀어 넣으면 어깨가 수그러지고 사진으로 남을 경우엔 반드시 신경써야 할 부분이다.

다섯째, 시선은 정면을 향하고 어깨를 펴고 여성은 양손을 모아 누르듯이 허벅지 위에 올리고 남성은 손을 가볍게 주먹을 쥐어 허벅지 위에 올린다.

➜ 다리를 꼬는 방법

다리를 꼬고 앉으면 다리가 가장 길어 보인다. 다리를 꼬았을 때 위에 있는 다리의 무릎부터 아래쪽 다리의 발끝까지가 '다리'로 보이기 때문이다.

· 다리를 곧게 펴고 조금 기울인다.
· 두 다리를 같은 방향으로 발목까지 쭉 펴준다.
· 요골에 부담이 되므로 교대로 꼰다.
· 식사 시간에는 예절에 어긋나므로 차를 마실 때 우아하게 다리를 꼬아
  본다.

➜ 선 자세

· 카메라를 향해 한쪽 발 끝을 곧게 뻗는다.
· 나머지 한쪽 발의 중심을 뻗는 다리의 발 뒷꿈치에 붙인다.
· 이렇게 하면 앞에서 보았을 때 발목이 하나가 되고 어깨에서 발 끝에 걸쳐
  역삼각형이 된다.
· 손의 위치는 배꼽 아래에 자연스레 둔다. (여성)
· 바지 봉제선 조금 뒤쪽에 자연스럽게 내린다. (남성)

· 목을 쭉 늘린다. 등을 쭉 펴고 호흡은 여유있게 하며 자신감있는 당당한 모습을 연출한다.

3) 제스처 이미지

인간은 기술적으로 지적으로 뛰어나지만 동작이라는 본능적인 특징을 가지고 있다. 때때로 인간은 자신의 동작이 상대방에게 많은 정보를 제공한다는 것을 알지 못한다. 지나치게 언어에 중심을 두기 때문에 동작, 자세, 표정 등이 자신의 감추고 싶은 내면까지도 보여주고 있음을 종종 잊곤 한다. 사람과의 만남에 있어서 우리는 의식적 또는 무의식적으로 의도적 또는 비의도적으로 상대방이 표현하는 비언어적인 동작, 즉 제스처를 통해서 그 사람에 대한 중요한 판단과 결정을 내린다.

사람의 첫인상을 결정하는 데는 말보다 비언어적인 감정과 느낌이 더 정확하고 쉽게 전달되므로 제스처가 첫인상에 끼치는 영향을 무시할 수 없다. 세계가 하나가 되는 오늘날에는 각 나라의 문화 차이에서 오는 제스처의 차이도 알아두어야 할 필요가 있다. 제스처는 외국에 나갔을 때 유용하게 사용할 수 있는 만국 공통어지만 때로는 사고나 오해를 불러 일으킬 수도 있기 때문이다. 따라서 훌륭한 매너를 지닌 사람이 되기 위해선 자신을 품격있게 표현하고 상대에 대한 배려를 지나 제스처 습관을 몸에 익히도록 해야겠다.

4 대화 이미지

대화란 사회 생활에 있어 가장 기초적인 단위이며 인간 존재의 목적 그 자체이다. 커뮤니케이션 스킬에 있어 언어적 요인이 차지하는 비율이 8%이고, 청각적 요인이 37% 나머지는 외형, 태도 등의 시각적 요인이 55%나 차지한다고 한다.

즉, 대화란 언어적 비언어적 커뮤니케이션을 모두 포함하게 되므로 대화시의 단어 선택, 목소리, 시선, 표정, 제스추어, 옷차림, 에티켓 등이 모두 대화의 이미지를 형성하게 된다.

1) 목소리 이미지

대중 연설에 있어 청중의 80% 이상이 목소리만으로 강연자의 이미지를 결정하게 된다고 한다. 의외로 목소리가 차지하는 비율은 대단히 크다. 커뮤니케이션에 있어 목소리는 자신의 이미지를 결정하는 중요한 요인이다.

아무리 남성적인 모습이라도 목소리가 여성스러우면 여성적 성향이 많으며 남성 호르몬의 부족 때문에 일어나는 현상으로 외형적 이미지보다 남성의 경우 목소리가 이미지가 전체 이미지에 더 큰 영향을 갖게 되기도 한다.

때때로 녹음된 자신의 목소리를 들어보면 평소 자신이 인식하고 있던 목소리와 많이 다른 것을 느껴 보았을 것이다. 그 이유는 발성자가 듣는 자기의 목소리는 그 소리가 공기 속에 전파되어 자기 귀로 들어오는 것과 성대의 진동이 두개골을 진동시켜 생기는 골전도에 의하여 내이에 들어오는 소리뇌와 합성이기 때문이다.

어쨌든 우리 자신의 목소리는 이 세상에서 가장 아름다운 소리 음악이다.

자신의 목소리를 사랑하고 친근감을 느껴야만 다른 사람 앞에서 자신있고 당당하게 자신의 의견을 얘기할 수 있을 것이다.

(1) 좋은 목소리를 내는 요령

몸에 긴장을 푼 다음 몸의 상반신을 악기라고 생각하고 편안한 울림 소리를 낸다. 같은 말이라도 음성에 따라 말의 표정이 달라짐을 기억한다.

➜ 좋은 음성이란

첫째, 낮고 차분하며 리듬이 있는 목소리이다.

둘째, 입술을 야무지게 오므리며 내는 정확한 발음이어야 한다.

셋째, 물 흐르듯 자연스럽게 이어가는 흐름이 있는 음성이다.

넷째, 어미를 분명하게 말하면 신뢰감있는 목소리를 낼 수 있다.

다섯째, 목을 똑바로 세우고 복식 호흡을 하며 허리를 편다.

여섯째, 엄지 발가락에 무게를 두며 말하는 음성이 자신감있게 들린다.

➡ 좋은 음성을 내기 위해선

· 명확한 발음을 위해 다리를 한쪽 들고 앞니에 나무 젓가락을 문다(호흡량이 증가되고 발음이 선명해진다.)

· 신뢰감있는 목소리를 위해 누운채 다리를 모아 15° 정도 들고 입에 나무젓가락을 문채 복근을 이용하여 목소리를 낸다.

➡ 나쁜 음성은

첫째, 어린 아이처럼 느껴지는 음폭이 가는 목소리는 신뢰감이 떨어진다.

둘째, 힘이 없는 목소리는 자신감이 없어 보이며 병약해 보인다.

셋째, 우물거리는 목소리는 고생스럽고 근심걱정이 많은 사람처럼 느껴진다.

➡ 나쁜 음성 교정법

첫째, 음폭이 가는 경우에는 파열음을 연습한다.

· 가 - 까 - 다 - 따 - 타 - 바 - 빠 - 파

둘째, 힘없는 목소리를 가진 경우엔 큰 소리로 배에서 나오는 소리를 연습한다.(배에서 끌어내듯)

· 아 - 에 - 이 - 오 - 우 - 이 - 에

· 라 - 레 - 리 - 로 - 루 - 리 - 레

○ 가나다라 발성법

	ㅏ	ㅑ	ㅓ	ㅕ	ㅗ	ㅛ	ㅜ	ㅠ	ㅡ	ㅣ	ㅐ	ㅔ	ㅚ	ㅟ
ㄱ	가	갸	거	겨	고	교	구	규	그	기	개	게	괴	귀
ㄴ	나	냐	너	녀	노	뇨	누	뉴	느	니	내	네	뇌	뉘
ㄷ	다	댜	더	뎌	도	됴	두	듀	드	디	대	데	되	뒤
ㄹ	라	랴	러	려	로	료	루	류	르	리	래	레	뢰	뤼
ㅁ	마	먀	머	며	모	묘	무	뮤	므	미	매	메	뫼	뮈
ㅂ	바	뱌	버	벼	보	뵤	부	뷰	브	비	배	베	뵈	뷔
ㅅ	사	샤	서	셔	소	쇼	수	슈	스	시	새	세	쇠	쉬
ㅇ	아	야	어	여	오	요	우	유	으	이	애	에	외	위
ㅈ	자	쟈	저	져	저	죠	주	쥬	즈	지	재	제	죄	쥐
ㅊ	차	챠	처	쳐	조	쵸	추	츄	츠	치	채	체	최	취
ㅋ	카	캬	커	켜	고	쿄	쿠	큐	크	키	캐	케	쾨	퀴
ㅌ	타	탸	터	텨	토	툐	투	튜	트	티	태	테	퇴	튀
ㅍ	파	퍄	퍼	펴	포	표	푸	퓨	프	피	패	페	푀	퓌
ㅎ	하	햐	허	혀	호	효	후	휴	흐	히	해	헤	회	휘

셋째, 우물거리는 목소리를 가진 경우에는 정확하게 발음하는 연습을 한다.

· 짙은 부분은 액센트를 주며 발음한다.

· 가능한 입을 크게 정확히 움직이며 발음한다.

➜ 발음훈련법

· 양쪽 어금니로 2개의 나무젓가락을 가볍게 물어 고정시킨다.

· '타~' 하고 발음한다. 혀끝을 위에서 아래로 털어내는 느낌을 갖도록 한다.

· 발음이 잘되면 '나~'를 발음한다. 혀 한가운데를 움직이는 기분으로 발음한다.

· '가~'를 발음한다. 혀의 안쪽을 의식하며 발음한다. 혀가 너무 움직이는 것 같으면 혀끝을 아래 앞니에 붙이며 발음하도록 한다.

➜ 목소리 Make-up

첫째, 정확하게 말하기
둘째, 적절하게 띄어 읽고 말하기
셋째, 변화있게 말하기
넷째, 자신있고 탄력있게 말하기
다섯째, 적극적이고 긍정적으로 말하기(배에서 나오는 소리)

➜ 목소리를 낼 때 주의할 것

· 너무 큰소리로 말하기 → 입이 가볍다.
· 우물거리며 말하기 → 고집쟁이로 느껴진다. 구두쇠지만 고생과 근심으로 찌들린 느낌을 준다.
· 여성스런 목소리를 내는 남자 → 호모나 정신질환자로 느껴진다.
· 입술을 붙여 말하기 → 불안정하고 불안하므로 피하고 싶게 한다. 고자질쟁이나 책임감없이 말을 함부로 하는 사람처럼 느껴진다.
· 땅보며 말하기 → 거짓말을 하는 사람처럼 느껴진다.

목소리의 크기나 톤, 화법 등은 성공을 좌우하는 요소 중 첫 인상 못지않게 중요한 키 포인트가 됐다. 즉, 목소리는 그 사람을 판단하는 아주 중요한 단서가 된다는 얘기다. 때론 목소리가 그 사람의 라이프 스타일과 성향, 가치관과 커리어에 대한 정보를 이력서상의 몇 줄 보다 더 정확하게 전달하기도 한다.

목소리에 정답은 없다. 그러나 원칙은 있다. 자기만의 목소리, 즉 삶이 묻어나는 소리, 내면과 외면이 일치하는 진실한 목소리를 찾아내야 한다. 상대를 내편으로 만들 수 있는 목소리는 신뢰감과 안정감이 느껴지는 목소리이다. 말이 너무 능숙한 사람보다 진실한 태도와 목소리가 더 호감을 갖게 된다. 성공하는 목소리를 위해서는 첫째, 좋은 책을 소리내어 반복적으로 읽는것. 둘째, 호감가는 목소리나 화법을 지닌 사람을 곁에 두고 친하게 지내면, 요컨대 목소리도 학습되어 질 수 있다는 것이다.

2) 대화 테크닉

대화란 한 개인의 사회적 신분이나 교육정도 신념까지도 드러나게 하는 중요한 커뮤니케이션의 한 방법이므로 대인 관계에 있어 고도의 기술을 요하는 아주 중요한 요소이다. 훌륭한 대화 테크닉을 익혀두는 것은 사교에 있어 세련된 대화를 만들어 갈 수 있다.

첫째, 공통 화제로 공감대를 형성한다.

둘째, 찬사 기법을 사용한다.

· 찬사 기법은 진실에 근거 해야 하며

· 구체적인 칭찬이 효과가 있으며

· 칭찬은 느꼈을 때 바로 하는 것이 중요하다.

· 칭찬을 받았을 땐 반드시 고마움을 표시한다.

셋째, 말의 속도는 천천히 발음은 명확하게 하도록 훈련한다.

넷째, 적당한 존칭어와 경어를 사용한다.

다섯째, 유머나 위트를 사용. 대화의 활력을 불어 넣는다.

여섯째, 단정적인 표현을 피하고 관용과 여유를 가지는 대화 기술이 필요하다.

일곱째, 자신의 주장에 잘못이 드러나면 고집을 버리고 솔직하게 인정한다.

여덟째, 외국인과의 대화에 있어서 간접적 표현이나 사양 등은 오해를 불러 일으킬 소지가 있으므로 직선적이고 솔직하게 표현한다.

아홉째, 경망스런 제스처는 삼가고 적절히 사용한다.

열 번째, 적절한 주제는 선정, 대화는 잘 이끌어 간다.

3) 대화 매너

첫째, 경청하기를 습관화한다.

둘째, 상대방의 말을 중간에 끊고 자기 주장을 내세우지 않는다.

셋째, 대화도중 화제를 바꾸지 않는다.

넷째, 상대방의 시선을 피하지 않는다.

다섯째, 비속어, 은어를 사용하지 않는다.

여섯째, 상대방의 장점이나 공로를 칭찬해 주고 작은 일에도 감사의 표현을 잊지 않는다.

일곱째, 진심에서 우러나오는 자세로 대화에 임하도록 한다.

여덟째, 명령형이 아닌 의뢰형 문장을 사용한다.

· ("~하세요"가 아닌 "~해 주시겠습니까?")

아홉째, 부정형이 아닌 긍정형 문장을 사용한다.

· (모르겠습니다 → 한 번 알아보겠습니다.)

· (안됩니다 → ~하면 가능합니다.)

· (잔디에 들어가지 마시오 → 잔디를 보호합시다.)

열 번째, 쿠션 언어를 사용한다.

· (죄송합니다만, 실례합니다만, 번거러우시겠지만, 바쁘시겠지만)

열한번째, yes 화법을 사용한다.

· ("예, 알겠습니다", "예, 안내해 드리겠습니다.")

열두번째, yes but 화법을 사용한다.

· (난 그렇게 생각안해! → 그렇게 생각할 수도 있겠군요, 그러나 저는 이렇게 생각합니다.)

열세번째, 항상 상대방의 입장에서 생각하고 얘기한다.

열네번째, 상대와의 적절한 거리를 유지한다. 몸을 밀착 시키면 쉽게 생각할 수 있다.

➜ 거리에 따른 대화 매너

① 친밀한 거리 (0cm~46cm)

자신의 소유물처럼 보호하는 지역이므로 오로지 정서적으로 가까운 사람만이 그 안으로 들어가는 것이 허락된다. 이 가운데는 구애나 위로, 보호와 같은 접촉을 필요로 하는 매우 친밀한 상호적 행동과, 이보다는 약간 긴장이 있지만 보통 공적으로는 부적당하게 여겨지고 친밀한 사람들 사이에서만 나타나는 거리이다.

② 개인적 거리 (46cm~1.22m)

가족이나 친구, 직장에서 동료들과 지낼 때 보통 다른 사람과 유지하는 거리이다.

③ 사회적 거리 (1.22m~3.6m)

비개인적인 용무로 함께 일하거나 평상적인 사회적 모임에서, 낯선 사람이나 배달원, 가게 주인, 새로 온 종업원과 같이 잘 모르는 사람들과 유지하는 거리이다.

④ 공공적 거리 (3.6m 이상)

협박 당한다면 행동을 취할 수 있는 거리로, 많은 사람들 앞에서 연설할 땐 편안하게 느끼는 거리이며, 큰소리로 말하는 것이 필요하다.

4) 대화시의 금기사항

· 자기 신변의 얘기만 늘어놓지 않는다.
· 지나치게 주변의 얘기를 하지 않으면 상대방에게 경계한다는 인상을 주거나 친밀감을 없어지게 하기도 한다.
· 남의 험담은 삼간다.
· 상대방에게 열등감을 줄 수 있는 얘기는 피한다.
· 시선은 딴곳으로 돌리지 않는다.
· 돈에 관한 얘기는 유쾌하지 않다.
· 전문 분야에 관한 얘기는 대화를 딱딱하게 하기 쉬우므로, 보편성 있는 얘기를 화제로 삼는다.
· 너무 꼬치꼬치 묻지 않는다. 품위가 손상될 수 있다.
· 궁상을 떨면, 겸손해 보이는 것이 아니라 대화를 짜증나게 할 수 있다.
· 불결한 화제는 피한다. 특히 식사중엔 절대로 하지 않는다.
　독일 속담에 "입을 열면 침묵보다 뛰어난 것을 말하라. 그렇지 않으면 가만히 있는 편이 낫다"고 했다.

● 대화시 적절한 표현법

부적절한 표현	적절한 표현
이름	성함
오다	오시다
보다	보시다
나이	연세
있다	계시다
하다	하시다
내가	제가
주다	드리다
물어보다	여쭈어보다
몰라요. 모르겠는데요.	모르겠습니다.
누구예요?	누구신지요?
고마워요	고맙습니다.
좀 기다리세요	잠시만 기다려주시겠습니까?
자리에 없는데요	자리에 안계십니다.
안됩니다.	곤란합니다.
다시 전화하세요.	다시 전화주시겠습니까?
네 알았어요	네, 알겠습니다.
먼저 갈게요	먼저 가보겠습니다.
같이 온 사람	같이 오신 분

대화는 뛰어난 기술이며 예술이다.

평소에 익혀둔 대화 테크닉이나 에티켓은 대인관계에 있어 원활한 커뮤니케이션과 더불어 자신의 이미지를 더욱 더 세련되게 부각시키는 중요한 역할을 하게 된다.

5) 상황에 따른 대화 방법

상대와 대화하다보면 곤란한 말을 해야 할 때도 있고 불쾌한 감정을 타인에게 말해야 할 때도 있다.

➡ 상대방의 잘못을 지적할 때

상대방이 알 수 있도록 확실하게 지적한다. 모호한 표현은 설득력을 약화시킨다. 상대방과의 관계를 고려한다. 힘이나 입장에 차이가 클수록 저항이 적다. 그때 꾸짖고 있는 내용에만 한정한다. 이것저것 함께 꾸짖으면 효과가 없다. 뒤처리를 잊지 않는다. 가장 명심해야 할 것은 불필요한 한마디를 덧붙여서는 안 된다는 것이다. 상대방이 늦었을 때는 '늦었다' 는 사실을 지적하는 것은 괜찮지만 '당신은 왜 항상 늦는거요?' 라고 추궁하듯이 묻는 것은 금물이다.

➡ 상대방을 칭찬할 때

물론 칭찬은 별다른 노력을 기울이지 않아도 항상 상대방을 기분좋게 한다. 그러나 자칫 잘못하면 아부로 여겨질 수 있으므로 칭찬에도 센스가 필요하다. 예를들면 본인이 중요하게 여기는 것을 칭찬한다. 처음 만나는 사람에게는 먼저 칭찬으로 시작한다. '사무실이 아주 좋은 곳에 있군요' 같은 간단한 칭찬이 상대를 기쁘게 한다.

➡ 상대에게 부탁해야 할 때

먼저 상대의 사정을 듣는다. '괜찮겠습니까?' 하고 상대의 사정을 우선하는 태도가 필요하다. 응하기 쉽게 구체적으로 부탁한다. 기간, 비용, 순서 등을 명확하게 제시하면 상대방이 한결 받아들이기 쉽다. 거절을 당해도 싫은 내색을 하지 않는다.

➡ 상대의 요구를 거절해야 할 때

먼저 사과하고 응해줄 수 없는 이유를 설명한다. 불가능하다고 여겨질 때는 모호한 태도를 보이는 것보다는 단호하게 거절하는 것이 좋다. 그러나 거절에도 테크닉이 필요하다. 정색을 하면서 '안 된다' 는 말을 하면 상대는 감정을 갖게 되고 인간관계까지 나빠질 수도 있다. 거두절미 하고 "안됩니다."논 표현은 관계를 어렵게 만들고 만다. 이럴 때는 완충화법을 구사하는 것이 좋다.

→ 명령을 해야 할 때

"**을 이렇게 해라!' 보다는 "**을 이렇게 해 주는 것이 어떻겠습니까?'가 훨씬 효과적이다.

→ 설득을 해야 할 때

설득화법이라 해서 일방적으로 강요하거나 상대방에게만 손해를 보라는 식의 밀어 붙이기 식의 대화는 금물이다. 먼저 양보해서 이익을 공유하겠다는 의미를 보여 줄 때 상대방도 받아 들일 수 있는 것이다. 자신이 변해야 상대방도 변한다는 사실을 받아 들이는 일부터 해야 한다.

→ 충고를 해야 할 경우

충고는 마지막 방법이나 그래도 충고를 해야 겠다면 예화를 들어 비유법으로 깨우치게 하는게 좋다!
사람들은 자기의 존재와 능력을 인정해 주고 칭찬해 주는 사람에게 마음이 가게 되어 있다. 자신에게 부정적이거나 거부 반응을 보이는 사람에게는 결코 타협적이거나 우호적일 수 없다는 사실을 잊어서는 안될 것이다. '성공인은 결코 충고하지 않는다' 고 한다.

→ 질책을 해야 할 경우

질책 화법에는 샌드위치 화법으로 해야 한다. 샌드위치 화법이란 (칭찬의 말)+(질책의 말)+(격려의 말)처럼 질책을 가운데 두고 칭찬을 먼저 한다음 끝에 격려의 말을 한다면… 드는 사람이 반발하지 않고 수용하게 된다.

"자네는 이런 것이 잘 못일세…"라기 보다는 "자네는 이런 점은 좋으나…이런 점에서는 개선할 필요가 있다고 생각하네. 자네에게 이쪽 분야에선 특별한 경험을 많이 갖고 있으니 최대한 실력을 발휘해 주게나…알겠지?"

➡ 비난을 하고 싶을 때

비난하거나 야유하는 말은 결국 부메랑이 되어 자신에게 돌아 온다는 사실을 잊어서는 안될 것이다.

6) 국제 비즈니스 대화 에티켓

➡ 언쟁은 피한다.

· 부드러운 대답은 분노를 물리친다.
· 고객이 논쟁을 하려들면 냉정을 유지하여 잘 들은 다음 부드럽게 질문하도록 한다.
· 합리적인 의논이 논쟁으로 악화되지 않도록 노력한다.
· 정치적, 개인적인 일 또는 가치관에 관여치 않는다.
· 한국어로 나쁜 말을 하지 않는다.
· 예스와 노를 정확히 표현한다.

➡ 고객이 무엇을 생각하고 있는지 측정한다.

· 질문을 잘하는 것은 고객 접대뿐 아니라 모든 사업 측면에도 귀중한 기술이다.
· 잘 듣는 것도 고객에 대한 관심을 보이는 것이다.

· 사실을 추적하고 숨겨진 진의를 찾아낸다.

· 고객의 모국이나 개인 의견을 비난하는 것은 삼가

· 상대를 가르치려고 하는 것은 금물

· 옷차림으로 상대를 평가하지 않는다.

· 현지인을 무시하는 언행을 삼가한다.

➜ **자신의 체험을 이용한다.**

· 일반론을 피한다. 자신의 체험을 예로 들거나 서로 다 같이 존경할 만한 제3자를 예로 든다.

· 고객의 질문에 적절히 답변하고 모르는 상황은 다시 물어 확인한다.

· 개인적인 체험은 어떤 논쟁에서도 가장 훌륭한 증언이 된다.

7) 말을 잘 하기 위한 Image Control

첫째, 다른 사람의 주목을 끄는 임팩트 3을 활용한다.

· "3이라는 키워드"

· 3은 부족함과 과함이 없는 정리되어 있는 듯한 느낌을 준다. 회의를 한다면 "이번 의제에는 문제점이 3가지 있습니다." 데이트를 신청한다면 "네가 나랑 밥을 먹어야 하는 이유는 3가지가 있어"라고 말한다.

· 특히 강력하게 자신을 표현할 수 있는 이유는 3번째에 집어 넣는 것이 상대방의 마음을 사로잡는 방법이다.

둘째, 청중을 잘 파악한다.

· 정보를 수집해서 청중의 관심거리를 찾는다.

· 불안이나 공포는 정보 수집, 조사 분석 등을 통해 해결한다. 이야기가 끝난 뒤 청중이 감동받고 박수를 보내고 있는 긍정적인 상황을 머릿속에 이미지 한다.

셋째, 연단을 밟아 본다.

· 두려워 말고 계속 도전하면 조금씩 나아지면서 예전의 자신과 다른 자신을 발견할
  수 있으며 자신감을 키워갈 수 있을 것이다.

넷째, 아랫배에 힘을 주고 에너지를 모은다.

· 편안하고 안정된 느낌을 기억해 둔다.

다섯째, 큰 소리로 똑똑히 말하면 자신감 있어 보인다.

· 말을 잘 하려고 애쓰는 것보다 자신의 생각이나 느낌을 분명히 큰 소리로 전하는
  것이 더 중요하다.

여섯째, 거울 앞에서 말하기 연습을 하며 Image Control을 한다. 표정 제스처 말 사이
를 떼는 시간, 눈빛, 리듬감 등을 연습해 본다.

8) 성공 프리젠테이션으로 승부하라.

첫째, 프리젠테이션 환경을 미리 조사하라.

· 현장에 미리 가 보면 불안감이나 긴장을 줄일 수 있다.

· 프리젠테이션 장비 정검은 필수다.

둘째, 주어진 시간보다 일찍 끝내라.

· 시간 독촉을 받게 되면 불안해지기 시작하므로 5분 정도 먼저 끝낼 수 있는 여유를
  사전에 확보해야 한다.

셋째, 연습은 필수.

· 비디오로 연습하는 모습을 찍어서 냉철하게 분석한다.

· 원고를 보지 않고 능숙히 말할 수 있을 정도로 연습해야 한다.

· 경험이 부족한 사람들은 '암기'를 통해 극복하려고 하지만 큰 낭패를 당할 수 있으
  므로 완벽한 연습이 필수이다.

넷째, 발표는 서론 → 본론 → 결론으로.

· 프리젠테이션의 목표는 이해와 설득, 중요한 주제는 서두에 전달하고 이에 대한 설
  명을 한 후 다시 한 번 결론을 강조하는 패턴을 사용한다.

· 발표 초기에 청중의 관심을 끄는 **방법이면서** 확실하게 메시자를 전달하는 방법이 기도 하다.

다섯째, 청중에게 등이나 정수리를 보이지 말라.

· 청중은 화면을 보더라도 자신은 청중의 눈을 봐야 한다.

· 특히 '결정권자' 와 눈 맞추는 것을 잊지 말자.

여섯째, 긴장할수록 말이 빨라진다.

· 중요한 대목에선 쉼표를 찍듯 잠시 쉬었다가 말해야 주목도가 높아진다.

일곱째, 너무 경망스럽지 않은 한도내에서 제스처를 적절히 활용한다.

여덟째, 평소 동료들과 말할 때도 프리젠테이션을 하듯 분명하고 정중하게 말하는 습관을 갖는다. 무의식적으로 나오는 게 최고의 경지이다.

아홉째, Q & A를 활용하라.

· 질문에 대한 확실한 대응은 발표자의 신뢰성을 높이는 기회다. 예상 질문을 정리해 두면 자신감이 생긴다.

9) 파워 포인트를 이용한 프리젠테이션

비즈니스는 프레젠테이션으로 시작하고 프레젠테이션으로 끝난다고 해도 과언이 아닐 정도로 프레젠테이션이 차지하는 비중은 높다. 직장 내에서 경쟁력 있는 인재가 되기 위해서도 프레젠테이션을 잘 해야 한다. 그런데 단지 입심 또는 말발로 상대방을 설득하던 '아날로그 프레젠테이션' 시대는 이제 지났다. 파워포인트를 이용한 '디지털 프레젠테이션' 이 21세기 비즈니스의 트렌드가 됐고, '프레젠테이션=파워포인트' 로 인식될 만큼 파워포인트는 프레젠테이션에서 없어서는 안 될 필수요소가 되었다.

➜ 마우스를 버리고 키보드를 사용하자

슬라이드쇼를 진행하기 위해 지금까지 마우스를 이용해왔다면 이젠 그 습관을 과감히 버리자. 디지털 발표자가 되기 위해서는 키보드를 이용해 슬라이드쇼를 진행하는 연습이 필요하다. 키보드의 'space bar' (스페이스바), 'enter' (엔터), 'page down' (페이지다운) 등의 키는 다음 슬라이드로 이동하는 명령이고, 'back space' (백스페이스), 'page up' (페이지업)등의 키는 이전 슬라이드로 이동하는 명령이다.

➜ 잠시 멈춤(Pause)의 활용

프레젠테이션 발표기법에서 잠시 멈춤(Pause)은 무척 유용하다. 잠시 멈춤 기법은 말을 하는 중간에 3~5초간 침묵을 하는 것으로, 청중이 스크린의 내용만 보느라 발표자에게 시선을 두지 않을 때, 또는 슬라이드의 내용으로 부터 잠시 벗어나 청중이 발표자에게 집중하게끔 할 때, 그리고 다음 슬라이드의 내용을 강조하고자 할 때 화면을 검은색 또는 흰색으로 막아두는 것이다. 이것은 키보드의 'B' 와 'W' 키로 명령하는 것인데, 'B' (black)키는 화면을 검은색으로 막아주고, 'W' (white)키는 흰색으로 막아준다. 다시 원래 슬라이드로 돌아오려면 같은 키를 반복하면 된다.

➜ 프레젠테이션 후 질의응답 테크닉

질의응답은 프레젠테이션의 '부족한 2%' 를 채워주는 중요한 대목이다. 여기서 답변을 구두(Verbal)로만 할 것이 아니라, 원하는 슬라이드로 바로 이동할 수 있는 슬라이드 쇼 기능을 활용하면 금상첨화일 것이다. 청중으로부터 받은 질문이 발표했던 내용 중 15번 슬라이드에 대한 것이라면 키보드에서 1, 5, enter 키를 차례로 누른다. 그러면 15번 슬라이드가 스크린에 비춰질 것이고, 청중들은 질의 응답 내용을 보다 명확하게 인지하게 되어 프레젠테이션의 완성도가 높아질 것이다.

➜ 시간이 부족하다! 결론부로 과감하게 넘어가자

준비해온 슬라이드를 발표하게 급급해 시간을 초과하는 경우가 많은데, 어쩔수 없이 결론부로 내용을 옮겨야 할 때 대부분 슬라이드를 빠르게 넘기거나 여러 슬라이드 보기로 빠져 나와 원하는 슬라이드로 이동 후 다시 슬라이드쇼를 실행한다. 이럴 경우 청중은 발표자가 준비를 잘하지 못했다는 인상을 받게 되고, 심리적으로 불안하고 불만족한 상태가 된다.

하지만 슬라이드쇼의 기능을 활용하면 상황을 반전시킬 수 있다. 만일 결론부의 첫 슬라이드가 37번이라면 키보드에서 3, 7, enter키를 차례로 눌러 내용을 건너뛰자. 청중은 발표자가 본문의 내용을 건너뛰었다는 사실을 인지하기 어렵고, 발표자 역시 당황하지 않고 침착하고, 자신만만하게 발표를 이어갈 수 있다.

◐ 파워포인트 슬라이스쇼의 숨은 기능들

명령키	동 작
이름	성함
Space bar, enter, page down, →, ↓ N	다음 슬라이드로 넘기기
←, ↑, page up, P	이전 슬라이드로 넘기기
〈숫자〉 다음 enter	숫자에 해당하는 슬라이드로 이동
home	처음 슬라이드로 이동
end	마지막 슬라이드로 이동
B	화면을 검정색(Black)으로 설정/취소
W	화면을 흰색(white)으로 설정/취소
Ctrl+P	포인터를 펜(Pen)으로 변경
Ctrl+E	포인터를 지우개(Eraser)로 변경

자료: 이승일 "파워포인트 무작정 따라하기"에서 발췌

CHAPTER **2**

국제매너

세계는 이제 하나의 공동채로의 시시각각으로 정보를 교환하고 왕래하며 살아가는 것이 일상화되었다. 그러므로 21C 국제화 시대에 있어 필수적인 것은 상대방의 문화를 이해하고 있는 그대로를 받아들이는 열린 마음가짐이다. 각기 저마다 개성이 다른 인간관계에서 상대방을 이해하고 배려하는 것이 성공적인 커뮤니케이션의 기본이듯 국제 매너의 필요성도 바로 여기에 있다.

매너는 우리 자신의 사람을 풍요롭게 할 뿐만 아니라 사회를 밝고 경쾌하게 만들며 나아가 세계속에 우리의 위치를 격상시켜 국제화 시대에 걸맞는 품위를 갖출 수 있게 하는 최선의 방법이다.

다시 말해 국제화란 세계인들과의 활발한 교류를 통해 필요한 이익과 재화를 공유 교환하면서 동시에 각자의 문화를 교환하는 것이므로 서로의 문화를 받아들이는 매너가 필수적이라는 얘기다.

최근에 한류 열풍이 한국의 위상을 높여주고 있는 탓에 많은 아시아인들이 한국을 여행하고 싶어한다. 그러나 한국 관광을 다녀간 그들은 다시는 한국에 오고 싶지 않다고 했다. 그들을 이상한 눈초리로 바라보는 한국인들의 눈빛이 너무 불쾌했다는 것이다. 가짜 인삼, 지저분한 숙소 등도 그들이 한국을 다시는 가고 싶지 않은 나라라고 말하게 하는 원인이 되기도 하지만 나와 다르다고 해서 이상한 눈초리로 보는 우리의 습관이 국제화 시대에 걸맞지 않는 매너로 우리 나라를 방문한 외국인에게 불쾌감을 준다는 사실을 기억해야 할 것이다.

국가별 문화의 비교

1 일본의 문화와 예절

➜ 인사법

상대방이 친밀감을 느낄 수 있도록 밝고 친절한 목소리로 말해야 하며, 밝은 미소도 함께 덧붙인다. 허리를 굽힐 땐 상대방과 비슷하게 하며, 먼저 허리를 펴면 실례가 된다.

➜ 소개법

자기를 소개할 때는 공손한 말씨와 태도로 성만을 말하는 것이 일반적이며, 우리처럼 악수를 하는 일은 드물다.

남을 소개할 때는 자기와 친한 사람을 먼저 소개하며, 둘 다 자기와 친하지 않을 경우에는 아랫사람을 먼저 소개한다.

➜ 명함 교환법

중, 고등학생까지도 명함을 주고 받는 것이 일상화되어 있어 일본인을 만날 땐 명함을 꼭 준비하도록 한다. 일본인들의 명함을 곧 자신의 인격이라 여기므로 상대방이 보는 앞에서 직함을 읽어보고 최대한 소중히 다룬다.

➜ 대화법

일본인과 대화를 나눌 때는 대화 도중에 적당한 곳에서 (예), (응), (그렇습니까?), (그렇군요), (과연, 정말) 등을 연발하여, 상대방의 말에 관심을 갖고 열심히 듣고 있음을 표시하여야 한다. 대화 도중에 맞장구를 치지 않으면, 일본인들은 상대방이 자기의 말에 관심이나 흥미가 없지 않은가 불안해한다.

또 우리나라는 부모님께 존댓말을 많이 사용하지만 일본에서는 부모님께 거의 존댓말을 하지 않고 반말을 사용한다.

➜ 거절하는 법

일본인들은 상대방의 부탁이나 제안에 대해, 아무리 싫더라도 직설적으로 (아니오), (싫습니다), (할 수 없습니다), (안 됩니다) 등의 말들을 사용하지 않는다. 이런 말들을 사용하는 대신 조심스럽게 자기가 거절할 수밖에 없는 이유를 설명하면, 대부분의 일본인들은 상대방의 거절 의사를 눈치채고 부탁이나 제안을 스스로 거두어들인다.

➜ 일본인의 가정에 초대받았을 때

일본인은 자기 집안을 남에게 보이는 것을 꺼리기 때문에 아주 친한 경우에만 초대한다.
① 현관에서
  · "계십니까?" 라고 말한 뒤 집 주인이 나올 때까지 기다린다.
  · 주인이 나오면 "오늘 초대해 주셔서 감사합니다. 폐를 좀 끼치겠습니다." 등의
    인사말을 한다.
② 구두를 현관에서 벗은 뒤 반대방향으로 놓아 둔다.
③ 차를 마실 때도 "잘 먹겠습니다" 하고 마신다.
④ 욕실은 깨끗이 사용해야 하며 욕조의 뜨거운 물은 빼지 말도록.

➜ 더치페이문화

우리나라는 내가 밥을 사면 상대가 술을 사고, 상대가 돈이 없으면 내가 내고 다음에

상대가 내는 인식이 많다. 이런 것이 아주 자연스럽지만 일본에서는 각자가 계산하는 철저한 더치페이 문화이다.

➡ 식사문화

일본인의 식사법 중 가장 눈에 띄는 특징 중의 하나가 식사할 때 밥공기를 왼손에 들고 젓가락으로 먹는다는 것이다. 우리나라에서는 어른들이 밥공기를 들고 먹으면 천박하다고 호통 치는데 반해 일본에서는 왼손에 들고 먹는 것이 습관화되어 있다. 그리고 주의해야 할 것을 젓가락으로 상대방에게 음식을 주는 것은 큰 실례이다! 젓가락과 젓가락을 맞대는 것은 화장한 뼈를 전달할 때 쓰는 방법이기 때문이다.

➡ 교통 문화

우리나라의 버스나 택시기사 아저씨들은 속도가 빠른 편이다. 일본은 버스가 흔하지 않고 버스를 대중 교통수단으로 하진 않는다. 버스는 전철이 못가는 곳을 가는 것으로 대신하는 격이다 그리고 속도가 많이 느리다. 대부분이 전차역 앞에 자전거를 세워놓고 집이 멀면 자전거를 타고 가는 패턴이다. 또한 택시요금이 일반보다 많이 비싸다. 지하철을 탈 때 노약자석이라고 자리를 비워두지 않는다.

➡ 공공장소 문화

우리나라는 지하철 극장 도서관 공공장소에서 전화벨이 시끄럽게 울린다. 일본에서는 공공장소에서는 진동모드로 해놓는다.

우리나라는 어른이나 부모님 앞에서 담배를 못 피고 여자들도 담배를 대놓고 못 핀다. 일본에서는 어른이나 선생님 앞에서도 담배를 펴도 아무렇지 않고 여자도 길거리에서 담배를 펴도 아무도 신경 쓰지 않는다.

2 중국의 문화와 예절

➜ 거래선 방문시

· 반드시 방문 일정을 미리 예약한다.
· 명함을 충분히 준비한다.
· 부담없는 선물 준비.
· 비즈니스 관련 건은 날카롭게 짚고 넘어가야 하나, 그 밖엔 항상 상대방을 존중하
  는 태도와 언행 유지.
· 약속 시간에 늦지 말 것.(여유있게 출발)
· 중국측에 한 수 가르쳐 준다는 충고, 조언은 금물.
· 상대방의 자존심 상할 만한 것은 말하지 말 것.
· 독촉하는 듯한 답변을 요구하지 말 것.

➜ 상담시

· 상대방 존중하는 태도 유지.
· 선물을 항상 준비하자.(부담없는 물건)
· 상대방 면전에서 신발 벗는 행위.
· 옷을 추슬러 올리는 행위.(허리띠 정리, 바지 올림)
· 상대방 직급에 의한 차별 대우.
· 대화시 여자를 주제로 한 음담패설 자제.

➜ 음주문화

· 상대방의 술잔이 항상 가득차도록 수시로 첨잔.

· 식사와 곁들여 마시도록 함.(중국인 습관)
· 식사시 업무 관련한 상담 가능.
· 강제로 권하거나 한국식으로 술잔 돌리지 말 것.
· 취중에라도 상대방 자존심 건드리는 말 삼가.
· 한국 사람하면 술 많이 마시는 민족이라는 인식이 박혀 있어 모두 주량이 대단한
  걸로 알고 있음. 따라서 자기 제어를 하면서 마시는 슬기가 필요함.

➡ 흡연 문화

· 흡연 문화는 우리 나라와 비슷함.
· 상담중이나 식사중 또는 휴식중 담배를 권하며 친밀감을 많이 표시함.
· 금연 구역이 많이 지정되어 있기 때문에 먼저 확인 필요. 일반적으로 여성에겐 권
  하지 않는다.
· 보행중 흡연 삼가.

➡ 선물 문화

· 체면을 중요시하므로 거절을 잘 하는 편이므로 세 번을 권해야 한다.
· 비싸지 않은 개인 신변용품 등이 좋다.
· 상대방 참석자에게 모두 전달하는 것이 좋다.
· 포장지는 빨간색 계통이 좋음.
· 직급별 차등은 크지 않는 것이 좋다.
· 방문시에는 꼭 선물을 준비하자.
· 중국인에게는 시계(鐘), 우산(傘)은 선물하지 않는다.(발음상 좋지 않은 의미로 해
  석됨)
· 흰색과 검은색은 피함이 좋다.
· 비싼 물건은 피함이 좋다.(홍삼, 고급시계, 사진기 등)

➜ 식당에서

· 문앞에서 종업원 안내를 받을 것.
· 손님 접대시엔 미리 음식, 좌석을 예약함이 좋다.
· 계산은 식탁에서 종업원에게 시킴. 마친 후 자리를 뜸.
· 일반적으로 식사 시간은 2시간 정도 소요됨.
· 식사중 너무 큰소리로 떠들지 말 것.
· 잊어 버리지 않는한 음식은 차례대로 나오니 독촉하지 말 것.
· 음식을 덜어 먹을 때는 꼭 공용스푼이나 젓가락을 사용해서 먼저 자기접시에 덜어
  놓고 자기 것으로 먹을 것.
· 일반적으로 팁은 주지 않음.

➜ 교통 문화

· 택시는 호텔이나 큰 빌딩 앞에 줄서 있는 차를 타는게 무난함.
· 보행시 자전거 및 택시에 주의.(교통 질서 문란)
· 택시는 원칙적으로 메터 요금제임.
· 길을 묻거나 부딛쳤을 때 고맙다거나 미안하다는 의사표시 꼭 한다.
· 택시를 전세낼 경우, 미리 가격을 정하고 탄다.
  (가격과 시간을 정하고 꼭 가는 곳을 정하는 것이 좋음)
· 하차시 꼭 영수증을 요구할 것.
· 택시의 팁은 필요 없음. 봉고차 모양(面包)의 택시는 탑승치 말 것.
  (차량 안정성 부족, 급히 가야할 경우 가속에 문제 있음)
· 담배꽁초 버리거나 침을 뱉지 말 것.

➜ 공항에서

· 국내선 여행시엔 자주 연발, 몇 시간 또는 하루씩 늦어지는 수도 있으니 안내방송 또는 같이 줄 서 있었던 승객들 움직임에 주의해야 한다.
· 몇시간 연발을 대비, 음료수 및 약간의 간식을 준비함이 좋다.
· 지정된 장소에서만 흡연.
· 국제선은 1시간 반전, 국내선은 1시간 전에 공항에 도착하는 것이 여유있게 탑승할 수 있음.
· 비행기가 완전히 멈출 때까지 일어나지 않는다.
· 짐이 적을 때 내용물을 확인할 수 없는 남의 짐을 탁송하지 않는다.
· 총포, 도검, 마약류 반입 금지.

➜ 파티에서

· 초청장 필히 지참.
· 파티중에 꼭 한번쯤 Host 찾아서 인사.
· 명함 충분히 준비.
· 부득이 불참시엔 사전 통보.
· 정장 차림.
· 가급적 많은 사람과 인사, 명함교환.
· 말이 안통한다고 한쪽에서만 서 있지만 말 것.
  (한국 사람끼리만 이야기 하지 말 것)
· 과음하지 말 것.

3 영국의 문화와 예절

➡ 교통 문화

· 영국의 교통 질서를 보면은 우리 나라와는 확연히 다르다.
· 보행자 위주로 되어 있어서 신호등이 없어도 언제든 차가 오지 않으면 길을 건너도
  상관없다.
· 자동차 오토바이, 자전거 등 바퀴가 있는 것은 인도로 다닐 수 없다.
· 하나의 차선에서 정중앙은 다니거나 추월하거나 끼어들어 차의 가는 방향의 흐름
  을 막지 않는다.
· 간혹 차선 변경으로 끼어들 땐 느긋한 마음으로 양보하며 끼어든 후 고맙다는 표현
  으로 손을 들어 주는 것은 기본 예의이다.

➡ 에스컬레이터 이용시

· 영국의 지하철을 타기 위해서는 에스컬레이터를 타고 내려가야 한다. 바쁜 사람은
  왼쪽에서 걸어서 내려가고 그렇지 않은 사람은 오른쪽에서 서서 간다.
· 항상 "Excuse me"라는 말을 하며 여유로움과 바쁨 그리고 무질서 속에 숨어있는
  질서를 느낄 수 있다.

➡ 문 앞에서의 예절

· 문을 연후에 반드시 뒤에 사람이 있는지 확인한다.
· 문을 잡아주면 반드시 Thank you라고 표현한다.
· 뒤도 돌아보지 않고 문을 놓는 것은 가장 불친절한 행동중에 한가지로 꼽는다.

➡ 침 뱉지 말 것

· 영국에선 가장 지저분한 행위로 본다.
· 담배를 피우다가 재떨이에 뱉는것도 지저분한 행위이다.

➡ 한 줄 서기

· 어디서나 한 줄 서기가 생활화 되어 있다.
· 단지 맥도널드, 버거킹과 같은 장소에서는 간혹 예외가 있다.

➡ 코를 푸는 행위

· 영국에서는 어디서나 코를 푸는 모습을 자주 볼 수 있다.
  (훌쩍거림이 더 불쾌감을 주기 때문이다.)
· 재채기는 입을 다물고 최대한 조용히 한다.
  (코를 막고 하면 가능하다.)
· 재채기를 했을 경우 한 사람이 친한 사람일 땐 "Bless you"라고 말해 주는 것도 잊
  지 말자.

➡ 미 신

· 사다리 밑을 절대로 지나가지 않는다.
  (꼭 좋지 않은 일이 생긴다고 굳게 믿는다.)
· 실내에서 우산을 절대로 펴지 않는다.
· 검은 고양이가 앞을 지나가면 좋은 일이 생길거라 믿고 있다.

➜ 파티 매너

· PBAB(Please Bring A Bottle)이 초대장 맨 밑 부분에 쓰여 있으면 자기가 마실 술은 본인이 챙겨오라는 표현이다.
· 일반적으로 남의 술을 빌려 마시지 못한다.

➜ 식사 예절

· 식사를 할 때 절대로 소리를 내지 않는다.
  (음식을 입에 넣고 입술을 떼지 말고 먹는다.)
· 소리 내지 않고 식사하는 건 모든 나라에서의 예절이다.
· 트림도 용서할 수 없는 일이다.
· 음식이 늦게 나와도 그들은 느긋하게 기다릴 줄 아는 여유로움이 있으므로 재촉하거나 불평하지 않는다.

4 독일의 문화와 예절

➜ 인사법

· 우선 처음 보는 사람이나 알던 사람이나 악수를 하는 것이 기본이다. 절대로 고개는 숙이지 않으며 가볍게 인사말과 함께 손을 건네면 된다.

➜ 식사예절

· 뷔페식은 스프 - 샐러드 - 메인 메뉴 - 후식 순으로 나오며 뷔페식이라고 해서 여러 번 먹지는 않는다.

- 스프 숟가락이 입에 다 들어가지 않을 정도로 크다.(스프를 조금씩 퍼서 먹고 숟가락으로 다 퍼지지 않을 정도로 적게 남았으면 먹지 않는다.)
- 빵은 가루가 식탁에 떨어지지 않도록 먹기는 하지만 떨어져도 직접 치우지 않는다.
- 음식은 남겨도 상관 없다.
- 커피가 아주 진하기 때문에 물을 같이 주는 경우엔 커피를 다 먹고 마신다.
- 일요일에는 거의 문을 닫는다.(상점, 백화점, 큰 할인점)

➜ 음주 문화

- 맥주의 나라 독일은 맥주가 생활의 일부분이다.
- 첫째, 대화의 촉매제로서의 맥주!
- 각자 마신 술값은 본인이 계산! 남에게 술을 강요하고 싶으면 자기가 술을 사야만 한다.

➜ 사회문화

- 독인을 철저한 개인적 합리주의 사회이다.
- 가족, 학교, 직장, 군대등의 지연, 학연, 사회적 신분 성별등에 관계없이 동등한 관계를 갖는다.

➜ 가정문화

- 대부분 고등학교를 졸업하면서 경제적으로 독립을 한다.
- 자식들은 밑바닥 부터 성장하는 것을 배우며, 이때부터 부모들은 자기 인생을 더 풍요롭게 즐길 수 있다.

5 미국과 우리 문화의 차이점

➡ 수를 셀 때

· 한국 : 손가락을 모두 편 상태에서 하나씩 고부리며 수를 세어 나간다.
· 미국 : 주먹을 쥔 상태에서 손가락을 하나씩 펴며 수를 세어 나간다.

➡ 사람을 손짓하여 부를 때

· 한국 : 손바닥이 아래를 향한 상태에서 손짓한다.
· 미국 : 손바닥이 하늘을 향한 상태에서 손짓한다.

➡ 나와 우리

· 한국 : 우리 나라, 우리 회사, 우리 학교, 우리 아들, 우리 마누라
· 미국 : my ~, my ~ (나의 ~, 나의 ~)

➡ 자녀의 독립

· 한국 : 대학까지 공부시켜 주고, 결혼비용 다 대주고, 결혼 후에 반찬부터 시작해서
애 봐주기까지 다 부모 몫이다.
· 미국 : 자녀는 일찌감치 자립한다.

➡ 단일민족과 다민족

· 한국 : 우리는 단일민족, 단군의 자손, 배달겨레, 박정희 시절 "국론통일"이 최고의

가치로 찬양되기도 했다.

· 미국 : 미국의 힘은 다양성으로부터 나온다고 믿는다.

➡ 음식 값 계산

· 한국 : 서로 계산하려고 밀치고, 얻어먹으면 미안한 척한다.

· 미국 : 각자 자기가 먹은 음식값을 계산하는 것을 당연히 여긴다.

➡ 음주 문화

· 한국 : 양주는 병으로 마시고, 한 병 더, 또 한 병 더 시켜 먹는다. 화끈하게 뿌리 뽑는 걸 좋아한다.

· 미국 : 한잔씩 사 마신다 · 홀짝거린다 · 남이 천천히 마셔도 상관 않는다.

문화의 이해와 공존

오늘날 우리는 국제화 세계화라는 하나의 공동체를 형성하며 빈번한 사회적 문화적 교류 속에서 더불어 살아가고 있다. 우리의 생활과 다른 이국 문화는 이해하고 그에 맞는 대처를 하지 못하면 자칫 거칠고 무례한 매너가 없는 국민으로 낙인 찍힐 수밖에 없다.

[사 례]

〈유럽과 오랫동안 무열을 해온 A회사의 K과장〉

모처럼 수출선을 바꿔 아번에 새롭게 이슬람권 바이어들이 한국을 방문하기로 해서 접대를 맡았다. 사전에 이슬람 문화권에 관한 어떤 지식도 없었던 터라 손님들과의 인상적인 미팅을 위해 일부러 최고급 한정식 레스토랑을 예약해 놓았다. 하지만 웬걸! 정작 자리를 잡고 앉은 그 사람들은 한결같이 난감한 표정을 지었다. 라마단 기간이었기 때문이다. 음식을 먹기는 커녕, 자신들의 라마단 기간에 미팅 장소를 음식점으로 잡은 점에 대해 내심 불쾌한 표정을 짓거까지 하는 것이었다. 그런 사정을 알 턱이 없는 K 과장으로선 계속해서 나오는 음식을 먹자 않는 그들에게 사정을 물어볼 수밖에 없었고, 우린 괜찮으니 먼저 먹으라면서 음식을 권하는 그들 덕분에 먹지도 물리치지도 못할 상황이 돼버렸다.
라마단은 유대교의 금식일 규정을 본 떠 제정한 것으로 9월을 〈코란〉이 내려진 신성한 달로 여겨 교도는 이달 27일은 일출에서 일몰까지 금식을 해야만 한다.

1) 문 화

문화란 "특정 집단의 세상에 태어나 살아가는 동안 그 속에서 생각하고 말하는 유, 무형의 총체적인 생활방식" 이다.

태어나면서 제일 먼저 가족으로부터 경험하고 사회속에서 개인간의 상호작용, 학교와 직장에서의 경험과 많은 인간관계를 통해 습득되어지는 "상호 커뮤니케이션" 과정이 바로 문화이다. 문화는 언어나 비 언어적 커뮤니케이션과 종교와 가치체계, 사고의 유형이나 사회체계, 그리고 아름다움에 관한 관점, 시간의 개념, 공간의 개념 등과 문화유산 등에 의해 구성되어진다.

이 중 언어와 비언어적 커뮤니케이션과 문화 유산은 객관적 문화로 매너나 에티켓이 이에 속한다.

에티켓과 매너

에티켓과 매너는 기본적으로 상대방을 배려하고 존중하는데 근거를 두고 있다. 상대방에게 불쾌감을 주지 말아야 하고, 자신이 싫다고 생각하는 일은 상대방에게 하지 않는 것이 기본이다.

에티켓은 반드시 지켜야만 되는 규범으로서 지키지 않으면 안 되는 불문율을 의미하는 반면 매너는 얼마나 세련되고 품위있는 방식으로 행동하는가를 중시한다. 예를 들어 윗사람을 만나 인사를 해야 하는 것이 에티켓이라면 얼마나 올바른 방법으로 정중하게 인사를 하느냐의 문제는 매너라고 할 수 있다.

또한 매너나 에티켓은 일시에 몸에 배는 것이 아니라 뜨거운 태양볕을 이겨낸 과일이 향기와 맛을 지니고 풍성하게 익어가듯 오랜 세월동안 끈기있게 스스로 익혀 나가야 할 과제이다.

자신의 몸에 습관화되어 베어있는 매너는 은연중에 은은한 아름다움으로 표출되는 것이다.

우리가 사회 생활을 하면서 만나게 되는 사람이나 주위 환경은 나라는 한사람이 한 그루의 나무로 자라게 해주는 물이고 영양소이며 햇볕이다. 다시 말해 사람과의 만남에서의 매너와 문화를 무시하고 불필요하게 생각한다면 자신의 사회적 성장에 필요한 요소들은 거부하여 영양결핍증을 자초하게 되는 결과를 얻게 된다는 얘기다.

결국 매너란 "네가 있음에 내가 있고, 내가 있음에 네가 있는" 너와 나를 맺어주는 끈끈한 접착제인 것이다. 어느 한쪽의 존재 없이는 다른 한 쪽의 존재가 성립될 수 없는 사람 "人"자가 바로 매너의 기본임을 기억해야 할 것이다.

1) 에티켓

에티켓이란 우리말로는 예법 또는 예절이란 뜻이다.

본래 프랑스어인 에티켓(Etiquette)은 '예의 범절'이라는 뜻 이외에 '명찰'이나 '꼬리표'라는 의미도 지니고 있다.

루이 14세 베르사이유 궁전에서 거하던 시절 워낙 의전이나 궁정에서의 행동거지에 엄격했기 때문에 궁전에서 지켜야 할 규범과 규칙들을 적어서 성안 뜰에 부착해 놓은 데서 비롯되었다는 설로, 이 때 궁전에 출입할 수 있는 출입증인 티켓의 역할을 하기도 했다.

귀족들은 이 에티켓을 통해 부르주아지와의 신분상의 차별화를 시도하였고 이렇게 발달된 귀족의 에티켓은 전 유럽의 귀족사회로 번져 나갔고 에티켓이란 귀족 신분의 상징처럼 여겨졌다.

에티켓은 인류 최초의 사회 형태인 씨족사회에서도 필요했다. 구성원 사이에 원만한 관계를 지탱하는 데는 어떤 질서가 있어야 하고 그것이 지켜져야 하기 때문이다. 현대에 있어 에티켓이란 도로에 교통 표지판과 같으며 사교와 비즈니스에 있어서도 교통 표지판과 같은 역할로 보다 즐겁고 부드럽게 쾌적한 삶을 살아가기 위한 구성원간의 약속인 것이다.

이런 약속이 존재하지 않거나 있어도 모르고 있다면, 잦은 충돌로 인간관계가 어색해져서 교재의 폭이 줄어들고 이로 인해 모든 삶이 제대로 풀리지 않아 피곤한 삶을 살게 될 수도 있다. 그러므로 에티켓은 사회를 구성하고 공동처를 지탱하는 하나의 근거이다. 에티켓을 거추장스러운 형식이라고 생각한다면 사회를 형성하는 중요한 본질 가운데 하나를 지나쳐 버리고자 하는 경솔한 태도라고 해야 할 것이다.

2) 매 너

세계화 시대에 우리가 추구해야 할 참된 가치와 이상은 결국 더불어 함께 사는 사회이다.

각기 다른 문화를 형성하고 있는 세계인들이 서로 화합하고 원만하게 지내기 위해서는 함께 따르고 지켜야 할 행동기준이 있어야 한다.

그 행동기준이 바로 매너이다.

매너는 우리의 삶을 밝고 건강하게 유지해 주며 보다 인간다운 풍격과 타인에 대한 배려를 의미한다.

공자는 "나라가 망하는 것은 군대가 없어서가 아니라 '예' 가 없을 때"라고 했다.

즉, 예란 인간으로서의 자기 관리와 사회인으로서의 대인 관계를 원만히 하기 위한 사회 생활의 기본이다. 다시 말해 매너란 어떤 일을 할 때 보다 바람직하고 보다 쾌적하며 우아한 감각을 익히므로 생겨나는 생활 습관이다. 상대방에 대한 마음 씀씀이나 물건 다루는 방법, 몸짓 등에 관한 것으로 오랜기간 많은 사람과의 교제를 통해 터득하여 개인의 몸에 익숙해진 것이다.

매너란 매우 상식적이고 일상적인 것으로 매너의 어원은 라틴어 '마누아리우스 (manuariu)' 로 '마누스(manus)' 와 '아리우스(arius)' 의 합성어이다. 손(hand)을 뜻하는 마누스는 '우리의 행동이나 습관' 이라는 의미로 발전하게 되었으며, 아리우스는 '방법' 또는 '방식' 을 의미하므로 매너란 인간의 '행동 방식' 을 의미한다.

➡ 매너의 의의

매너의 첫번째 의의는 강자가 약자를 보호하는 장치라는 데서 찾을 수 있다. 여성 존중 사상의 출발점도 같은 맥락으로 사회적 약자를 보호함으로써 사회적 불평 등을 해소함으로써 즐거운 사회를 만들 수 있는 것이다.

둘째로 매너가 있는 사람은 사회적 위치와 관계없이 누구나 귀족이 될 수 있다는 것이다. 최고 경영자라도 매너를 모른다면 천박한 사람으로 여겨지고 멸시받으며 진정한 리더가 될 수 없을 것이다. 세련된 매너는 귀족과 하층민을 구분해 주는 잣대로 인식되어 왔다. 따라서 매너는 강자가 반드시 지켜야만 되는 것이며, 매너를 지킴으로써만 이 사회의 상층부에 속할 수 있는 것이다. 그러나 매너가 중요하긴 하지만 결코 매너의 노예가 되어서는 안되겠다는 것이다. 중요한 것은 형식이 아니라 상대를 진정 인간으로서 존중하는 진실한 마음이기 때문이다. 인생의 모든 실패는 다른 사람에게 관심을 갖지 않는 데서부터 시작된다는 것을 명심해야 한다. 매너의 시작은 상대방에 대한 관심과 배려에서부터 출발한다.

➡ 글로벌 매너

글로벌 에티켓은 심오한 지식을 필요로 하지 않을 뿐 아니라, 오랜 기간을 통해 습득되어지는 것도 아니다.

글로벌 에티켓은 단지 세계의 모든 사람들이 지켜야 할 공통의 윤리나 규범이다. 국내적으로도 지역이나 남녀노소 그리고 지위고하를 불문하고 지켜야 되는 것이다.

우리의 의식속에는 싫던 좋던 잠재되어 있는 우리의 문화가 있다. 즉, 소집단 주의의 "우리", "내가족" 중심인 문화를 형성하고 있으며 산업화 시대에 단기적인 업적 중심의 '빨리빨리' 문화가 생활화되어 버렸다. 세계화라는 공동체를 형성하며 문화적 사회적 교류속에서 살아가고 있지만, 상대방의 입장에서 생각해 보려는 노력은 조금도 하지 않은 채, 나와 다르다는 이유로 무시하거나, 받아들일 여유조차 잃어 버렸다. 이제는 체면과 눈치, 인맥과 여론 중심의 사고에서 벗어나 세계화된 시각과 행동으로 이 시대를 이끌어 가야할 것이다.

비지니스를 위한 사교 매너

매너는 경쟁력이다.

국제화 시대에 국제 수준의 매너와 에티켓을 익혀야 친구도 사귀며 비즈니스도 성공할 수 있으며 생존도 가능하게 될 것이다. 국제적 비즈니스에 있어서도 성공은 70%의 매너에 의해 좌우된다고 한다. 매너란 '훌륭한 태도'를 말하며 상대방을 대할 때 상대를 인정하고 폐를 끼치지 않으며 상대방의 입장을 배려하고 존중하는 태도를 의미한다. 세련된 매너는 함께 더불어 살아가는 우리의 삶에 감미로움과 매력을 주며 풍요로운 보상을 안겨줄 것이다.

1 소개 매너

우리의 삶은 만남의 연속이다.

만남에 있어 다양한 사람들에게 자신을 소개하고 타인을 소개하는 법 그리고 소개받을 때 지켜야 할 에티켓을 바로 알고 있다면 쑥스럽거나 당황해서 첫 만남의 소중한 기억을 실패하게 되는 일은 없을 것이다. 소개 매너는 우리에게는 그다지 익숙하지 않은 습관이다.

서구인들 중에서도 미국인들은 소개를 가볍게 취급하며 영국인들은 지나칠 정도로 신중하게 생각하는 경향이 있다. 프랑스인을 포함한 유럽인들은 모임의 주최자가 해야 할 가장 중요한 임무로 소개를 꼽는다.

1) 상황에 맞는 적절한 소개

➡ 자신을 소개할 때

효과적인 자기 소개법(Self-Introduction)은 좋은 인간관계를 형성하는 데 첫 단추와 같은 역할을 한다. 또한, 상대방에게 기억에 남을 지혜로운 자기 소개법은 성공적인 자기 PR에도 결정적인 역할을 한다. 물론 기업체에 입사 시나, 또는 대입시의 면접에서도 효과적인 자기 소개 능력은 소기의 목적을 달성하는 데 절대적인 중요한 역할을 할 것이다.

· 자신의 이름을 정확히 전달하기 위해 노력한다.
· 쑥스러워 하거나 당황할 필요는 없지만 굳이 지나치게 자랑스러워할 필요도 없다.
· 유럽이나 남미에서는 self-introduction을 좋지 않게 여기므로 가능한 한 모임의 주최자나 제3자를 통하는 것이 좋다.
· 자신을 존칭하는 "Mr", "Miss", "Doc" 등을 빼고 성과 이름을 모두 밝히도록 한다. "Let me introduce myself. My name is ○ ○ ○."

➡ 타인을 소개할 때

① 여러명이 있는 경우

· 우선 소개를 맡은 사람은 소개하기에 앞서 마음속으로 누구부터 소개를 해야 되는지 잠시 결정을 한 다음 가장 낮은 지위나 또는 연령이 어린 사람부터 소개한다.

② 직위가 다른 두 명이 있는 경우

· 직위가 낮은 사람을 먼저 소개하고 그 다음에 높은 사람을 소개한다.
· "Dr, Lee. This is my classmate, Peter."

③ 남성과 여성이 있는 경우

· 여성을 존중하는 의미에서 남성부터 먼저 소개한다.

· "Mrs, Kim. I'd like you to meet Mr · Lee."

④ 사회적 지위나 나이가 비슷한 사람이 여럿이 있는 경우

· 소개하는 사람과 가까운 곳에 있는 사람부터 소개한다.(또는 소개자와 친근한 사람부터)

⑤ 남편이 아내를 소개할 경우

· "Sarah, This is Mr. Lee - My wife."

⑥ 한사람과 여러 사람일 경우

· 한사람을 여러 사람에게 소개한다.

⑦ 덜 중요한 사람을 더 중요한 사람에게 소개한다.

· "Bishop Carter, May I present Miss Robinson."

⑧ 모임에 늦게 온 사람을 먼저 소개하고 먼저 온 사람은 차례로 소개한다.

· This is ~ 는 서양에서 가장 일반적으로 사용하는 소개 방법으로, 소개할 사람의 이름을 반드시 먼저 알려 주는 것이 원칙이다.
· May I present~ 는 정중하고 공식적인 소개 방식. 이 때는 소개 받는 분, 즉 윗 사람이나 여성의 이름을 반드시 먼저 불러준다.
· "Mr. A, May I present Mr.B?" (A가 윗사람, B가 아랫사람)

➡ 타인으로부터 소개받을 때의 매너

· 환자나 고령자를 제외하고는 소개되는 사람 소개 받는 사람 모두 자리에서 일어나

인사를 한다. (사우디아라비아, 이스라엘, 이집트, 쿠웨이트 등의 전통적인 아랍 남성들은 자신의 아내를 소개시키지 않는다.)

· 소개 받은 상대방의 이름을 분명히 외워 대화 중에 사용하여 친근감을 더한다. (혹 잊었을 땐 제3자에게 확인한다.)

· 소개받을 땐 간단한 인사말과 함께 인사를 한다.

"I'm glad to meet you at last."

(뵙고 싶었는데 반갑습니다.)

"I have heard Miss · Kim speak of you often."

(김양에게 말씀 많이 들었습니다.)

2) 소개의 5단계

◉ 1단계 : 일어선다.

· 동성끼리 소개받을 때는 서로 일어난다.

· 남성이 여성을 소개받을 때는 반드시 일어난다.

· 여성이 남성을 소개받을 때는 반드시 일어나지 않아도 된다. 단, 나이가 많은 연장자일 경우는 일어나는 것이 좋다. 그러나 파티를 주최하는 여성은 상대가 남성이더라도 일어나는 것이 예의이다.

· 연장자, 성직자, 상급자를 소개받을 때는 남녀에 관계없이 일어나야 한다.

◉ 2단계 : 상대방의 눈을 바라보며 즐거운 표정을 짓는다.

◉ 3단계 : 악수나 인사를 한다.

◉ 4단계 : 인사를 하면서 상대방의 이름을 반복한다.

◉ 5단계 : 대화가 끝난 후에는 마무리 인사를 한다.

특히 간접대면 소개인 경우 서면에 의한 소개는 신중을 가해야 하며 소개장을 받았을 경우에는 즉시 회답을 보내고 빠른 시일 안에 초대하여 차나 오찬을 대접하는 것이 예의이다.

3) 대중앞에서 자신을 소개할 때의 요령

➡ 좋은 이미지를 남겨라.(Smile!!)

첫만남에서 첫인상 만큼 중요한 것은 없다.
좋은 인상 만들기에서 가장 중요하며, 쉬운 것은 역시 웃음(스마일: Smile)이다.

➡ 강렬한 인상을 남겨라(아! 그 사람!)

상대방에게 당신을 기억 시키게 하기 위해서는 뭔가 남보다 달라야 한다. 독특한 자기만의 개성을 지닌 강렬한 인상은 자기 소개에서 대단히 중요한 요소라 하지 않을 수 없다.

➡ 간단 명료하게 하라(Smart, Simple and Clean Image!!)

자기 소개는 보통 공석에서는 약 30초~1분 정도가 알맞다. 간단하면서도 정리된듯한 깔끔한 이미지의 절제된 자기 소개 법은 당신을 한층 품위 있게 만들 것이다.

4) 효과적인 자기 PR 테크닉

➡ 밝은 목소리와 미소로 정중한 인사를 한다.

밝고 깨끗한 목소리, 호감가는 미소는 첫만남의 상대방에게 당신에 대한 좋은 이미지를 전달하는 데 결정적인 기여를 할 것이다.

➡ 기억에 남을 자기 이름의 PR법을 사용한다.

어떻게 소개하면 상대방이 나의 이름과 나라는 사람을 오래토록 기억하게 할까에 대한 나름대로의 연구를 하라. 예를 들면, 자기 이름을 풀어서 독특한 해설을 붙여서 설명을 하여 주는 것도 좋은 하나의 방법이 될 수 있겠다.

➔ 기타(취미, 출신, 소속, 계획)를 간략하게⋯

그냥 달랑 이름만 소개하면 단순한 이미지를 줄 수가 있다.

적절한 시간 분배를 하면서 마지막으로 본인의 취미나 출신 등을 곁들이면 금상 첨화가 되리라 본다.

2 인사 매너

인사는 인간관계의 알파이며 오메가이며, 인간 관계를 설정해 주는 가장 기본적인 행위라 하겠다. 또한 근본적인 의미는 첫째, 상대방에 대한 불안감을 없애주는 것이고, 둘째는 상대방에 대한 호의를 가지고 있다는 것을 보여주는 것이며 셋째, 자신의 인격과 품위를 나타내는 것이다.

그러므로 사랑과 진심이 깃든 친절하고 기품있는 인사를 할 줄 아는 사람이 성공할 가능성이 그렇지 못한 사람보다 훨씬 더 많다는 얘기다.

오늘날과 같이 바쁘게 돌아가는 현대 사회에서는 상대방을 모두 깊이있게 알 수 있는 기회가 적기 때문에 스쳐가는 순간의 인사나 첫 인상이 한 사람의 전체 이미지를 판단하게 되는 경우가 많기 때문이다. 각 나라마다의 인사법은 그 나라의 사회와 문화적인 특성들을 반영해 독특하고도 다양한 인사법들을 만들어 냈다. 그러나 흔히 수평적 방식과 수직적 방식으로 구분할 수 있는데 악수, 포옹, 볼 키스, 윙크, 제스처 등과 같은 인사는 수평적 방식이며 이는 수평적 관계가 중시되는 사회에서 발전한 인사법으로 주로 유목, 수렵 생활을 해온 서구인들에게서 자주 나타나는 인사법이다. 반면 동양인들은 농사를 지으며 정착 생활에 익숙해 있어 신체의 일부분을 굽혀 몸을 낮추는 절과 같은 인사 형태가 발전했는데 이때 몸을 굽히는 정도는 상대방과의 신분상의 격차를 나타내 준다. 즉, 수평적 인사법은 결속의 의미를 내포하고, 수직적 인사법은 상하관계를 설정해 주는 의미를 더 많이 지닌다.

그럼 먼저 우리의 전통예절과 인사법인 절의 의미와 올바른 방법을 살펴보자.

1) 전통 예절

예절은 우리가 약속해 놓은 생활 방식이며 형식상의 절차에 따라 이루어진 것이 아니고 누구든지 다 그렇게 하기 때문에 하나의 관습(버릇)이 되고 그 관습이 쌓여서 약속으로 취한 것이다.

「예기」에는 "사람이 예가 있으면 편안하고 예가 없으면 위태롭다. 그렇기 때문에 예는 배우지 않을 수 없는 것이다. 무릇 예라는 것은 자기를 낮추고 상대방을 공경하는 마음가짐을 원칙으로 한다."라고 하였다.

예절이란 일정한 생활문화권에서 오랜 생활관습을 통해 하나의 공통된 생활방법으로 정립되어 관습적으로 행해지는 사회 계약적인 생활규범이다.(慣行性 社會契約的 生活規範)

관습적으로 행해지는 사회 계약적인 예절은 인간으로서의 자기관리와 사회인으로서의 대인 관계를 원만히 하기 위해서 있어야 하는 사회생활상의 규범이며 예법이다.

또한 사회생활이란 혼자 살지 않고 남과 어울려 사는 것이고 어울린다는 것은 대인관계를 갖는다는 것이다. 대인관계가 원만하려면 서로 상대방의 생활방법을 이해하든지 아니면 생활방법이 같아야 한다.

대인관계란 사람과 사람의 관계이므로 자기가 먼저 사람다워져야 한다. 각자 자기 나름대로 특별한 개성을 지녀야 하는 것이 아니고 함께 어울리는 당사자로서 모두가 공통적으로 이해되는 방법을 스스로 가져야 한다.

따라서 禮는 자신의 모든 면(思·組·聽·言·動)을 바르게 닦아서(修行), 상대방을 공경하고 인간생활의 도리에 합당하는 행동의 실천이라고 할 수 있으며 격식이 까다롭더라도 정해진 격식대로 하지 않으면 상식에 어긋나는 것이다. 마음 속에 내재해 있는 예절의 실제를 언어와 행동의 격식으로 표현해서 상대방에게 인식시킴이 예의 바른 생활인 것이다.

(1) 전통적인 인사

세배할 때나, 문안드릴 때, 조문할 때 또는 상주에게 인사할 때 하는 평절과 폐백이나 회갑연에서 술잔을 올리고 나서 절할 때나 상가에 가서 영전께 절할 때나 제사 때와 같이 특별한 의식 때 하는 큰절이 있다. 큰절은 평절과 동일한 방법으로 하지만 절을 한 상태에서 좀 더 오래 머물러 있고 보다 천천히 일어서는 것이 차이점이다.

절의 시작은 두 손을 모으는 것부터 시작한다.

두 손을 앞으로 모아 잡는 것을 拱手라 하는데 이는 공손한 자세를 나타내며 모든 행동의 시작의 의미이다. 어른을 모실 때와 의식행사에 참석할 때는 반드시 拱手를 해야 한다. 공손한 자세는 어른에게는 공손한 인상을 가질 수 있도록 해야 하고 공손한 자세를 취하는 사람에게도 편안한 자세가 되어야 한다.

· 拱手는 두 손을 앞으로 모아서 잡는 것을 말한다.
· 拱手는 남자와 여자의 손 위치가 다르다.
· 拱手는 平常時와 凶事時가 다르다.

➡ 男子의 拱手法

· 平常時의 拱手法 : 왼손을 위로 가게 한다.
· 凶事時의 拱手法 : 오른손을 위로 가게 한다.

➡ 女子의 拱手法

· 平常時의 拱手法 : 오른손을 위로 가게 한다.
· 凶事時의 拱手法 : 왼손을 위로 가게 한다.

(2) 절하는 방법

➡ 여 자

· 양손을 맞잡는다.(오른손이 위로 가게 해서 왼손을 가볍게 잡는다.)
· 양손을 모아 배 중심에 놓고 바로 모았던 손을 풀어 동작을 취한다.
· 절의 형태가 다르더라도 팔굽이 구부러지지 않게 한다.
· 왼 무릎을 시작으로 꿇어 앉은후 상체를 45° 가량 앞으로 허리를 숙인다.
· 등, 어깨, 고개를 숙일 때 뒷고대가 떨어지지 않게 한다.
· 앉은 자세에서 엉덩이가 들리지 않게 안정감이 있게 절을 한다.

① 평절하기

바른 자세로 서서 절 받을 분을 향해 존경의 눈길을 보낸 후, 한쪽 발을 뒤로 밀쳐 조용히 앉으며 한쪽 무릎을 세우고서 절한다. 그리고, 두 팔은 자연스럽게 따라 내려서 바닥을 짚되, 손끝은 바깥쪽을 향하도록 한다. 절이 끝나면 살며시 두 발을 모으고 일어서서 두어 걸음 뒤로 물러선 후 웃사람의 말을 기다린다.

② 큰절하기

두 손등이 위로 향하게 펴서 손끝을 포개어 올리며, 손과 팔꿈치가 수평이 되도록 팔을 수평으로 든 채 사뿐히 앉는다. 앉는 법은 평절에서와 같이 어느 한쪽 발을 뒤로 약간 밀치면서 조용히 다리를 구부려 앉으며, 포개어 잡은 두 손을 무릎 위에 올려 놓고 고개를 약간 숙인다. 그리고, 손은 포개어 잡은 채 눈높이까지 들어 올렸다가 내려 조용히 서되, 두 손은 포개어 잡은 채로 있다.

➜ 남 자

① 평절하기

· 두무릎을 꿇고 앉는다.
· 오른쪽 발이 왼쪽발 위로 오게 한다.
· 손바닥을 모아 땅에 닿은 후 30°정도 숙인다.

② 큰절하기

· 평절과 같으며 45°정도 숙인다.

③ 매우 큰절

· 머리가 손에 닿을 만큼 숙인다.

➜ 절을 받는 예절

절이란 받는 사람에게도 갖추어야 할 예절이 있다.
· 절을 할 아랫사람을 만나면 편안한 마음으로 절 할 수 있도록 절 받을 자세를 취한다.
· 누워 있으면 일어나고 음식을 먹던 중이면 상을 한쪽으로 비켜놓고 불안정한 위치면 편리한 장소에 좌정한다.
· 절하는 상대에 따라서 맞절을 할 경우이면 평절로 맞절을 한다. 맞절을 할 상대의 절을 기본 동작에 맞게 정중하게 한다.
· 반절로 답배할 상대에게는 간략하게 반절로 해도 된다.
· 절할 사람의 건강, 복장, 상황 등이 절하기에 불편한 상태면 절하지 말라고 권해도 된다.
· 친척 관계가 아닌 아랫사람의 절에는 상대가 미성년이 아니면 반드시 상응한 답배를 한다. 미성년의 절에는 칭찬을 겸한 입(말) 인사를 한다.

·꼭 절을 해야 할 아랫사람에게 절하지 말라고 사양이 지나치면 오히려 실례가 된다.

◉ 절을 하는 先後

·절을 하는 先後는 맞절의 경우라도 아랫사람이 먼저 시작해 늦게 끝내고 웃어른이 늦게 시작해 먼저 끝낸다.
·웃어른이 여럿일 때는 직계존속에게 먼저 절을 하고 다음에 방계존속에게 절을 한다.
·같은 위계 서열의 남녀에게는 남자에게 먼저 하고 다음에 여자 어른에게 한다.
·친척과 친척이 아닌 어른이 함께 있을 때는 친척어른에게 먼저 한다.
·절을 하는 위치는 웃어른이 상석에 앉고 아랫사람이 하석에서 한다.
·절을 받을 어른이 있는 방이 넓으면 그 방에서 절하고 방이 좁으면 잘 보이는 웃방이나 마루에서 하기도 한다.
·일부지방에서는 직계존속에게 절할 때 뜰 아래에서 하기도 한다.

2) 사교 예절로서의 인사

대인 관계에 있어 인사는 만남의 시작이며 상대방에 대한 존경심과 친근감의 표현이다. 밝고 자연스런 인사는 상대방과의 만남에 있어서 첫 인상을 결정짓는 중요한 요소이므로 적극적으로 자신의 정성된 마음을 표현할 수 있도록 해야 한다.

(1) 올바른 인사법

인사에 대한 근본적인 의미는 첫째로 상대방에 대한 불안감을 없애주는 것이고, 둘째는 상대방에 대해 호의를 가지고 있다는 것을 보여주는 것이다. 또한 인사는 단순한 고개짓이 아니라 상대방을 보았을 때 상황에 맞는 인사말과 스마일을 곁들여 바른 자세로 행해야만 한다.

➜ 인사말

· 안녕하십니까. 어서 오십시오. ············ (환영하는 마음) 30°
· 무엇을 도와드릴까요. ············· (봉사하는 마음) 15°
· 감사합니다. ··············· (감사하는 마음) 45°
· 죄송합니다. ··············· (반성하는 마음) 45°
· 안녕히 가십시오. ············ (재회를 기대하는 마음) 30°
· 수고 하셨습니다.

　　인사와 더불어 상황에 맞는 자연스러운 인사말을 구사할 수 있어야 한다. 간결하면서도 정성된 마음을 전할 수 있는 함축적인 인사말을 하도록 한다.

15°　　　　30°　　　　45°

➜ 인사시 손과발의 자세

① 여 성

· 오른손이 위로 오도록 한다.

· 숙일 때는 손을 자연스럽게 밑으로 내린다.
· 발은 뒷꿈치를 붙인 상태에서 11시 5분 방향으로 벌린다.

⑥ 남 성

· 계란을 쥐듯 손을 가볍게 쥐고, 바지 개봉선에 맞춰 내린다.
· 발은 뒷발꿈치를 붙인 상태에서 10시 10분 방향으로 벌린다.

➜ 올바른 인사의 기본동작

· 1단계 : 상대방과 EYE CONTACT 한 후 등과 목을 펴고 배를 끌어 당기며 허리부터
  숙인다.
· 2단계 : 숙인상태에서 STOP MOTION을 취한다.(1초 정도)
· 3단계 : 굽힐 때 보다 천천히 상체를 들어올린다.(2초 정도)
· 4단계 : 상체를 들어올리고, 똑바른 선 후 다시 EYE CONTACT한다.

➜ 자연스런 인사법

정지된 공간이 아닌 실생활에서 행해지는 인사는 자연스러워야 한다. 상대방의 연령, 장소, 시간, 상황에 맞는 자연스러운 인사를 할 수 있도록 해야 한다.

➜ 시간별 인사

· 아침인사 : 밝고 활기찬 느낌의 인사
· 저녁인사 : 차분한 느낌
· 만났을 때 : 환영하는 느낌
· 헤어질 때 : 고마움과 아쉬운 느낌의 인사

➜ 인사의 기본

· 상대방보다 항상 먼저 인사한다.
· 상대방으로부터 인사를 받는 경우에는 꼭 답례를 한다.
· 연장자를 부를 때 "씨"를 사용하지 않는다.
· 인사를 할 때 상황에 맞는 인사말을 한다.
· 인사에는 장유유서가 없다.
· 상대보다 먼저 허리를 펴지 않는다.
· 화장실이나 목욕탕에서는 인사를 하지 않는다.
· 헤어질 때 항상 인사로 여운을 남긴다.
· 상대방에게 응대를 바라지 않는다.
· 올바른 인사 자세와 동작이 몸에 익도록 습관화한다.

➜ 앉아서 인사하기

앉은 자세에서는 머리를 너무 숙여서 얼굴 표정이 가려지지 않도록 유의해야 한다. 이런 경우에는 밝은 표정과 환대의 인사말이 허리를 굽히는 인사 동작보다 더 효과적이며 상체를 곧게 펴고 상대방의 눈을 보며 가벼운 목례도 좋은 방법이다.

➜ 걸을 때 인사

멀리서 상대와 눈이 마주쳤을 경우 가볍게 목례를 한 다음 약 2m 정도 거리까지 다가가 인사를 한다.

➜ 계단에서의 인사

같은 계단 위치에 왔을 때나 가까운 위치에 이르렀을 때 인사를 나눈다.

사교 매너에 있어 인사성은 짧은 순간에 자신의 이미지를 당당하고 겸손하게 표현하므로서 보다 좋은 이미지를 형성하는데 큰 역할을 한다. 인사는 남을 위해서가 아닌 자신의 삶을 즐겁게 이끌어 갈 수 있는 아주 좋은 방법이며 상황에 맞는 인사법은 국제화시대에 살고 있는 현대인으로서 알아두어야 할 필수조건임을 기억해야 한다.

3) 각국의 인사 문화

각국의 인사 문화를 제대로 알아둔다면 현지인과의 접촉시 결례없이 좋은 첫 인상을 남길 수 있을 것이다.

특히 사우디아라비아, 이스라엘, 이집트, 쿠웨이트 등에서는 다양한 인사문화가 존재하므로 초면인 경우에는 기다렸다가 상대편이 하는 방식으로 맞추어 하는 것이 현명한 방법이다.

➡ 나라별 인사 방식

인사문화	국 가
악 수	과테말라, 네덜란드, 노르웨이, 뉴질랜드, 덴마크, 독일, 베네수엘라, 스웨덴, 영국, 체코공화국, 터키, 프랑스
악수, 아부라조(남성간), 볼에 입맞춤(여성간)	그리스, 니카라구아, 멕시코, 벨라루스, 벨지움, 볼리비아, 브라질, 스위스, 아르헨티나, 에콰도르, 엘살바도르, 오스테레일리아, 온두라스, 이탈리아, 칠레, 캐나다, 코스타리카, 콜롬비아, 파나마, 페루, 포르투갈, 폴란드, 필리핀, 헝가리
동성·이성 구별없이 악수나 포옹, 입맞춤	루마니아, 미국, 스페인, 우루과이, 파라과이
경례, 절, 악수	일본, 중국, 타이완, 한국, 홍콩
와 이	타일랜드

3 악수 매너

　악수는 상호 대등한 인사법으로서 원래는 서양식의 인사 방법이었으나 이제는 전 세계의 보편적인 인사예절로 굳어졌다.

　본래 악수는 남성들 만의 전유물로써 싸우고 싶지 않은 상대를 만났을 때 우호적 관계를 맺고 싶다는 뜻으로 무기를 버리고 오른손을 내민데서부터 유래되었다 한다.

　지금도 영국, 파키스탄, 헝가리 등에서는 여성간의 악수는 선호되지 않는다.

1) 올바른 악수 방법

· 원칙적으로 오른손을 내밀며 왼손은 바지나 스커트 재봉선에 살짝 닿게 둔다.
　(왼손을 주머니에 넣은 채 악수하는 것은 대단한 결례)

· 시선은 반드시 상대방의 눈을 주시하며 상대방보다 0.5초 더 보고 덜 보는 것이 호감도의 차이를 줄 수도 있다.

· 손은 엄지를 위로 세우고 손을 잡을 때는 엄지와 검지 사이의 깊숙한 부분이 서로 닿도록 잡는다.

· 손을 가볍게 흔들되 어깨보다 높이 올리지 않는다. (여성일 경우는 흔들지 않는다.)

· 적당히 힘을 주며 잡는다. 이 때 손을 너무 꽉 지면 상대방이 부담스러울 수 있으며, 너무 느슨하게 쥐면 소심하거나 자신 없어 보일 수 있다.

· 대통령이나 왕족외엔 머리를 숙이지 않고 허리를 꼿꼿이 세워 대등하게 한다.
　(허리를 숙이면 외국인에겐 비굴하게 보일 수도 있다.)

· 손에 땀이 많이 나는 경우에는 수건으로 가볍게 닦은 후 악수한다. 상대에게 불쾌감을 줄 수 있다.

· 여성과 악수할 땐 여성의 손바닥을 긁지 않으며, 너무 꽉 지어 고통을 느끼도록 하지 않는다.

2) 악수를 청할 땐

· 남성은 일어서고 여성은 남성이 윗사람이 아닐 경우 앉아서 해도 상관없다.
· 악수는 여성이 남성에게 선배가 후배에게 기혼자가 미혼자에게 상급자가 하급자에게 연장자가 연소자에게 청한다.
· 남성은 반드시 장갑을 벗되, 여성은 낀 채로 해도 괜찮다.

유럽에서 악수를 가장 좋아하는 사람들은 프랑스인, 이탈리아인, 스페인인 등이다. 영국인과 독일인은 회합이나 파티를 열 때에만 악수를 하는 경향이 있다. 또한 초면의 남성들 사이에서만 제한적으로 악수를 한다.

프랑스인들은 대체로 세게 흔들며 이탈리아인들은 악수하는 시간이 비교적 길다. 일본인들도 대체로 악수를 꺼리는 경향이 있으며 한국인들은 악수를 매우 좋아하는 편이다.

악수는 상대와 손을 맞잡는 스킨십이지만 눈빛으로 주고 받는 마음의 교감이 더욱 중요하다.

악수를 할 땐 상대방에게 자신의 내면이 읽힐 수도 있으므로 몸을 바로 세운 정중한 자세로 상대의 손을 가볍고 존중하는 마음으로 잡고 상대의 눈을 지긋이 배려하는 눈빛으로 바라보며 부드럽고 정겨운 인사말을 함께 건네도록 한다. 악수는 형식이 아닌 마음을 담아야 하는 예절임을 기억해야 한다.

4 호칭 매너

호칭은 대인 관계에 있어 중요한 에티켓 중의 하나로서 대화시 첫 인상을 좌우하므로 정확히 사용해야 한다.

한국은 이름보다 직함을 선호하며 서양은 직함 대신 이름을 선호한다.

또한 각 나라마다 이름의 구성이나 호칭의 스타일이 다르므로 정확히 호칭하려면 세심한 주의가 필요하다.

1) 호칭 원칙

상대방이 자신의 First name(이름)을 불러도 좋다고 하기 전에는 경칭을 사용한다.

상대방을 어떻게 불러야 할지 난감할 때는 "What would you like me to call you?"라고 물어본다.

◐ 국가별 경칭

국가 ＼ 사람	남성	기혼여성	미혼여성
미국, 포르투갈, 루마니아	Mr.	Mrs.	Miss.
스웨덴, 노르웨이		Ms.	
일 본		さん	
중국, 홍콩	Mr.	Madame, Mrs.	Miss
프랑스	Monsieur	Madame	Mademoiselle
한 국	군(씨)	여사	양(씨)

미국에서는 쉽게 이름(First name)을 부르는 경향이 있다. 이는 친근함을 나타낼 수도 있지만, 반면에 상대방으로부터 무례하다고 간주될 소지도 있다. '반면 영국에서는 함부로 이름을 부르지 않는다.' (영국인들은 정중하면서도 보수적이라는 의미이다.)

5 명함 매너

명함은 그 사람의 얼굴이다. 또한 비지니스에 있어서 상호간을 연결해 주는 첫 수순이므로 명함을 소홀히 다루면 좋지 못한 첫인상을 주는 것은 물론 상대방을 불쾌하게 만든다.

칼라 명함이나 금박으로 테를 두르거나 하는 것은 비즈니스적인 신뢰감을 손상할 수 있으므로 사각형 백지에 깔끔하게 인쇄하는 것이 좋다.

서양인들은 세 가지 종류의 명함을 사용한다.

초대용은 성명과 여백에 초대 내용을 기입하고 일반용은 성명 주소 그리고 전화번호를 기입하고 비즈니스용은 성명, 주소, 전화번호, 직장과 직함까지 기입한다.

동양에서는 비즈니스용만 사용하는데 초면에 아무에게나 내미는 것도 매너에 어긋날 수 있다.

1) 명함 표기 방법

· 보통 관직명이나 직책을 함께 표기한 경우와 성명만 표기한 경우는 Mr는 생략한다.
· 사교용 명함에는 직업명을 기록하지 원칙이나 의사(Dr), 목사(Rev), 교수 이름 앞에 약어를 표시해도 괜찮다.
· 이름 외에 내용을 더하고자 할 때는 우측 하단에 작은 글씨로 새긴다.

2) 명함 교환 매너

➡ 보 관

· 명함은 반드시 명함지갑을 준비하여 그 곳에 넣도록 하자. 명함은 자기의 얼굴이기 때문이다.
· 명함은 구겨지지 않도록 보관한다. 특히 바지 뒷주머니 지갑 속에 보관하는 것은 구겨지기도 하며 꺼낼 때 상대방에게 불쾌감을 줄 수도 있다.
· 해외에 나갈 때는 명함을 넉넉히 준비하여 만나는 사람들과 자유로이 교환할 수 있도록 한다.

· 받은 명함은 언제라도 찾아볼 수 있도록 명함철에 잘 정리해 둔다.
  정리할 때 만난 날짜, 그 사람의 특징 그리고 만난 장소, 같이 만난 사람의 이름 정
  도를 명함 이면에 메모해 둔다.
· 명함 정리시에는 필요한 명함과 그렇지 않은 명함을 구분하여, 필요시 괜한 시간을
  낭비하지 않도록 한다.

➜ 명함을 줄 때

· 일어서서 두손으로 주거나 오른손으로 준다. 이때 왼손은 오른손을 받친다.
  (이때 반드시 자신의 이름을 밝힌다.)
· 상대를 기다리게 하지 않도록 용의주도하게 준비한다.
· 상대방의 위치에서 자기의 성명이 바르게 보이도록 건넨다.
· 일본 · 중국 · 싱가포르에서는 양손으로 명함을 전달한다.

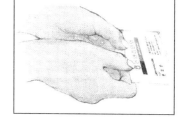

· 2개 국어로 제작된 명함은 상대방 국가의 언어가 위로 가게 하
  여 전달한다.
· 식사중에는 명함을 전달하지 않으며, 식사가 끝날 때까지 기다리도록 한다.
· 저녁파티에서는 상대방이 먼저 명함을 요청하지 않으면 꺼내지 않는다.
· 손아랫사람이 먼저 웃사람에게 내밀며, 방문자가 먼저 내민다.

➜ 명함을 받을 때

· 받을 때도 일어서서 받고 감사인사를 한다.
· 받은 명함은 곧바로 주머니속에 넣지 말고 그 자리에서 읽어보는 것이 예의이다.
  이것은 이름을 잊지 않게 위해서도 필요하며 상대방에 대한 존중의 표현이다.
· 명함의 내용중 궁금한 것은 그 자리에서 물어본다. 발음하기 어려운 이름일 경우는
  확실히 알고 넘어가며 모르는 한자일 경우도 물어본다.
· 받은 명함은 명함 지갑에 잘 보관하며, 아무렇게나 주머니속에 넣지 않도록 한다.

· 상대방의 명함을 손에 쥔 채 만지작거리거나 탁자를 치는 등의 산만한 행동을 보여
서는 안된다. 또한 상대방이 보는 앞에서 명함에 만난 날짜를 적는다든지 하는 행
동도 보기에 좋지 않다. 낙서처럼 보일 수 있기 때문이다.

➜ 명함을 교환할 때 쓰는 표현

명함을 교환하는 것도 비즈니스이다. 상대방이 미처 생각하지 못하고 명함을 건
네지 않을 경우, 망설이지 말고 직접 이야기하는 당당함을
갖자.

· 명함을 요청할 때 : "May I have your busi ness card?"
· 자신이 명함을 줄 때 : "Here' s my card…."

6 방문 매너

방문이란 상대방의 하루의 생활의 리듬이나 계획을 수정해야 되는 일이므로 그냥 불
쑥 찾아가는 것은 큰 실례이다.
반드시 전화, 우편 등을 이용해 미리 약속을 정해야 하는데 이때도 먼저 시간을 정하
지 말고 방문해도 좋은 시간을 먼저 물어본다. 특히 서양에서는 직장 상사를 먼저 집에
초대하는 것은 에티켓에 어긋난다.

1) 방문 날짜와 시간

· 되도록 일요일이나 공휴일은 피한다.
· 시간을 이른 아침이나 늦은 시간, 그리고 식사시간은 피한다.

· 오전시간도 안주인이 집안일을 해야 하므로 피하는 것이 좋다.
· 방문 시간은 정확히 지키고 오랜시간 머물지 않는다.

2) 방문시의 옷차림

· 가정집을 방문할 땐 화려한 옷은 되도록 피한다.
· 노출이 심한 옷도 좋지 않다.
· 캐주얼한 의상도 예의에 어긋날 수 있다.
· 장갑을 끼었을 때 현관앞에서 벗어든다.

3) 부재중일 때

· 명함을 내어 놓으며 자신의 성함부터 밝히고, 다시 연락을 취하겠다고 한 후 물러 난다.
· 부재중일 때, 다른 사람이 방으로 들어오란다고 불쑥 들어가지 말고 사양하는 것이 에티켓이다.
· 만날 사람이 곧 돌아올 것이면 응접실에서 잠시 기다린다.

4) 현관에서의 에티켓

· 주인이 먼저 손을 내밀어 악수를 청하기 전에 손에 내밀지 않는다.
· 자가용을 타고 갔을 경우 모자, 장갑, 머플러, 코트 등은 차 안에 두는 것이 좋다.
· 코트를 입고 갔을 경우 주인의 '들어오라' 는 말을 들은 후에 벗는다.
· 안내자가 코트를 받아 주려 하면 사양말고 넘겨준다.
· 선물은 현관에서 내놓는다.

5) 응접실에서의 에티켓

· 방문한 집에서 화장을 고치지 않는 것이 좋다. 꼭 필요할 땐 화장실을 이용한다.
· 안내자 보다 먼저 집안으로 들어가지 않고 뒤따른다.
· 집안을 두리번 거리지 않는다.
· 휴대품은 무릎에 두지 말고 옆에 둔다.
· 일인용의 의자는 상석이므로 2인용이나 3인용의 긴 의자에 앉는다.
· 다리를 꼬거나 걸터 앉지 말고 허리를 깊숙이 앉되 손은 무릎위에 올려놓고 정숙히
  앉는다.
· 대화중 시계를 보거나 대화를 독점하지 않는다.
· 이야기 도중 되도록 화장실을 가지 않는다.
· 주인이 바쁜 눈치를 보이면 미리 시간이 오래 걸리지 않는다고 일러둔다.

6) 위문의 에티켓

· 병문안은 미리 병명을 알아둔다. (상태가 어느 정도인지도)
· 환자의 취미에 맞는 위문품을 택한다.
   → 책일 경우 화보가 많거나 읽기 가벼운 책이 좋다.
   → 꽃일 경우도 환자가 좋아하는 종류를 고른다.
· 재난을 당했을 경우는 현금을 보태는 것이 현명하다.
· 너무 화사하거나 지나치게 우중충한 의상도 피한다. 흑색옷은 피하되 수수하고 심
  플한 의상이 좋다.
· 병문안은 빠를수록 좋다.
· 문병 시간은 짧게 하되 금방 끝내는 것도 의무적으로 보일 수 있다. 20~30분 정도
  가 무난하다.
· 환자 곁에 보호자가 있을 땐 보호자에게 먼저 위로의 말을 한다.

· 곁에 다른 환자가 있을 때 양해를 구하고 잠깐 방문한 환자와의 관계를 인사말로 하는 것이 좋다.

7) 작별시의 에티켓

· 움직이는 의자에 앉았을 땐 의자를 원 위치로 해 놓는다.
· 방석에 앉았을 때 그대로 둔다.
· 코트는 현관을 나온 후에 입는다.
· 신발을 다시 신어야 할 땐 등을 보이지 않는다. 특히 여성일 경우 구부린 등을 보이는 것은 좋지 않으므로 들어갈 때 거실쪽을 가지런히 벗어놓는다.

8) 외국인에 대한 접대 방문시의 에티켓

(1) 접대시의 초대장

· 초대장은 10일전 쯤 발송, 늦어도 1주일 전에 도착하도록 한다.
· 정식 초대장은 반드시 3인칭으로 써야 하며 동판으로 인쇄한다.
· 초대장 종이의 크기는 가로 6인치×세로 4~5인치이며, 종이 색깔은 백색이 표준이다.
· 초대장의 날짜는 미국인인 경우에는 철자(spell)로 쓴다. 그러나, 영국인·프랑스인이라면 아라비아 숫자로 쓴다.
· 초대 당일의 복장을 지정한다. 그리고, 초대장 왼쪽 아래에는 '부디 답장을 주십시오' 라는 뜻의 r·s·v·p·(Respondez, s'il vous Plait = Reply, if you please)라고 쓴다.
· 초대장의 이름에는 주소를 덧붙이지 않고, 봉투에는 이름과 주소를 함께 쓴다. 봉투 역시 초대장과 마찬가지로 백색이 표준이다.

(2) 접대시의 옷차림

· 손님보다 좋은 옷차림은 하지 않는다.
· 한식 초대일 경우 한복을 입으면 좋다.
· 서양 여성들은 남의 집을 방문해서 외투를 잘 벗지 않으므로 "Please give me your overcoat" 라고 한다.

(3) 방문시의 옷차림

· 미리 시간, 장소, 용건 등을 말하고 승낙을 받아야 한다.
· 시간을 지키며 '정각 3시' 라고 정확히 약속한다.

(4) 방문시의 약속

· 무난하고 안정감있게 입되 액세서리에도 세심한 주의를 기울여야 한다.
· 방문의 성격에 따라 옷차림을 달리해야 한다.
· 현관 입구에 있는 매트에 구두 밑바닥을 깨끗이 비벼 닦는다.

(5) 실수를 했을 경우

· 손수건을 입에 대지 않은 채 하품하거나 재채기 기침을 했을 때
· 식사도중 포크, 나이프를 떨어뜨렸을 때
· 식기 부딪치는 소리를 냈을 때 등은 미안하다(Excuse me)고 한다.

7 선물 매너

비즈니스는 사교의 목적이든 간에 '선물' 은 인간 관계 형성을 위한 촉매제이다. 선물

은 주고 받는 것을 떠나 반드시 그 속에 정이 담기지 않으면 소용이 없다. 그러나 선물은 받는 사람의 입장을 고려해야 하고 각 나라마다 다른 문화의 차이도 반드시 선택에 신중을 기해야 할 부분이다.

1) 국가별 선물 관행

➜ 일 본

선물을 주는 것이 생활문화에 깊숙이 배어 있다. 흔히 업무상 첫 대면시에도 선물을 하곤 하는데, 다른 사람이 보는 가운데 선물을 주어야 하는 경우 모든 사람에게 주어야 한다. 포장에 각별히 신경을 쓰며 검정이나 흰색, 빨간색 종이로는 싸지 않는다.

➜ 중 국

비즈니스 선물을 빼놓지 않고 전달하는 나라 중의 하나이며, 개인적으로 주는 것이 좋고 대개 고가의 선물을 준비한다. 특히 괘종시계는 그 소리가 음울한 장례식 곡소리처럼 들리므로 선물하지 않는다. 빨간색 포장지가 적당하다. 흰색은 애도의 색이다.

➜ 홍콩, 말레이시아

알람시계나 벽시계 등의 소리는 죽은 사람을 보낼 때 내는 소리(장송곡) 같다 해서 시계 선물은 절대로 하지 않는다.

➜ 인 도

외국 상품에 대한 선호가 강해 조그만 한국 기념품이라도 선물하면 좋은 효과를 볼 수 있다. 흰색, 검은색으로 포장한 선물은 불운을 가져다 준다고 생각한다. 초록색, 빨간색, 노란색은 행운의 색으로 여긴다. 소가죽으로 된 선물은 절대 하지 않는다.

➜ 인도네시아

선물을 거절하는 것은 무례한 행동으로 여긴다.

➜ 독 일

최초 거래를 위한 상담시에는 간단하면서도 일반적인 선물을 한다. 꽃을 선물할 때는 포장을 하지 않는다.

➜ 프랑스

향수를 선물한다는 것은 '헛수고 한다' 는 의미이다.

➜ 네덜란드

사업상의 선물을 통상적으로 포장을 해 준다.

➜ 오스트레일리아, 뉴질랜드

업무상 뇌물로 비춰질 만한 것은 선물하지 않는다.

➜ 멕시코

한국 토산품을 선물할 경우 비싸더라도 품위있는 것을 택할 필요가 있다. 특히 자주 빛 꽃은 죽음의 꽃으로 받아들이므로 주의한다.

➜ 모로코

차를 선호하므로 한국산 인삼차 정도면 매우 훌륭한 선물이 된다.

➜ 스웨덴

한국 공예품이나 위스키 정도의 선물이면 충분하다.

➜ 스페인

사업가들끼리 선물을 교환하는 일이 일반적이다.

➜ 알제리

사업차 두 번째 방문하였을 때 조그만 선물을 교환하기도 한다.

➜ 이집트

외국 상품에 대한 선호가 강해 조그만 한국 기념품이라도 선물하면 좋은 효과를 볼 수 있다.

➜ 칠 레

비싼 선물은 오히려 역효과를 낼 수 있으며, 작은 선물이라도 포장에 신경쓸 필요가 있다.

➡ 터 키

비즈니스 상담 중 선물 증정을 특히 좋아하는데, 고가품보다는 한국적 이미지가 담긴 선물이 좋다.

➡ 필리핀

거액의 선물을 주고받는 것을 관행으로 보고 있다.

➡ 브라질

검은색, 자주색 포장지는 삼간다.

➡ 페 루

노란색 꽃은 부정적으로 여기므로 선물하지 않는다.

➡ 러시아

청바지, 고급 펜, 음반, 책 등이 좋은 선물로 인식된다.

➡ 루마니아

고급 펜, 라이터, 향수, 커피 등을 좋은 선물로 생각한다.

➜ 룩세부르크

사업상의 조그만 선물은 바람직하나 너무 비싸거나 사치스러운 선물은 금한다.

➜ 리비아

볼펜, 벽걸이, 디지털 시계 등을 선호한다.

➜ 나이지리아

수입품을 매우 선호하므로 한국산 공예품 등이 좋은 선물이 된다.

➜ 남아프리카공화국

유명 인사에게는 한국산 전통 공예품을, 일반 상담시에는 기념품 정도가 적당하다.

미국은 비즈니스에 있어서 교환되는 선물은 기념품 정도이며, 사업상 접대도 집에서 대접하길 즐긴다. 또한 선물에 대해 극히 민감하며, 고위층일수록 그러한 경향이 더욱 강하다. 그런데 남미지역은 선물받는 것을 매우 좋아하며, 비즈니스 업무와 연결된 사람에게 선물하지 않으면 일을 제대로 해나갈 수 없을 정도이다. 유럽지역은 대개 사업상 부담 없는 선물을 주고받으며, 가정에 초대받았을 경우 안주인에게 꽃을 선물하는 경우가 많다.

2) 선물 선택 요령

· 상대방과 자신과의 관계를 생각한다.
· 남성, 여성, 웃사람, 아랫사람의 구별을 신중히 해야 한다.
· 상대방의 교양, 취미 등을 체크해 두면 선택에 도움이 된다.

· 되도록 상대방의 집 근처에서 산 물건은 피한다. 호기심을 갖도록 하는 것이 더 바람직하다.
· 자신의 경제력을 무시한 선물은 상대방에게 부담을 줄 수 있다.
· 외국인에겐 한국의 전통적인 선물이 가장 좋다.
· 비즈니스땐 첫 미팅때 선물을 전달하고 파티에선 시작전에 내놓는 것이 분위기를 화기애애하게 만들 수 있다.
· 포장시에는 반드시 가격표를 떼어낸다. 감사의 글도 함께 보낸다.

3) 바람직한 선물 매너

· 상대방의 기호나 취향을 잘 모를 경우엔 넥타이와 향수는 바람직하지 않다.
· 빨간 장미꽃을 여성에게 선물하면 프로포즈가 될 수 있다는 사실을 알아두어야 한다.
· 환자에게 강한 향기가 나는 꽃은 금한다.
· 포도주, 베스트 셀러 소설, 시집, 고전음반이나 CD, 초콜렛, 꽃다발, 라이터, 지갑 등이 가장 일반적으로 무난한 선물이다.
· 이성에게 선물할 때, 성적 코드가 있는 선물은 신중히 선택한다(립스틱이나 속옷)

4) 선물 받는 매너

· 선물을 받고 구석에 밀쳐 놓는건 예의가 아니다.
· 고맙다는 인사말과 함께 선물을 풀어본다.
· 우편이나 간접적으로 전달되었다면 일주일 내에 감사의 뜻을 전달한다.

선물은 '주는 사람' 위주가 아니라 '받는 사람' 위주로 선택해야 하며, 특히 외국인에게 하는 선물은 상대방의 문화에 맞는 것을 고르는 것이 중요하다.

선물을 주고 받는다는 것은 참으로 즐겁고 아름다운 일이다. 언제나 정성과 마음을 다하는 선물이 가장 즐거운 선물 매너가 될 수 있다.

8 각 나라별 제스처 매너

대화에 있어 비 언어적 커뮤니케이션 수단의 신체적 언어(body language)인 제스처는 대화의 공감대를 높이기도 하며 글로벌시대에 만국 공용어의 역할도 하지만 나라마다 그 의미가 다르게 해석되므로 사고나 오해를 불러일으키기도 하고 때론 정반대의 의미로 전달되기도 하므로 훌륭한 매너를 지닌 국제인이 되기 위해선 각 나라별 제스처에 대해 명확히 알아두는 것이 좋다.

1) 얼굴을 사용하는 제스처

· 눈깜박이기는 대만에서는 다른 사람을 향해 눈을 깜박이는 것은 무례한 것으로 간주한다.
· 윙크하기는 호주에서는 우정을 표시하기 위하여 윙크를 하더라도 여성을 향해 하는 것은 적절치 못한 제스처이다.
· 눈썹올리기는 페루에서는 '돈' 이나 '내게 지불하라' 는 뜻을 갖는다. 그러나 통가에서는 네, 찬성합니다 뜻이 되기도 한다.
· 눈꺼풀 당기기는 유럽과 몇몇 라틴 아메리카에서 이 제스처는 '경계하라' 나 '나는 경계하고 있다' 라는 뜻을 나타낸다.
· 귀 튕기기는 이탈리아에서는 근처에 있는 남자가 '여자같다' 라는 것을 나타내는 제스처이다.
· 귀잡기는 인도에서는 후회한다거나 성실성을 나타낸다. 브라질에서는 비슷한 제스처(엄지와 검지로 귓볼을 잡는 모양)가 이해하고 있음을 표시한다.
· 코 때리기는 영국에서 비밀이나 은밀함을 나타내며, 이탈리아에서는 다정한 충고를 의미한다.
· 코 흔들기는 푸에르토리코에서는 '무슨 일이 있느냐' 는 제스처이다.
· 엄지로 코밀기는 유럽에서 가장 많이 알려진 제스처 중의 하나로 조롱을 의미한다.

효과를 좀더 높이기 위해 양손이 사용되기도 한다.
- 코에 원 그리기는 전형적인 미국의 OK 사인이 코위로 덧붙여지는 경우 콜롬비아에서는 화제의 사람이 '동성연애자' 임을 나타낸다.
- 뺨에 손가락 누르기는 이탈리아에서는 칭찬을 나타내는 제스처이다.

2) 손을 사용하는 제스처

➡ 오라고 부를 때

- 서구인들은 손바닥을 위로 향해 손짓한다.
- 중동과 극동지역은 손바닥을 아래로 향해 손짓한다.

➡ 링사인

- 한국에서는 돈으로 해석된다.
- 남부프랑스에서는 무가치함을 의미한다.
- 미국이나 서유럽에서는 O.K 사인으로 간주된다.
- 브라질 등 남미에서는 음탕하고 외설적인 사인으로 간주된다.

➡ V자 사인

- 대부분 유럽 국가에서는 손바닥을 바깥쪽으로 향하게 한다.
- 그리스인들은 영국이나 프랑스인들과 정반대로 손등을 보이면서 한다.
- 반대의 제스처는 서로에게 지독한 욕이 된다.

➜ 안녕사인

· 대부분 손바닥을 상대방에게 보여주며 흔드나 그리스에서는 위협적이고 모욕적인
  제스처가 된다.

➜ 손가락으로 사람을 가리키며 말하는 것

· 대부분의 나라에서 매우 무례한 행동이다.

➜ 중지를 내미는 제스처

· 서양에서는 외설적이며 부정적인 의미로 받아들인다.
· 로마인들은 중지를 '염치없는 손가락'이라 불렀다고 한다.

➜ 주먹으로 손바닥을 치는 것

· 일반적으로 도전을 의미한다. 지중해 연안 국가들에서는 팔을 앞으로 내밀면 역시
  도전하는 행동으로 받아들인다.

➜ 주먹을 쥔 채 엄지 손가락만을 위로 올리는 제스처

· 일반적으로 '매우 좋다'는 의미이다.
· 호주에서는 무례한 제스처에 해당한다.
· 그리스에서는 '입닥쳐!'의 의미이다.
· 러시아의 일부 지역에서는 동성연애자의 사인이다.

➡ 합 장

· 태국과 같은 불교 국가에서 인사하는 동작이다. 필란드에서는 거만함을 표시할 때 팔장을 낀다고 한다.

➡ 머리를 위 아래로 끄덕이는 것

· 거의 모든 날에서 'Yes', 즉 긍정의 표현이다. 그러나 불가리아와 그리스에서는 이것이 'No'를 의미한다.

➡ 엄지로 코를 미는 것

· 유럽에서 가장 많이 알려진 제스처 중의 하나로 '조롱'을 의미한다.

➡ 코에 원을 그리는 것

· 콜롬비아 사람들은 '동성연애자'를 의미한다.

➡ 손 끝에 키스하기

· 유럽이나 남아메리카에서 '매우 아름답다'는 것을 의미한다.

➡ 턱을 두드리는 것

· 이탈리아인들에게는 별 재미가 없거나 꺼져버리라는 의미이다. 그러나 턱을 쓰다듬으면 매력적이라는 뜻이다.

➡ **귀** 둘레에 손가락으로 원을 그리는 것

· 일반적으로 상대방에게 '너 미치지 않았니?' 라는 의미가 될 수 있으니 조심해서 사용해야 한다. 특히 독일에서는 이러한 의미로 머리에 손가락을 대고 빙빙 돌리기도 한다.

➡ **코**를 파는 것

· 시리아에선 지옥에나 가라는 뜻이다.

➡ **손톱**을 물어 뜯는 것

· 중국에선 구역질난다는 뜻으로 해석한다.

➡ **중지**를 뻗쳐 세우는 것

· 세계 각국에서 매우 외설적인 표현으로 받아들인다.

9 전화 매너

얼마 지나지 않아 영상 전화기가 대중화되는 시대가 올 것이다. 그러나 아직 전화는 상대방의 얼굴을 보지 못하는 상황에서 상대와 대화를 해야 하기 때문에 언제나 신중을 기해야만 한다.

성공한 기업이나 성공한 사람은 "전화 매너부터가 어딘가 다르구나" 하는 것을 경험해 본 적이 있을 것이다.

최근 핸드폰의 보급아 늘어나면서 세련되지 못한 전화 매너는 사회 생활에 큰 공해가 되어 하루를 불쾌하게 보내는 이유가 되기도 한다.

전화 매너는 개인적으로는 자신의 이미지를 바꾸어 놓기도 하고 기업은 직원의 전화 매너가 기업의 이미지로 인식되기도 한다.

특히 세계가 하나가 된 정보화 시대에 외국과의 전화는 시차를 반드시 계산해 본 뒤 걸어야 하며 자신의 신원부터 밝히고 상대방이 부재중이라도 용건을 메시지로 남기는 것이 바람직하다.

➜ 전화 에티켓

전화를 통해선 상대방의 감정을 오직 음성으로만 헤아릴 수 있음을 명심해야 한다. 음성의 고저나 크기, 리듬감, 전화거는 자세 등이 그대로 상대방에게 전달되어지기 때문이다. 그리고 전화는 무료가 아니기 때문에 정확하고 정중하게 그리고 용건만 간단히 사용해야 하는 것이다.

➜ 전화를 받을 때

· 벨이 2회 울린 후에 받도록 한다.
· 밝은 음성으로 인사, 회사, 소속부서, 이름을 말한다.
· 용건을 경청하여 메모한다.
· 용건이 끝났음을 확인한 후 요약하여 복창한다.
· 인사를 하고 조용히 끊는다.
· 상대방이 전화를 먼저 끊은 후 내려 놓는다.

➜ 전화를 걸 때

· 받는 쪽의 T.P.O.(TIME, PLACE, OCCATION)을 생각한다.

· 메모지와 연필을 준비하여 대화내용을 순서대로 메모한다.

· 전화번호를 확인하고 정확히 DIALING 한다.

· 용건을 분명하게 알기 쉽게 말하고, 숫자나 날짜 등은 두 번 반복하여 말한다.

· 결론, 약속사항을 재확인한다.

· 인사를 하고 조용히 끊는다. 되도록 상대방 보다 먼저 끊자 않으며 고객이나 윗사람일 경우는 윗사람이 끊고 난 뒤에 끊는다.(비지니스 전화일 경우는 먼저 건 편에서 먼저 끊는다.)

➜ 상황별 전화 예절

· 상대방의 목소리가 잘 안들릴 때

"안들려요"하고 말하지 않고 "죄송합니다만 다시 한 번 말씀해 주시겠습니까?"라고 되묻는다.

· 통화 도중 전화가 끊어졌을 때는 건쪽에서 다시 건다.

(손님이나 윗사람일 경우 먼저 걸어주면 좋은 인상을 남긴다.)

· 전화를 바꿔줄 경우엔 자신의 목소리가 수화기에 들리지 않도록 소심하며, 고객일 경우 일단 정중하게 전화를 끊고 담당자가 전화를 걸도록 하는 것이 좋다.

· 전화가 잘못 걸려온 경우 미국에선 받는 쪽이 "Excuse me."하고 말한다.

그럴 경우라도 그냥 기분 나쁘게 수화기를 "꽝" 내려 놓지 말고 너그러운 아량을 보여주는 것이 현대인의 매너이다.

· 상사가 자리에 없을 경우 "실례지만 누구세요?"라고 묻지말고 "죄송하지만" 누구시라고 전해드릴까요?라고 정중히 묻는다.

➜ 전화통화시 올바른 대화법

· 어서 오세요 → 어서 오십시오.

· 우리 회사 → 저희 회사

- 데리온 사람 → 모시고 온 본
- 누구십니까? → 어느분이십니까?
- ㅇㅇ씨 입니까? → ㅇㅇ손님 되십니까?
- 잠깐만 기다려 주십시오 → (죄송합니다만) 잠시만 기다려주시겠습니까?
- 전화 주십시오 → 전화해 주시겠습니까?
- 다시 한번 말해 주십시오 → 다시 한번 말씀해 주서겠습니까?
- 알았습니다 → 네, 잘알겠습니다.
- 모르겠습니다. → 죄송합니다만, 제가 알아봐 드리겠습니다.
- 다른 전화를 받고 있으니 → 다른 전화를 받고 있습니다. 잠시만 기다려 주시겠습니까?
- 나중에 전화 드릴께요 → 잠시후에 전화드리겠습니다.
- 그런사람 없습니다. → 죄송합니다만, 저희 회사에 안계십니다.
- 고마워요 → 감사합니다.
- 전화 돌려 드릴께요 → 전화 연결해 드리겠습니다.
- 서술형 → 입니다. 습니다.
- 의문형 → 입니까? 습니까?
- 명령형 등 → 의뢰형

10 조문 매너

각 나라마다 장례식을 치르는 관습도 제 각각이다. 그러나 슬픈 일을 당했을 때 함께 슬퍼하고 위로해 주는 사람이 가장 소중한 것은 세계 어느 나라 사람이나 마찬가지일 것이다.

인간의 죽음은 그와 인생을 함께 했던 사람들과 영영 이별하는 것이므로 슬프고도 엄숙한 일이다. 그러므로 조문시에 예를 다하는 마음가짐을 잊지 않도록 한다.

1) 우리나라 조문 예절

· 조객은 영전에 다가가 가볍게 인사를 한 후 향에 불을 붙인뒤 향에 붙은 불을 손으로 부채질하여 끈다. 향을 향로에 살며시 꽂은 뒤 두 번 절을 하고 상주와 맞절을 한다.(이 때 묵념으로 대신해도 무방하다.)
· 기독교의 경우 꽃을 받아 꽃봉우리가 자기쪽으로 오도록 제단위에 놓고 묵도나 목례를 한다.
· 조객은 상주에게 위로의 말을 전한다. "얼마나 슬프십니까?"
· 상주는 조객에게 답례한다. "죄송합니다."
· 조문할 때 고인과 생전에 대면한 일이 없는 조객이나 여자는 상주에게만 인사한다.
· 상가에는 상례에 필요한 물건이나 부의금을 보낸다. 부의금 봉투는 백색 이중 봉투를 사용한다.
    → 초상 때 : 부의(賻儀), 조의(弔儀), 근조(謹弔)
    → 소상 때 : 향전(香奠), 전의(奠儀), 박의(薄儀)

2) 카톨릭식 조문 예절

· 관은 성당안으로 옮긴다. 가까운 친척들이 뒤를 따른다.
· 참석자들은 미사 도중 성수채로 관 위에 성호를 그린 뒤 다음 사람에게 인계된다.
· 장례미사가 끝나면 묘지로 옮겨가는데 특별한 제안이 없으면 따라가는 것이 좋다.
· 매장이 끝나면 유족을 위로하며 인사를 건넨다.
· 성당의 입구에 놓인 방명록에 서명하는 것으로 위의 절차를 대신하기도 한다.
· 조문객들은 자신이 다녀갔다는 표시로 작은 자갈을 무덤석 위에 놓아둔다.
· 장례식을 치룬 후 일주일 동안 친척과 친구들은 고인의 집에 모여 기도한다.
· 조문객은 화려하지 않은 검은 색 계통의 단색 평상복을 입는다.
· 남자의 경우는 가능하면 검은색 넥타이를 맨다.

- 서양에서는 모닝 코트에 검은 넥타이와 검은 장갑을 착용한다.
- 여성은 눈에 띠지 않는 어두운 색상, 회색이나 짙은 청색, 밤색의 의상 정도면 무난하다.
- 장식이나 귀금속은 자제한다.
- 헤어스타일이나 메이컵도 화려하지 않은 색상으로 슬픔을 표현하도록 한다.

11 흡연 매너

1) 금연매너

흡연의 피해가 심각하게 부각되면서 애연가들의 입지는 매우 좁아졌으며 때로는 미개인 취급을 받기도 한다.
- 미국에서는 실내나 공공장소의 금연구역에서의 흡연은 법으로 엄격히 규제되고 있으며 이를 위반하면 벌금을 물게 된다.
- 프랑스를 포함한 유럽 국가들에서도 공공장소의 대부분이 금연 구역으로 지정되어 있지만 미국만큼 철저히 규제되고 있지는 않다.
- 흡연율이 높기로 유명한 우리 나라에서도 최근 금연 운동이 활발히 전개되고 있는데 아직 금연구역에서도 흡연을 하는 것을 자주 볼 수 있다.

2) 흡연시 지켜야 할 에티켓

- 담뱃불을 빌리기 위해 모르는 사람을 불러 세우는 것은 바람직하지 않다.
- 방문 시에는 상대방이 권하기 전에 담뱃갑을 꺼내지 않는다.
- 담배를 권할 때는 한 개비를 완전히 꺼내지 말고 반쯤 꺼내서 담뱃갑을 내밀며 권하는 것이 좋다.

· 자신의 담배에 불을 붙이기 전에 상대방의 담배에 먼저 불을 붙여준다. 단 성냥인 경우에는 황냄새가 어느 정도 가신 뒤 불을 붙여주도록 한다.

· 여성이 라이터나 성냥을 꺼내면 곁에 있던 남자는 서둘러 불을 제공한다. 이 경우 여성은 이미 불을 켰더라도 끄고나서 남성의 호의를 받아들여야 한다.

· 가능한 한 담배에서 담배로 직접 불을 붙이지 않도록 한다.

· 담뱃재를 조심한다. 식후에 빈 그릇에 담뱃재를 터는 것은 우리 나라 사람들이 범하기 쉬운 실수이다.(자판기 종이컵에 담뱃재를 털고 침을 뱉지 않는다.)

· 담배 연기를 다른 사람의 얼굴에 뿜지 말아야 한다.

· 담배꽁초를 아무 데나 버리지 않도록 조심한다.

· 흔히 우리는 식탁에서 음식이 제공되기를 기다리면서 담배를 피우는 경우가 많다. 그러나 서양에서는 디저트가 나오기 전에 담배를 피우는 것을 엄격히 금하고 있다. 담배 냄새가 요리의 향을 사라지게 할 것이기 때문이다. 안주인이 먼저 제안하지 않는 한 허락을 받은 후에나 피울 수 있다.

· 시가나 파이프는 냄새가 지독한 것이 있으니 주위 사람을 의식하는 것이 좋다.

· 도로에서 복도에서 걸어가며 담배를 피워서는 안 된다. 복잡한 거리에서는 불똥으로 다른 사람의 옷을 상하게 할 수 있다.

· 담배 구취와 담배 냄새가 나는 의복 등은 다른 사람에게 불쾌감을 줄 수 있다. 특히 우리나라 여성의 경우 밀폐된 공간안에서 피우게 되는 경우가 많으므로 세심한 주의가 필요하다.

· 상대방을 만나자 마자 또는 방문한 경우 의자에 앉자 마자 담배를 피우지 않는다.

12 음주 매너

술자리에서의 인상은 좋든 나쁘든 쉽게 지워지지 않는다는 것을 명심해야 한다.
한국인은 술을 따를 때 윗사람일 경우 두 손으로 공손히 따르게 마련이다. 일본인은 남자는 한 손으로 여자는 두 손으로 술을 따르고 받으며, 서양인들은 남녀 모두 한 손으로 따르거나 받는다.

문화가 다른 사람과 술을 마시게 될 경우 서운한 감정을 내비치지 말고 상대방의 방식을 인정하고 배려하는 것임을 잊지 말고 서로 즐거움을 나눌 수 있어야 한다.

- 술을 마실 수 없더라도 첫잔은 잔을 받아 형식적으로 입에 가져가는 것이 매너이다.
- 술잔을 돌리는 것은 윗사람의 권리이다. 아랫사람이 돌리는 것은 매너에 어긋난다.
- 계속 권하는 술을 거절하는 것은 실례가 아니다.
- 포도주, 맥주, 물 등의 음료는 손님의 오른쪽에서 제공된다.
- 칵테일은 대개 차게 냉각된 상태이므로 글라스의 목을 쥐고 마신다.
- 포도주 잔을 잡을 때도 글라스의 목 부분을 잡는다.
- 브랜디 종류는 글라스의 목을 오른손 중지와 약지 사이에 끼우고 왼손으로 쓰다듬듯이 몸체를 감싸쥐어 마신다.
- 맥주를 받을 때는 글라스를 기울이지 않는 것이 바람직하다.
- 우리 나라에서는 첨잔을 꺼리지만 서양이나 일본에서는 첨잔이 일반적이다.
- 연회가 무르익었을 때 건배를 하는 것이 서양식이라면 식사가 나오기 전에 건배하는 것이 한국식이다.

1) 와인 매너

와인은 요리와 함께 마시기 시작하여 요리와 함께 끝나는 식중주로 디저트가 나오기 전까지만 마신다.

부드러운 요리에는 부드럽고 가벼운 와인을 강한 향신료를 사용한 요리에는 강하고 진한 와인을 사용한다. 크림소스를 사용하는 부드러운 생선살 요리나 송아지, 칠면조고기 등에는 화이트 와인을 곁들이며 붉은색 나는 고기 요리나 생선이라도 석쇠에 구운 그릴요리일 때는 레드 와인을 곁들인다.

레드 와인의 경우 섭씨 17~18°의 상온에서 화이트 와인은 10도 정도에서 마시는 것이 좋다. 또한 와인은 살균력이 있어 식중독을 예방하는 역할을 하기도 한다.

· 와인은 글라스의 6~7부만 따르는데 이는 남은 공간에 향이 머물 수 있도록 하기 위함이다.

· 와인은 씹어 마시듯 입안 가득 머금어 향이 퍼지게 한 다음 입속에서 굴려서 음미한다.

· 요리와 와인이 입안에서 섞이지 않도록 다로 먹고 따로 마셔야 와인의 섬세한 맛을 느낄 수 있다. (마실 때마다 냅킨으로 입을 가볍게 닦아 음식의 지방이 유리잔에 묻지 않도록 한다.)

· 마실 때는 잔의 다리를 가볍게 잡고 마신다.

· 글라스를 손으로 살짝 가리면 거절의 사인을 의미한다.

· 여성들은 가급적 자작하지 않으며 남성은 자신의 오른쪽에 앉은 여성의 포도주잔을 항상 채워줘야 할 의무가 있다.

· 따라주는 와인을 받을 때 자리에서 일어나 '엉거 주춤자세'로 굽신 거리지 않는다.

· 잔을 테이블에 놓고 채워지길 기다리면 된다.

· 병에 담겨진 후에도 숙성이 진행되는 와인은 코르크 마개가 촉촉이 젖어있도록 뉘어서 보관해야 한다.

· 프랑스인은 와인을 요리와 함께 즐기는 것이라고 생각하는데 반해 영국인들은 와인 자체의 맛을 추구한다. 이렇듯 와인은 눈으로 즐기고 코로 취하고 입으로 음미하는 것으로 와인을 마신 후에 남는 느낌도 풍부한 상상력을 동원해 표현해 본다면 와인을 더 멋지게 즐기는 방법이 될 것이다.

➜ 레드와인

레드와인은 붉은색, 혹은 푸른색의 포도로 만들어진다. 적색은 무색의 포도즙이 발효 과정에서 포도껍질과 섞여 그 껍질의 붉은색을 흡수하게될 때 생긴다. 색깔과 함께 이 포도 껍질은 포도에 타닌(tannin)성분도 가져다 준다. 타닌은 레드 와인의 맛을 내는 중요한 요인이다. 레드 와인에 있는 타닌은 실제로 레드 와인과 화이트 와인의 가장 주요한 차이점이다. 레드 와인은 화이트 와인보다 종류가 더 다양하다. 레드와인은 모든 종류의 음식, 그리고 당신이 와인을 마시고 싶은 어떤 경우에나 어울린다. 레드 와인의 종류를 보면 순한 농도의 타닌 성분을 많이 가지고 있지 않고 포도맛이 강한 와인들, 중간 농도에 적당하게 타닌 성분이 들어 있는 레드 와인들, 깊은 맛이 있고 타닌 성분이 많은 레드 와인들이 있다.

➜ 화이트 와인

화이트 와인이라는 이름을 붙인 사람은 색맹이었다고 한다. 직접 보면 그것이 흰색이 아니고 노란색이라는 것을 알 수 있다. 화이트 와인은 약간의 붉은빛(핑크나 붉은색 계통의 모든 것)도 띠지 않은 와인이다. 황색 와인이나 금빛 와인, 그리고 물처럼 맑은 와인들은 모두 화이트 와인이다. 화이트 와인 만드는 방법은 흰 포도로 만들어지는 경우와 붉은 포도의 즙만 사용하는 경우이다. 화이트 와인에는 세 가지 주요한 맛의 종류가 있다. 어떤 화이트 와인들은 쓰고 신선한데 이것들에는 단맛과 오크 성분이 없다. 소아베, 피노트와 그리지오 같은 대부분의 이탈리아 화이트 와인들과 상세르와 샤블리와 같은 몇몇 프랑스 화이트 와인들이 이 부류에 속한다. 어떤 화이트 와인들은 쓰고 깊은 맛이 있다. 이것들은 오크의 특성을 함께 가지고 있다. 값비싼 캘리포니아 샤르도네와 프랑스

◑ 일반적인 레드 와인

와 인 명	지 역
카베르네 쇼비뇽(Cabemet Sauvignon)	캘리포니아, 오스트레일리아, 프랑스
멜로(Merlot)	캘리포니아, 프랑스, 워싱턴, 뉴욕, 칠레
피노 누와(Pinot noir)	캘리포니아, 프랑스, 오리건
보졸레(Beaujolais)	프랑스
발폴리첼라(Valpolicella)	이탈리아
람브루스코(Lambrusco)	주로 이탈리아
키안티(Chianti)	이탈리아
버군디(Burgundy)	프랑스
진펀델(Zinfandel)	주로 캘리포니아
보르도(Bordeaux)	프랑스

와 인 명	지 역
샤르도네	캘리포니아, 오스트레일리아, 프랑스
쇼비뇽 블랑	캘리포니아, 프랑스, 뉴질랜드, 남아프리카
리셀링	독일, 캘리포니아, 뉴욕, 워싱턴, 프랑스
가베르츠트라미너	프랑스, 캘리포니아, 워싱턴, 독일
피노 그리고 혹은 피노그리	이탈리아, 오리건, 프랑스
소아베	이탈리아
푸이 퓌세	프랑스
리브프라우밀크	독일
샤블리	프랑스
프라스카티	이탈리아

불고뉴지방에서 나는 대부분의 화이트 와인이 이부류에 속한다. 어떤 화이트와인들은 중간정도로 쓴맛을 가지고 있다. 많은 독일 와인들 특히 리브프라우밀크와 같이 값이 아주 싼 것들 뿐만 아니라 값이 덜 비싼 미국 와인들이 그 부류이다.

2) 브랜디

브랜디는 원래 '불에 데운 와인' 이라는 뜻으로 과실의 발효액을 증류시켜 걸러낸 술을 말한다. 와인보다 한 단계 높은 술이라 할 수 있으며 오랫동안 노력과 시간을 기울여서 만든 술로 최상급의 브랜디는 사회적 지위가 있고 격조있는 자리에만 어울리는 술이다.

브랜디는 보통 식후주로 마시는 술로 브랜디 잔을 불이나 따뜻한 물로 미지근하게 데워 브랜디를 부으면 향기가 퍼져 나온다.

잔을 한 손이나 두 손으로 감싸 쥔 다음 체온으로 데워 서서히 마신다.

3) 위스키

위스키는 맥아, 옥수수 등을 원료로 만든 술로 스트레이트로 마시거나 얼음에 희석해 마신다. 잔을 차갑게 만들어 놓은 뒤 얼음을 넣고 그 위에 위스키를 부어 마시는 온 더락 (on the rock)은 '바위 위에'라는 뜻인데 마치 바위 위에 따르는 것처럼 보여 쓰여지게 된 표현으로, 술을 따르고 얼음을 넣는 것은 온 더락스(on the rocks - 얼음이 2개 이상 사용됨)라고 할 수 없다.

- 스카치 위스키(Scotch Whisky) : 스코틀랜드에서 제조
- 아이리쉬 위스키(Irish Whisky) : 아일랜드에서 제조, 엘리자베스 1세 여왕이 즐겨 마셨다 함.
- 아메리칸 위스키(American Whisky) : 옥수수를 주원료로 사용하는 버번 위스키
- 캐나디안 위스키(Canadian Whisky) : 밀의 사용량이 많고 거의 캐나다에서 미국으로 수출

4) 칵테일

술과 과즙음료를 혼합한 도수가 낮은 술이다. 술 자체보다 대화나 넉넉한 인정을 즐기기에 좋은 술로 피로 회복에 도움이 된다.

- 식욕을 돋구기 위한 칵테일은 단맛이 제거된 시큼한 신맛과 쓴맛이 느껴지는 것이 이상적이다.
- 찬 칵테일은 다리(stom)가 달린 삼각형 글라스에 찬 제공되는데 잔의 아랫부분 다리를 잡고 천천히 조금씩 마신다.
- 잔은 항상 자신의 오른쪽에 놓는다.
- 장식된 것은 떨어지지 않도록 왼손으로 가볍게 잡고 마신후엔 기호에 따라 먹어도 된다.
- 마실 때나 잔을 내려 놓을 때 소리가 나지 않도록 주의한다.
- 칵테일은 쇼트 드링크(shot drink)이므로 짧은 시간내에 마신다.(제공되자마자 마시는건 좋지 않다.)
- 올리브씨 같은 것은 글라스 안에 넣어두지 말고 종이 냅킨에 싸서 핸드백에 넣어 둔다.

- 여성다운 분위기를 감돌게 하는 가벼운 칵테일로는 다이큐리(Daquiri) 핑크 레이디(Pink Lady), 알렉산더(Alexander), 싱가포르슬링(Singapore Sling), 그래스 하퍼(Grass Hopper) 등이 있다.
- 칵테일을 재청할 때는 먼저 마신 것과 같은 것을 청해야 한다. (다른 종류를 마시면 취기가 빨리 올 뿐 아니라 맛도 혼합되어 느낌이 이상해질 수 있다.)
- 차게 해서 마시므로 이슬이 맺혀 옷을 버릴 수 있으므로 칵테일용 종이 냅킨을 사용한다. (사용후 이 종이로 입술을 닦는 것도 보기에 좋지 않다.)

13 커피 매너

원래 커피는 아라비아 둥지에서 음료로서가 아닌 약재로 사용되었다.

워낙 귀하게 여겨진 열매였던 탓에 일부 귀족들만 은밀히 즐기며 다른 나라로의 유출을 철저하게 금지하였다 한다.

현대에 이르러 커피는 우리에게 친숙한 일상이 되어 휴식할 때나, 사색할 때, 대화할 때, 사랑할 때도 그 어떤 분위기라도 어울리는 음료가 되어 우리를 매료시키고 있다.

커피 본래의 씁쓸한 맛은, 마치 인생의 긴 여로 끝에 남는 깊은 회한을 닮은 듯하다.

프랑스에서는 카페, 미국에서는 커피, 일본에서는 고히라고 불리는 커피의 어원은 에티오피아의 카파(Kaffa)라는 말에서 찾을 수 있다.

카파란 '힘'을 뜻하는 아랍어로, 에티오피아에서 커피나무가 야생하는 곳의 지명이기도 하다.

이 말은 힘과 정열을 뜻하는 희랍어 kaweh와 통한다. 영국에서 처음에 '아라비아의 와인(the wine of Arabia)'이라 불리다 커피가 유럽에 전해진 뒤 coffee로 불리워졌다.

· 커피를 마실 땐 후루룩 소리를 내지 않는다.

· 스푼은 설탕이나 크림을 저을 때만 사용하고 커피를 떠 먹거나 꽂은 채 마시지 않는다.

· 커피잔을 두 손으로 감싸고 마셔도 안 된다.

· 새끼 손가락은 삐죽히 세우면 보기 흉하다.

· 윗 입술을 이용해 끊어 마시는 느낌으로 마신다.

· 설탕이나 크림은 윗사람이나 여성에게 먼저 권한다.

· 티백(tea bag)이 있는 차는 왼손으로 잡고 오른손의 티스푼으로 짜고 컵 뒤에 놓는다.

· 커피와 함께 먹는 빵은 케이브, 브리오슈, 크루아상 등이고 과자로는 파이, 파운드 케이크, 쿠키 등이 어울린다.

1) 커피의 종류

· 카페오레(Cafe au lait)는 프랑스식 모닝 커피로 커피에 밀크를 넣은 것

· 비엔나 커피(Vienna coffee)는 휘핑크림(마구 저은 생크림)을 띄운 커피로 3백 년 전 터키군이 비엔나를 침공했다가 패주하면서 남긴 커피 원두를 재료로 터키군이 개발한 것

· 아메리칸 커피는 미국인들이 즐겨 마시는 엷은 맛을 내는 커피

· 카페 루아얄(cafe royale)은 나폴레옹이 즐겨 마셨다는 환상적인 분위기의 커피로 흔히 '커피의 황제'로 불린다.

· 아이리시 커리(Irish coffee)는 아이리시 위스키를 넣은 후 생크림을 띄운 것

· 에스프레소(espresso)는 전통 이탈리아 커피로 드미티스에 마시는 진한 커피로 후식용이다.

· 카푸치노(Cappuccino)는 이탈리아식 커피로, 우유 거품과 은은한 계피 향이 특징이다.

· 상카(Sanka) 커피는 카페인을 제거한 커피

· 알렉산더(Alexander)는 아이스 커피에 브랜디와 카카오를 섞은 남성용 커피이다.

상황별 에티켓과 매너

1 해외 여행시의 매너

1) 해외 여행시의 준비사항

해외 여행의 승패는 사전준비에 달려 있다. 해외여행에 대한 상식과 요령을 알아두면 보다 편안하고 즐거운 여행을 할 수 있을 것이다.

➜ 계획 세우기

· 여행을 떠나기 전에 여행갈 나라의 기후, 역사, 지리, 문화 등 모든 분야에 대한 철저한 정보 입수 및 연구가 필수적이다.
· 그 나라에서 금해야 할 사항은 무엇인지, 꼭 들러보아야 할 문화 유적지는 어떤 것들이 있는지 꼼꼼히 살펴 메모해둘 필요가 있다.
· 미리 예약을 한다. 계획대로 진행될 수 있도록 정확한 일정을 잡는다.
· 여행 경비도 정확히 세운다.

➜ 서류 준비

① 여 권

· 여권은 자국인임을 정부가 증명해주는 국제적인 신분증이며, 상대국에게 소지자의 신분 보호 등을 요청할 수 있는 공식 문서이다.
· 병역을 필하지 않은만 18세 이상 30세까지의 남자는 각 지방병무청장이 발급한 국외여행 허가서를 반드시 첨부해야 한다.

· 분실했을 경우 현지주재 대사관에서 임시여권(여행 증명서)을 발급받아야 한다.

· 일반인의 일반 여권과 외교관 및 관용 여권으로 나누어진다.(일반 여권 - 유효기간 5년의 복수일반여권)

· 여권용 사진(3.5cm×4.5cm) 2매, 주민등록증(타지역 거주자는 주민등록 등본 1부) 등을 지참하여 신청하면 자격심사(전산처리)를 거쳐 여권을 받을 수 있다.

② 비 자

· 외국인에 대한 입국 허가서로 상대국 정부가 타국민에게 발급하는 입국허가증이다.

· 비자는 반드시 해당 국가의 영토 밖에서 신청해야 한다.

· 충분한 시간을 갖고 미리 준비해야 한다.

· 신청은 대상국의 주한 대사관 및 영사관에서 한다.

· 여권이 정식으로 발행된 것이며 유효한 여권임을 증명하는 역할을 한다.

· 비자의 발급 목적에 따라 업무비자, 방문비자, 학생비자, 이민비자 등이 있다.

③ ID카드(International Student Identity Card)

· 국제 학생증으로 불리는 신분증으로 여행시 많은 할인 혜택을 받을 수 있다.

· 한국 국제 청년학생 교류회에 가면 5분이내에 발급 받을 수 있다.

④ 해외 여행보험

· 장기간 여행시나 질병 발생률이 높은 지역에 갈때나 자신에게 병이 있을 경우 반드시 해외여행 보험에 가입하도록 한다.

· 사고, 호텔에서 손해배상 청구를 받았을 때나, 도난 등으로 곤란해 질 때 유용하게 사용된다.

· 공항여행보험 담당창구나 신용카드 회사를 이용한다.

· 보험금을 받기 위해서는 치료비 영수증이나 휴대품 도난 신고서 등을 귀국할 때까지 꼭 보관해야 한다.

· 해외 여행보험은 1회용이며, 기간은 2일에서 1년까지이다.

⑤ 국제 운전면허증

· 국제도로 협약에 근거하여 발급일로부터 1년간 유효하다.
· 운전 면허시험장에서 신청한다.

➜ 신용카드와 환전

① 여행자 수표

· 사용하기 전 우선 서명을 해놓고, 지불시 아래쪽에 한번 더 서명을 한다. 반드시 한 곳에 여권에 표시한 사인과 동일한 사인을 해두어야 분실 시 타인의 사용을 막을 수 있다.
· 도난, 분실시 재발급이 가능
· 귀국후 재환전시나 현지화로 교환할 때 현금보다 경제적으로 유리하다.

② 신용카드

· 현금보다 안전하다.
· 대금 지불은 거의 카드로 가능하며, 현금은 팁이나 택시 요금 지불시 필요하다.
· 현금이 바닥났을 때는 신용카드의 캐싱 서비스를 이용할 수도 있다.
· 회원번호를 수첩에 적어두면 분실시 유리하다.

③ 현 금

· 가능한한 적게 지니고 다닌다.
· 한 국가만 여행할 경우 그 나라의 통화로 환전하고, 여러 국가를 다닐 경우에는 미국 달러가 가장 편리하다.
· 소액 단위로 갖고 다니는 것이 좋다.

④ 물품 준비

· 소지품을 최소한의 것만 갖고 다닌다.

· 속옷은 충분히 준비하되 평상복은 가능한한 필요한 것만 가져간다.

· 긴팔 스웨트 등을 준비하면 유용하다.

· 비상약품을 준비하도록 한다.

· 가방은 너무 흔하지 않고 튼튼한 것이 좋다.

ㄱ 슈트 케이스

숙소에 도착하기 전까지는 열어보지 않아도 되는 물품을 넣는다.

ㄴ 핸드 캐리(Hand Carry)

여권, 지갑, T/C, 신용카드, 자격증, 필기도구, 세면용품, 가이드북, 서류, 기내에서 필요한 간단한 의류나 슬리퍼 등을 넣는다.(가로+세로+폭의 합이 115cm를 넘지 않아야 함)

➜ 예 약

① 항공권 예약

ㄱ 항공권(Ticket)과 탑승권(Boarding pass)

· 항공권은 승객쿠폰(passenger coupon)과 탑승 쿠폰(flight coupon)으로 나뉜다.

· 승객쿠폰은 탑승시 탑승 쿠폰과 함께 제시해야 하고, 환불이나 재발권을 신청할 때 필요하다.

· 탑승 쿠폰은 탑승구간마다 한 장씩 발행되어 비행기를 탈 때마다 좌석이 배정된 탑승권으로 바꾸게 된다. 예를 들어 서울~홍콩~싱가포르~서울의 항공권인 경우, 탑승 쿠폰은 모두 석장이다.

· 탑승 쿠폰은 순서를 뒤바꾸거나 건너뛰어 사용할 수 없다.

· 항공권에는 탑승자 이름부터 항공사 · 비행기 편명 · 좌석 등급 등 여러 가지 내용이 기재되어 있다.

ⓛ 좌석등급

· 일반적인 명칭은 F(firstclass), J · C(business class), Y · K · M(economy class) 등
  이며, 회사마다 등급 명칭이 약간씩 다르다.
· 같은 이코노미라 하더라도 할인 요금을 낸 승객에게는 좌석 배정 때 약간의 불이익
  (예로 주방 옆)을 주는 것이 관례이다.

ⓒ 요 금

· 요금 차이는 항공요금 체계가 복잡하지만 비즈니스는 이코노미의 2.5배, 퍼스트는
  비즈니스의 1.5배 정도 되는 것이 보통이다.

ⓔ 예약 방법

· 목적지 항공기의 등급, 출발일자, 시간 등을 알려준다.
· 현지에서의 일정이 유동적일 때 'Open Ticket'으로 해 현지에서 돌아올 날짜를 정
  할 수 있도록 한다.
· 되도록 여행사를 통해 여러 조건과 가격 등을 비교하여 싸게 구입하도록 한다.

ⓜ 재확인

· 출발 3~4일전 예약 상황을 확인한다.
· 외국 항공사의 경우, 예약 확인이 없으면 취소해 버리기도 하므로 주의해야 한다.
· 이미 티켓을 발부 받았다고 해서 자리가 확정된 것은 아니다. 성수기나 장시간 탑
  승할 경우는 예약을 미리 확인했더라도 출발 24시간 이내에 다시 한번 확인해야
  한다.

ⓗ 취소 또는 변경

· 반드시 예약 취소 통보를 해야 한다.
· 취소 통보가 없으면 취소료를 청구하는 항공사도 있다.
· 노선을 변경할 때는 항공사나 여행사에 필요한 수속을 밟아 처리한다.

② 호텔 예약

· 고급 호텔일수록 사전에 예약을 해야 한다.
· 방의 종류, 숙박일수, 도착일, 요금지불방법, 도착 항공편명을 미리 알려주고 변경
  사항이나 취소할 일이 생기면 즉시 통보해 주어야 한다.
· 비즈니스 출장시 : 한정된 경비 내에서 호텔을 선정할 때 가장 좋은 방법은 일류 호
  텔에서 가장 싼 방을 선택하는 것이다. 호텔의 선택은 회사의 이미지에 결정적인
  역할을 미칠뿐더러 좋은 호텔일수록 안전이 보장되기 때문이다.
· 도착예정 시간이 지연되었을 경우 호텔에 빨리 알리지 않으면 일방적으로 호텔측
  에서 예약을 취소해 버릴 수도 있다.

➔ 시차 극복방법

1시간의 시차를 극복하는데 하루가 필요하다고 전문가들은 말한다. 시차 적응의 어
려움을 덜기 위해 취해야 할 준비사항들이 있다.

① 출발전

· 미리 현지 시간대에 맞추어 식사하고 잠을 자도록 한다.
· 서쪽으로 갈 경우 취침 시간을 하루에 한시간씩 늦추어 본다.
· 동쪽으로 갈 경우 하루에 한시간씩 빨리 취침하여 현지 시간에 적응해 간다.
  (일반적으로 낮시간대를 줄이는 것 보다는 늘일 때 다소 쉽게 적응이 된다.)

② 출발후

· 중간 기착지에서 하루쯤 머물면서 생체 리듬을 조절한다.
· 기내에서는 물과 과일을 많이 먹고 커피와 술과 같이 이뇨작용이 강한 음식을 피하
  는 것도 시차 적응에 도움이 된다.

2) 출입국 절차

국제 공항은 그 나라의 얼굴이며 관문이다. 공항에서의 출입국 절차는 승객의 안전을 최대한 보장하기 위한 것이므로 참고 견딜 수밖에 없다.

➡ 출국 절차

① 도 착

· 최소한 두 시간 전에 도착한다.

② 탑승 수속

· 도착 즉시 항공사 카운터에서 탑승 수속을 밟는다.
· 좌석 배정시 금연석(No smoking seat)과 흡연석 창가(Window-side seat)와 통로 (Aisle-side seat) 쪽을 구분해서 요구한다.
· 탑승권에는 탑승시간과 탑승구 번호가 적혀 있다.

③ 짐 부치기

· 휴대화물과 탁송화물로 나뉜다.
· 탁송화물은 이코노미클래스의 경우 1인당 20kg까지로 무게가 제한되며, 그 이상은 별도 요금을 지불해야 한다.
· 탁송화물에는 영문 이름과 주소, 탑승편명이 적힌 화물표를 달며 파손 위험이 있는 경우 취급주의표를 달도록 항공사 직원에게 요청한다.
· 비행기를 갈아탈 경우 탁송화물은 최종 목적지까지 바로 부치는 스루체크인 (Through checkin) 방식을 택한다.

④ 보안검색

· 항공기의 안전 운항과 승객의 안전을 위해 소지품을 검사한다.

· 주방용 칼, 재단용 가위, 송곳 등은 기내 반입이 금지되어 있다.

⑤ 세 관

· 고급 시계나 고가 카메라, 보석, 모피의류 등 값비싼 물품을 지니고 나갈 때는 세관에 신고해야 입국시 세금을 물지 않는다.

⑥ 출국 심사

· 법무부 출국 심사대에서 탑승권과 여권 항공권, 출입국 신고서를 제시해 출국 스탬프를 받으면 출국 절차가 완전히 끝나게 된다.

⑦ 탑 승

· 출입구를 확인하고 탑승 안내방송 및 표시판에 따라 탑승한다.

⑧ 검 역

· 동서남 아시아, 중동, 남미, 아프리카 여행자는 예방접종을 해야 한다.
· 지정된 전염병은 콜레라, 페스트, 황열이며 주요 전염병으로 AIDS, 말라리아 등이 있다.

➜ 입국 절차

① 입국 서류 작성

· 입국할 공항의 상공에 다다르면 승무원이 입국 신고 카드와 세관 신고서를 나누어 주고 기내에서 작성하게 한다.

② 도 착

· 검역이 필요한 국가는 검역이 있는 쪽으로 필요하지 않은 국가는 입국 수속하는 곳으로 간다.

③ 검 역

· 예방접종 증명서를 제시한다.

④ 입국 수속

· 여권 입국카드를 제시한다.
· 몇번째 방문이냐? 얼마동안 머무느냐? 방문목적은 무엇이냐? 어디에서 숙박하느냐? 등을 묻기도 한다. 이때 머뭇거리지 말고 준비해 두었다 분명히 이야기 한다. 특히 일본 세관은 딱딱하기 일쑤이니, 오히려 당당해질 필요가 있다.

⑤ 짐 찾기

· 항공기편 명의 표시가 있는 턴테이블에서 짐을 찾는다.
· 분실시에는 공항내 화물 분실 신고서(Lost and found)로 찾아가 항공권에 붙어 있는 화물 인환증(claim tag)을 제시하고 분실신고를 한다. 탁송화물을 아주 잃어버렸을 경우에는 항공사 측에 배상을 청구해야 한다.

⑥ 세 관

· 세관신고서를 내고 짐 검사를 받을 때 신고품의 유무 등이 주 질문 내용이다. 입국 전에 반드시 현지 세관법을 알아두어야 한다.

➜ 환승 및 중간기착

비행기를 갈아타기 위해 외국 공항에 잠시 들르기만 하고 그 나라에서 입국 수속을 밟지 않는다.

① 환 승

· 여행자가 최종 목적지로 가는 비행기를 바꿔 타는 것을 말한다.

· 환승 수속
  → 환승 안내 표시를 따라가 항공권을 제시하고 탑승권을 받는 등 탑승 수속을 다시 밟는다.
  → 중간 경유지로 짐을 부쳤을 경우는 이를 찾아 다시 부쳐야 한다.
· 복수 공항이 있는 도시에서는 비행기를 갈아타거나 출발할 때 반드시 어느 공항인지를 사전에 확인하고, 이동 시간도 고려해야 한다.
  뉴욕(존 에프 캐네디, 라과르디아, 뉴워크), 런던(히스로 케트윅), 도쿄(나리타, 헤나다) 등이 대표적인 복수 공항 도시이다.

② 중간 기착

· 장거리 노선을 운항할 때 비행기의 급유나 승무원 교대 등을 위해 한시간 정도 공항에 머무르는 것을 말한다.
· 잠시 공항 보세구역 내에서 휴식을 취하거나 간단한 쇼핑을 한 뒤 시간에 맞춰 다시 비행기를 타야 된다.

3) 기내 매너

➡ 기내 서비스

① 식사

· 일반적으로 도착국의 시간에 따라 식사 서비스가 제공되므로 시차 적응을 위해 양을 조절해서 먹는 것이 좋다.
· 일등석의 경우 풀코스 요리가 제공된다.
· 메인 요리는 자신이 먹지 않는 종류일 경우 다른 것을 요구할 수 있으며, 어린이나 특정 종교인을 위한 메뉴도 준비되어 있다.
· 서비스를 제공받는데 감사의 인사를 한다.

② 음 료

· 요청하는 대로 서비스된다.
· 알코올은 지상에서 보다 빨리 취하므로 유의한다.
· 소프트 드링크는 무료이나 알코올은 이코노미 클래스의 경우 유료로 제공하는 항공사도 있다.

③ 영화, 음악

· 이어폰으로 조용히 듣는다.

④ 신문, 잡지

· 승무원에게 요청한다.

⑤ 기내 판매

· 향수, 담배, 술 등의 면세품은 기내에 비치된 안내서를 보고 선정한 후 구입한다.

➜ 기내 에티켓

① 기내 시설 이용시

· 좌석위 선반에 상의나 가벼운 짐을 넣어둔다.
· 안전벨트는 사인이 켜져 있는 동안 반드시 하고 있어야 한다.
· 등받이를 뒤로 젖힐 때는 뒷사람에게 양해를 구한다. 이 · 착륙시 식사중에는 바로 세운다.
· 무거운 짐은 앞좌석 밑에 둔다.
· 화장실은 사용중(Occupied), 비어있음(Vacant) 표시를 살펴보고 이용한다. 화장실에선 반드시 금연한다.
· 안전벨트 착용 사인이 켜져 있을 때는 화장실을 사용하지 않는다.

② 흡연 에티켓

· 금연 사인이 켜 있을 때는 흡연석에서도 담배를 피울 수 없다.
· 최근에는 많은 항공사들이 기내 금연 수칙을 확산하고 있다.

③ 식사 에티켓

· 통로쪽에 앉았을 경우 창쪽에 앉은 승객의 식판을 받아 건네주는 것이 예의이다.
· 창쪽에 앉았을 경우 통로쪽 승객이 식사중일 때는 끝날때까지 기다렸다 일어선다.
· 식사후에는 종이 넵킨으로 식판을 덮어 전달하는 것이 보기에 좋다.

④ 좌석 에티켓

· 좌석에서는 절대 양말을 벗지 않는다.
· 발이 부을 수 있으므로 슬리퍼로 바꿔 신는 것이 좋으나 슬리퍼를 신은채 기내를 돌아다니지 않는다.
· 정장을 입었을 경우 기내에서 가디건 종류의 편안하고 따스한 옷으로 갈아입는 것이 비행 피로를 풀어주는데 도움이 된다.

⑤ 승무원에 대한 에티켓

· 승무원을 부를 때 호출 버턴을 누르거나 손짓으로 부른다.
· 식사시 음료 서비스를 받을 때는 감사 인사를 한다.

➜ 기내 건강 유지 요령

· 습도가 10~12%로 건조하므로 수시로 생수로 수분을 섭취한다.
· 담배나 술은 줄이고 잠을 많이 자도록 한다.
· 탈모 현상이 있는 승객은 비행 뒤 곧바로 머리를 감지 않는 것이 좋다.
· 혈액순환이 안되며, 경직이 일어날 수도 있으므로 가볍게 앉은 자세에서 몸을 움직여 준다.

4) 호텔 이용시 매너

호텔은 공공을 위한 공공의 집이다. 서로의 편의를 위해 지킬 것은 분명히 지켜야 하고 고객으로서 누릴 것은 철저히 누리는 것이 당당하다.

➜ 기본 에티켓

① 체크인

· 보통 오후 2시경에 시작된다.
· 숙박 등록카드를 작성한다. 성명, 주소, 국적, 생년월일, 여권번호, 출발예정일자 등을 적는다.
· 객실을 배정받고 벨맨의 안내에 따라 움직이면 된다. 짐은 벨맨에게 건네도록 한다.

② 체크 아웃

· 오전 11시부터 정오사이에 한다.
· 시간 초과시 초과요금을 내야 한다.

③ 목소리 매너

· 로비는 무언의 사교가 이루어지는 공공장소이므로 주의해서 말한다.
· 커피숍, 레스토랑이나 복도에서 큰 소리로 떠들지 않는다.

④ 행동 매너

· 객실내에서 조리를 하지 않는다.
· 객실내에서 노름을 하지 않는다.
· 술을 먹고 큰 소리로 말다툼을 하거나 싸우지 않는다.
· 비즈니스 호텔을 사교성이 짙은 곳이므로 복장에 유의한다.

· 호텔 로비나 엘리베이터 안에서는 금연하다.

· 호텔 비품은 절대 가져가지 않는다.

· 팁을 적당하게 꼭 주도록 한다.

· "please", "thanks", "excuse me"라는 말을 습관적으로 사용하는 것이 좋다.

➡ 호텔 시설 이용시 주의사항

① 객 실

· 외출시 방 열쇠를 프론트에 맡긴다.(분실시 벌금이 U$100 이상)

· 방문은 닫는 순간 자동으로 잠겨버리므로 열쇠를 반드시 가지고 나와야 한다. 창문과 같은 유리문도 잠길 수 있으므로 베란다에 나갈 때 반드시 열어둔다.

· 최근에는 객실 열쇠를 카드식으로 만들어 카드 판독기에 일정 정보를 입력해 놓아 분실시에도 다른 사람은 그 카드를 이용할 수 없다.

② 욕 실

· 목욕시 반드시 샤워 커튼을 욕조안에 자락을 늘어뜨려 욕조 바닥에 물이 튀지 않도록 한다.

· 더운 물은 H(Hot), 찬물은 C(Cold)로 표시하지만 프랑스나 이탈리아 등에서는 C(Chaud)는 더운물, F(Froid)가 찬물이므로 주의한다.

· 욕실에 비치된 석장의 타월 중 가장 작은 것을 이용해 비누칠을 하고 중간 타월로 몸을 닦으며, 가장 큰 것은 목욕후 몸을 감쌀 때 사용한다.

· 고무매트는 욕조안에 깔아 미끌어지지 않게 하고, 바스매트는 욕조 바로 옆 바닥에 놓아 물이 튀는 것을 방지하는 용이다.

· 샤워나 목욕이 끝나면 욕조에 묻은 머리카락이나 비누 거품을 닦아내는 것이 매너이다.

· 욕조안에 늘어져 있는 끈은 비상시에 사용해야하므로 아무 이유없이 사용하지 않는다.

③ 귀중품 보관함

· 호텔은 객실 도난 사고에 대해 일체 책임지지 않으므로 귀중품이나 현금, 고가품은 맡겨둔다. 열쇠는 분실하지 않도록 한다.

④ 캐셔(Cashier)

· 환전은 24시간 가능하고 공휴일도 이용할 수 있다. 환율이나 수수료는 시중 은행보다 다소 비싸다.

⑤ 레스토랑

· 미국의 아침 : 오전 7시~10시
　　　　　점심 : 낮 12시~2시
　　　　　저녁 : 오후 6시~8시
· 가벼운 식사는 커피숍이나 카페테리아를 이용한다.
· 슬리퍼 차림이나 짐을 모두 챙겨들고 가지 않는다(핸드백만)

⑥ 피트니스 시설

· 사우나, 수영장, 조깅 코스, 골프 연습장, 테니스장 등이 있다.
· 무료이거나 소정의 입장료만 내는 곳도 있다.

➜ 호텔 서비스 이용

① 룸 서비스(Room Service)

· 객실내에서 음식이나 음료수를 전화로 주문하여 먹는 것이다.
· 식당에 가서 먹는 것보다 10~15% 가격이 비싸다.
· 계산서에 봉사료가 포함되어 있지 않는 호텔에서는 배달을 한 종업원에게 반드시 팁을 주어야 한다.

· 아침 일찍 식사를 해야 할 경우에는 Hanger Menu에 미리 주문해 놓고 문밖의 문고리에 걸어두면 된다.
· 먹고난 식기류는 냅킨으로 덮어 문밖에 내놓는다.
· 요금은 청구서에 일단 서명하고 체크아웃할 때 정산하다.

② 모닝콜 서비스(Wake-upCall Service)

· 교환에게 원하는 기상 시간을 알려주면 벨을 울려 잠을 깨워주는 서비스이다.
· 전화를 받으면 반드시 감사 인사를 잊지 말아야 한다.
· 전화벨은 손님이 받을 때까지 계속해서 울리므로 일단 받아야 한다.

③ 세탁 서비스(Laundry Service)

· 세탁물을 비닐 주머니에 넣고 인적 사항을 적어두면 대개 다음날까지 배달이 가능하다.
· 급한 경우 'Express Service' 또는 'Same day Service' 라고 표시하면 당일에 되돌려 받을 수 있다.

④ 비즈니스 서비스

· 피닉스나 전보 등 통신 서비스를 대신해 준다.
· 통역, 메신저 등의 비즈니스 관련 업무를 제공한다.

⑤ 메이크업 서비스

· 외출시 룸 메이드(Room Maid)가 객실을 청소해 주는 서비스이다.
· 방해받고 싶지 않을 땐 DD(Do not Disturb!) 카드를 문밖에 걸어둔다.

⑥ 극장이나 관광예약 서비스

· 프런트나 콩시어쥬에서는 극장이나 영화의 티켓 준비라든가 관광투어의 예약이나 상담에 응해준다.

→ 숙박요금제도

① 아메리칸 플랜(American plan)

· 객실 요금에 하루 세끼의 식사요금이 포함된 숙박요금제도

② 콘티넨탈 플랜(Continental plan)

· 객실 요금에 아침 식사대만 넣은 숙박요금제도

③ 유러피언 플랜(European plan)

· 객실 요금에 식사요금을 포함시키지 않은 숙박요금제도

※ 호텔은 낯선 사람들이 일시적으로 체류하는 곳이므로 반드시 예의를 지키며 사용
  해야 한다. 자기 방을 벗어나면 공공장소임을 잊지말고 행동해야 한다.

5) 티핑(Tipping) 매너

서비스에 대한 감사의 표시로 주는 답례인 Tip은 일반적으로 우리나라에서는 팁에 대한 개념이 보편화되어 있지 않아 팁 문화는 그다지 익숙하지 못하다. 그러나 외국에서는 반드시 지켜야 할 의무이다시피 하다.

상황에 맞는 적절한 팁은 자신의 품위와 서빙하는 사람의 인격을 존중하는 하나의 격식인 것이다.

→ 팁 지불 매너

손바닥을 아래로 해서 돈이 보이지 않게 'Thank you' 하며 건네다 남성이 여성과 같이 있을 경우에는 남성이 주도록 한다.

➡ 상황별 팁의 지불액

① 룸서비스

· 계산서의 15% 정도를 준다. 주문한 음식을 가져왔을 때 자연스럽게 준다. 'Delivery Charge'라고 아예 계산서에 명시되어 있는 경우에는 따로 주지 않아도 된다.

② 도어맨

· 문을 열고 닫아주는 정도라면 굳이 팁을 줄 필요는 없고, 차를 주차해 주고 가져다 주면 각각 1달러 정도씩 주면 된다. 자동차 열쇠를 주고 받을 때 건넨다.

③ 벨 맨

· 코인으로 50센트 정도를 주면 되는데 큰 짐을 들어다 줄 때에는 1달러 정도를 준다.

④ 프론트 직원

· 별도의 팁을 줄 필요는 없지만 특별 서비스를 제공해 준 경우나 그 밖의 도움을 받아 감사의 뜻을 전하고 싶다면 5달러 정도면 알맞다.

⑤ 식당 웨이터

· 식사 비용의 10%를 준다. 계산서를 줄 때나 테이블 위에 올려 놓아도 괜찮다.

⑥ 소믈리에

· 주문한 술값의 15%를 준다.

➜ 국가별 팁 문화

① 중 국

· 계산서에 일정률의 봉사료가 포함되어 있는 경우가 대부분이기 때문에 특별한 서비스를 받은 경우에만 팁을 준다.
· 택시, 레스토랑에서는 팁을 줄 필요가 없다.

② 한국/일본

· 한국이나 일본에는 팁 문화가 없으므로 상대편이 서비스를 잘해 주었다 할지라도 '고맙다'는 말이면 충분하다.

③ 영 국

· 레스토랑 : 합계의 10%를 준다.
· 계산서에 포함되어 있을 경우는 특별히 팁을 주지 않아도 된다.
· 택시 : Black cab은 미터요금＋1~2파운드, Mini cab은 협상요금이다.

④ 인도네시아

· 현지인들은 한국인들이 돈이 많은 나라의 사람이라고 생각하고 항상 팁을 요구하고 있으므로, 상황에 따라 1000루피아 정도 팁을 주는 것이 좋다.
· 식사를 마친 후에 100루피아 미만의 거스름돈은 팁으로 남겨주어야 한다.

⑤ 싱가포르

· 택시, 레스토랑에서는 별도의 팁을 줄 필요가 없다.
· 호텔에서는 벨보이(Bellboy)와 룸 메이드(Room maid)에게 $2정도 준다.

⑥ 브라질

· 브라질은 팁이 일상 생활화되어 있다.

· 식당 : 기본적으로 합계의 10%가 팁으로 계산되어 나온다. 10%가 계산되어 있지 않은 경우는 10%를 놓고 나오면 된다.

· 택시 : 기본적으로 팁이 필요없으나 짐을 실은 경우는 약간의 팁을 준다.

⑦ 미 국

· 식사시 아침에는 10%, 점심이나 저녁에는 15% 정도를 주는 것이 매너이다. 많은 미국인들은 단지 $2~$3정도만을 팁핑한다.

· 베드팁핑시 일당 $1~$2 정도 주는 것이 매너이나, 미국 여행객의 90%는 하지 않는다.

서양에서는 호텔보이, 식당의 웨이터, 이발사, 미용사, 도어맨, 비행장의 포터, 택시 운전사 등에게 팁을 주어야 하므로 항상 잔돈을 지니고 다녀야 하며, 남·여 동행일 때는 남성이 주는 것이 매너이다.

6) 외출 쇼핑시의 매너

➡ 외 출

· 귀중품은 항상 여러 곳에 나누어 휴대하도록 한다.(소매치기, 분실)

· 호텔네임카드를 몸에 지니거나 호텔의 이름을 정확히 기억하도록 한다.

· 대중 교통 수단을 이용시 충분한 잔돈을 준비한다.

· 택시는 반드시 맨 앞의 택시를 타도록 한다.

· 도움을 청할 땐 정중한 태도를 취한다.

· 수상하게 접근해오는 외국인의 친절은 정중하게 거절한다.(사기꾼이나 나쁜 사람일 가능성이 많다.)

· 공중 도덕을 준수하여 현지인의 신고로 벌금을 내는 일이 없도록 한다.

➜ 쇼 핑

· 충동 구매나 집단 구매는 나쁜 이미지를 줄 수 있으므로 삼간다.
· 외국 상점에서는 점원들이 매상에 따라 급료를 받는 경우가 대부분이므로 판매를
  위한 농간을 부리는 경우도 있으므로, 구경만 한다고 밝힌다. "Just looking"이라
  말하고 이 때 상품에 손을 대서는 안 된다.
· 쇼핑은 마지막 날에 하는 것이 좋다.
· 여행 중에는 신용카드를 남에게 맡겨선 안 된다. 금액 확인과 선택한 물건이 맞는
  지도 확인한다.
· 반환시 영수증이 필요하므로 영수증을 잘 보관한다.

7) 비상 위급 상황시의 대처 요령

· 길을 잃었을 때는 가까이 있는 사람이나 경찰의 도움을 받아 방문국 주재 한국 공
  관에 연락하거나 호텔 네임 카드를 보여주고 안내를 받는다.
· 도난이나 분실시에는 여행 안내원의 도움을 청해야 하며 여행 가방은 열쇠를 채우
  고 비상키도 별도 보관한다.
· 강도나 공갈범을 만나지 않도록 필요 이상의 현금 수표 등은 남에게 보이지 않는
  다. 3인 이상 함께 움직이는 것이 안전하다.
· 교통사고시에 가해자가 되었을 때 불이익을 당하는 경우가 있다. 그러므로 'I am
  sorry'라고 하면 잘못을 시인하는 뜻이 되며, 즉시 여행 안내원이나 공관, 현지 주
  재 한국기관 등의 협조를 받는다.

8) 귀국할 때 매너

· 쇼핑을 너무 많이 해서 중량 초과로 화물 요금을 별도 지불하는 일이 없도록 한다.
· 수입 금지품이나 통관 제한 품목을 들여 오지 않는다.

· 비싼 물품을 숨겨 들여 오다 적발되어 관세법 위반으로 처벌받지 않도록 한다.

· 입국 심사나 세관 검사시 크게 떠들거나 우왕좌왕하지 않는다.

· 가방을 분실 도난 당하지 않도록 주의한다.

2 레스토랑 이용 시의 매너

식사는 인간과 인간사이에 마음을 열고 교감을 나눌 수 있는 중요한 매개체가 될 수 있다. 식사를 함께 하면서 서로에 대해 알게되고 정을 느끼게 된다. 뿐만 아니라 대부분의 사업상의 거래도 식탁에서 이루어진다는 사실이다.

특히 서양에서는 자신의 집에 사람들을 초대하고 음식을 준비하는 것을 중요한 행사로 여기기도 한다.

그만큼 식사도중에 지켜야 할 매너도 매우 까다로운 점이 많다. 그러나 이 테이블 매너가 사람들을 불편하고 귀찮게 하는 형식이 되어서는 안 된다. 서로를 이해하고 좀 더 즐거운 교제의 시간이 될 수 있게 하기 위한 약속이며 배려인 것이다.

1) 테이블 매너의 의의

테이블 매너(Table Manner)가 완성된 것은 19세기 영국의 빅토리아(Victoria) 여왕 (1819~1901) 시대인데, 이 시대는 세계역사상 가장 형식을 존중했던 시대였으며 도덕개념도 무척 까다로웠던 시대였다.

그러나 참다운 테이블 매너의 의의는 형식을 위해서가 아니고 "서로가 맛있고 즐거운 식사를 하기 위해서 맺어진 약속"이라고 할 수 있다.

일반적으로 사람이 요리를 맛있게 먹기 위해서는 미각 이외에도 시각, 청각, 후각, 촉각 등 인간의 5감 전부가 만족을 느껴야 하기 때문에 테이블 매너가 필요하다고 하겠다.

먼저 식당을 이용할 때 기본적으로 지켜야 할 매너는 다음과 같다.

· 고급식당 일수록 사전에 예약을 하는 것이 좋은데, 예약을 하지 않으면 불이익을 당할 수도 있다.
· 가능하면 정장을 하는 것이 좋은데 운동화, 슬리퍼, 청바지, 반바지 차림은 입장이 안될 수도 있다.
· 고급식당을 이용할 때는 가능하면 13세 이하의 어린이는 동반을 하지 않는 것이 좋다.

➡ 예 약

· 사전 예약을 하고 반드시 시간을 지킨다.
· 예약자의 성명, 날짜, 시간, 인원 그리고 필요한 경우 기념일, 생활 등을 자세히 알려주면 특별서비스를 받는다.
· 취소시엔 미리 전화를 해주어야 한다.

➡ 식당입장 및 착석시의 매너

· 입장할 때는 호스트(Host)나 남자가 앞장서서 주빈이나 여자를 안내한다.
· 식당직원의 안내없이 마음대로 입장하여 여기저기 기웃거리며 테이블에 착석하면 예의에 벗어나는 행동이며 직원의 안내를 받아 직원이 권하는 자리에 앉는 것이 예의이다. 만약 테이블이 맘에 들지 않을 경우에는 다른 테이블을 요구해도 무방하다.
· 외투나 가방 등 식사하는데 불필요한 소지품은 입장할 때 직원에게 보관하는 것이 좋다.
· 착석할 때는 레이디 퍼스트(Lady First) 원칙에 따라 여자나 연장자가 먼저 착석하고 마지막에 호스트나 남자가 착석한다.
· 착석할 때 남자는 일행이 여자의 착석을 도와주고 앉는 것이 예의이며 주빈이나 여자가 상석에 앉는다.

· 상석은 벽을 등진 자리, 전망이 좋은 자리, 입구에서 먼 자리가 상석인데, 직원이 제일 먼저 빼어주는 자리가 상석이다.
· 여자의 핸드백은 의자와 등 사이에 두거나 의자의 팔걸이에 걸어 둔다.
· 테이블 위에는 식사하는데 불필요한 것을 일체 얹어서는 안 된다.
· 착석 후 테이블과 가슴과의 거리는 주먹 두 개 정도가 좋으며 손은 무릎 위나 테이블 위에 올려놓는다. 팔꿈치를 테이블 위에 세우거나 턱을 괴는 행위는 좋지 않으며 다리를 꼬거나 몸을 흔들지 않는다.
· 좌석 배치는 파티 주최자인 호스트가 하는데 그 요령은 다음과 같다.
  → 좌석은 호스트가 정해준다.
  → 남자는 여자의 좌측에 앉는다.
  → 호스트의 부인은 호스트와 마주보고 앉는다.
  → 남자와 여자는 서로 이웃되게 앉는다.
  → 주빈은 호스트의 우측에 앉는다.
  → 부부는 서로 떨어져 앉는다.
· 냅킨(Napkin) 사용법
  → 냅킨은 일행 모두가 착석하고 난 후 첫 코스가 시작되기 전에 펼친다.
  → 냅킨은 털지 말고 조용히 펼친다.
  → 냅킨의 재봉선이 안쪽으로 오도록 무릎 위에 펼쳐 놓고 사용한다.
  → 냅킨을 만지작거리거나 안경이나 땀을 닦지 않는다.
  → 사용 시에는 냅킨의 안쪽을 사용하여 더러운 부분을 상대방에게 보이지 않도록 한다.
  → 식사도중 자리를 뜰 경우에는 테이블 위에 냅킨을 올리지 않고 의자에 놓아 둔다.
  → 식사가 끝난 뒤에 대충접어 테이블 위에 놓는다.
  → 몸이 부자유스러운 사람이나 어린이들은 목에 걸치고 사용하여도 무방하다.

➜ 음식 주문 요령

· 메뉴에는 정식요리 메뉴, 일품요리 메뉴, 뷔페 메뉴, 연회 메뉴 등이 있다.

· 음료를 포함한 정식요리 메뉴의 풀 코스 순서는 다음과 같다.

① 식전 음료 ② 빵 ③ 백포도주 ④ 찬 전채요리 ⑤ 수프 ⑥ 뜨거운 전채요리 ⑦ 생선요리 ⑧ 셔베트 ⑨ 적포도주 ⑩ 주요리 ⑪ 샐러드 ⑫ 치즈 ⑬ 샴페인 ⑭ 디저트 ⑮ 커피 또는 홍차 식후음료

· 메뉴는 천천히 보는 것이 오히려 매너이다. 단골고객이 아닌데도 메뉴를 제대로 보지 않고 주문하는 것은 품위 있는 행동이 아니다.

· 메뉴를 천천히 보고 난 후 코스별로 주문한다.

· 메뉴에 대한 지식이 부족하면 직원에게 묻거나 조언을 받아서 주문하는 것이 오히려 매너다.

· 주빈이나 여자부터 먼저 주문하고 호스트는 마지막에 주문한다.

· 초대되었을 때는 가장 비싼 요리나 싼 요리는 주문하지 않는 것이 초대한 사람에 대한 예의이다.

· 쇠고기 스테이크와 양고기를 주문할 때는 고기의 굽기 정도를 주문하여야 하는데, 고기의 굽기 정도는 ① 레어(Rare) ② 미디엄 레어(Medium Rare) ③ 미디엄(Medium) ④ 미디엄 웰던(Medium Well-Done) ⑤ 웰던(Well-Done) 등으로 구분한다.

· 샐러드를 주문할 때는 샐러드 드레싱을 주문한다. 샐러드 드레싱에는 싸우전드 아일랜드 드레싱, 이탈리안 드레싱, 프렌치 드레싱, 블루치즈 드레싱, 하우스 드레싱 등이 있다.

· 일품요리 메뉴인 경우는 디저트와 커피는 주요리가 끝난 다음에 주문하는 것이 좋다.

➜ 빵과 수프에 대한 매너

① 빵에 대한 매너

· 점심과 저녁에 제공되는 빵의 종류는 하드롤, 소프트롤, 호밀빵, 양파빵, 마늘빵,

바게트 등이 있다. 그런데 크와상, 브리오쉬, 머핀, 토스트 등은 조식용 빵이므로 점심이나 저녁 때 요구하면 안 된다.

· 빵은 요리가 시작되기 전에 제공되므로 첫 코스가 시작되기 전부터 먹기 시작하여 디저트 전까지 먹어도 좋다.

· 빵 접시는 왼쪽에 세팅되므로 왼쪽에 있는 것이 자기 것이며 빵 접시를 가운데로 이동시켜 먹는 것은 서비스에 방해가 되므로 좋지 않다.

· 빵을 먹을 때는 빵 바구니에 있는 빵 중에서 취향에 맞는 빵을 손으로 집어다가 왼쪽에 있는 자기의 빵 접시에 올려놓고 한입에 먹을 수 있는 양만큼 손으로 찢어서 버터를 발라 한입에 먹는다.

· 점심이나 저녁 때 제공되는 빵은 달지 않아 버터와 잘 어울리므로 잼은 요구하지 않는 것이 좋다.

➔ 수프에 대한 매너

· 수프 스푼은 펜을 쥐는 것처럼 쥐고 앞에서 먼 쪽을 향해 밀면서 떠 먹는다.

· 수프 컵에 담긴 수프는 손으로직접 수프 컵을 잡고 마셔도 좋다.

· 수프를 먹을 때 소리를 내거나 빨아 들이켜서는 안 되며 스푼으로 뜬 수프를 한번에 먹지 않고 조금씩 나눠 마시는 버릇은 좋지 않다.

· 수프가 너무 뜨거워 먹기가 곤란할 때는 수프 스푼으로 천천히 저어서 식힌 다음에 먹는 것이 좋다.

· 수프를 다 먹은 후에는 스푼은 수프 볼의 밑받침 접시에 올려놓는다.

➔ 과일 먹는 법

① 바나나

· 미국 : 먼저 손으로 껍질을 벗기고 나서 접시위에 놓고 포크로 한입 크기로 잘라 먹는다.

· 유럽 : 껍질채 한입 크기로 자르고 나서 나이프와 포크를 사용 껍질을 벗기고 포크로 먹는다.

② 포 도

· 포도알을 입에 넣고 절대로 소리내지 않고 요령껏 국물을 빨아 껍질과 씨는 손바닥에 뱉어내어 접시 위에 놓는다.

③ 사과, 배, 감, 복숭아

· 사과, 배, 감 등은 과일용 나이프로 껍질을 벗긴다. 껍질을 깎는 방법은 통채로 빙글빙글 돌려도 되고 껍질이 붙은 채 4등분으로 자른 다음 나이프로 심을 빼낸 뒤 손가락에 들고 먹거나 과일용 포크를 써서 먹는다.
· 복숭아는 먼저 과도로 반으로 잘라 씨를 빼고 4등분 한 뒤 껍질을 벗기고 포크로 먹는다. 복숭아즙은 식탁보에 묻으면 세탁을 해도 얼룩이 잘 빠지지 않으니 흘리지 않도록 각별히 조심하여야 한다.
· 감의 경우는 꼭지 부분과 밑바닥 부분을 수평으로 잘라 접시에 담아 식탁에 내놓는 것이 보통이며, 잘 익은 연시의 경우는 스푼으로 알맹이를 떠먹는다. 그리고 뱉어낸 씨는 스푼 위에 일단 얹어 두었다가 접시로 옮기면 된다.

➡ 식사 중에 지켜야 할 매너

· 직원을 부를 때는 가볍게 손가락을 세워들면 된다. 소리내어 부르거나 손을 흔들어서 부르는 것은 품위 있는 행동이 아니다.
· 서양요리는 나이프와 포크 하나만을 사용해서 먹는 것이 아니라 코스에 따라 각각 다른 나이프와 포크를 사용하며, 테이블에 세팅되어 있는 나이프(Knife)와 포크(Fork)는 바깥쪽에서 안쪽으로 놓인 순서대로 사용한다. 미국에서는 포크를 오른쪽에 쥐고 편리하게 먹는 방법이 허용된다.
· 식사 중에 손에 쥔 나이프나 포크를 세워서는 안되며, 바닥에 떨어진 기물은 자기가 직접 줍지 말고 직원에게 부탁하는 것이 좋다.

· 식사가 끝나면 나이프를 위쪽, 포크를 아래쪽으로 접시의 복판에서 45° 각도로 나란히 놓는다.

· 식사 중에는 나이프는 접시 오른쪽의 위쪽에 45° 각도로 놓고, 포크는 접시 왼쪽의 위쪽이나 적당한 빈 공간에 45° 각도로 놓는 것이 좋다.

· 요리가 제공되면 바로 먹기 시작하는 것이 좋으며, 손윗사람의 초대를 받았을 경우는 초대한 분의 뒤를 따라 시작하는 것이 좋다.

· 소스가 나올 때까지 요리에 손을 대서는 안 된다.

· 무작정 소금이나 후추 등의 조미료를 치는 행위는 삼가야 한다. 먼저 맛을 본 후 입맛에 안 맞으면 조미료를 치는 것이 예의이다.

· 생선요리는 뒤집어서 먹지 않고 그대로 두고 먹는다.

· 육류요리는 한꺼번에 썰어두지 않고 왼쪽부터 한입 크기로 잘라 먹는다.

· 스파게티에는 스푼과 포크가 따라 나오는데, 스파게티는 오른손의 포크로 먹을 양만큼 떠서 왼손의 스푼에 올려놓고 포크에 감아서 한입에 먹는다.(포크로만 먹어도 무방하다.)

· 접시를 움직여야 할 경우는 자신이 직접 움직이지 말고 직원에게 부탁한다.

· 핑거볼은 왼쪽에 제공되며 손가락을 씻을 때는 한 손씩 교대로 씻는다.

· 셔베트는 입안을 씻어 내어 새로운 입맛으로 주요리를 먹기 위해 먹는데, 생선요리 다음 주요리가 제공되기 전에 먹는다.

· 남자는 여자보다 호스트는 손님보다 먼저 식사를 끝내서는 안 된다. 주위사람들과도 속도를 조절한다.

· 식사가 끝났다고 식기를 포갠다거나 한 쪽으로 치워놓지 않는다. 빵 접시나 샐러드 접시를 앞쪽으로 당겨 오는 것도 금물이다.

· 입안에 음식이 들어 있을 때 말을 걸어오면 즉시 대답하지 말고 음식을 삼킨 후 "Excuse me"라 양해를 구하고 대답한다.

· 입안에 음식이 들어 있는데 음료를 마시거나 다른 음식물을 먹기 위해 입을 벌려선 안 된다.

· 트림을 하지 않는다.

- 빵으로 접시를 닦아내듯 하지 않으며, 냅킨으로 식기를 닦아서도 안 된다.
- 코스가 바뀔 때 지루한 듯 몸을 뒤틀거나 하품, 기지개를 펴서는 안 된다.
- 식사 테이블에선 화장을 고치지 않는 것이 좋다.
- 오른손으로 식사하며 왼손으로 접시를 잡지 않는다.
- 음식 씹는 소리, 접시 부딪치는 소리 등 소리를 가급적 내지 말아야 한다.
- 소금이나 후추가 멀리 떨어져 있을 땐 옆 사람에게 부탁하는 것이 좋다.
- 식사 중에 허리띠를 풀지 않는다. 문화권에 따라 잘 먹었다는 표시가 될 수도 있지만 미개해 보일 수 있는 좋지 않은 행동이다.
- 식사 후에 소리내어 입을 가시는 것도 절대 해서는 안될 매우 지저분한 짓이다.
- 식탁에서 이쑤시게를 사용하지 않는다. 손으로 가려도 보기 싫은 모습이므로 가급적 화장실을 이용하는 것이 좋다.
- 급한 상황이 아니면 식탁을 떠나지 않도록 한다. 용변은 식사전에 미리 봐두는 게 좋다.
- 식사도중 포크나 나이프를 떨어트리거나 물을 엎지를 경우 웨이터를 불러 도움을 청하는 것이 좋다.
- 식사도중 절대로 머리를 긁거나 얼굴을 만지지 않는다.
- 식사 후 몸을 뒤로 젖히며 "아! 잘 먹었다.", "배가 불러요"라고 말하게 되면 품위가 손상되어진다.

➜ 상황에 따라 발휘하는 재치있는 매너

① 식사중의 실수

이런 경우 웨이터나 지배인을 불러 도움을 청한다. 가능한 다른 사람들이 모르게 조용히 오른손을 들어 신호를 보내도록 한다.

② 뜨거운 음식이나 상한 음식을 먹었을 때

무심코 먹은 음식이 너무 뜨거울 때에는 찬물을 먹는다. 주변에 물이 없을 시에는 뱉도록 하는데 종이냅킨에 싸서 그릇 한쪽에 놓아둔다. 상한 음식을 먹었더라도 마찬가지로 빨리 뱉도록 하는데, 뱉는 것이 잘 안보이도록 냅킨으로 가리도록 한다.

③ 고기나 뼈가 목에 걸렸을 때

생선가시가 걸렸을 때는 물을 마시거나 냅킨으로 입을 가리고 기침을 한다. 손가락으로 입에서 꺼내는 것도 실례가 되지 않으며, 이때에도 역시 다른 손이나 냅킨으로 입을 가리도록 한다. 고기나 뼈가 목에 걸려 기침을 여러 번 하고 싶다면 양해를 구하고 자리를 물러나도록 한다.

④ 기침, 재채기, 코풀기

기침이나 재채기가 나오려 하면 손수건 또는 냅킨으로 코와 입을 먼저 가리도록 한다. 코를 풀고 싶을 때에는 양해를 구하고 자리를 뜬다. 자신의 손수건이나 휴지를 사용하며, 냅킨은 원래 사용하지 않는 것이다. 땀이 날 때에도 냅킨으로 닦지 않는다.

➡ 계산 및 출발시의 매너

· 계산은 직원을 불러 테이블에서 하는 것이 편리하고 좋다.
· 만약 계산서에 봉사료가 포함되어 있지 않을 경우에는 계산금액의 10% 정도에 해당하는 돈을 계산이 끝나고 난 뒤에 냅킨이나 접시 밑에 끼워 두는 것이 좋다.
· 자리에서 일어나자는 뜻은 항상 초대받은 쪽의 여자 중에서 연장자가 먼저 나타내는 것이 좋다.
· 일어설 때 냅킨은 자연스럽게 식탁 위의 빈 공간에 올려놓으면 되는데, 의자에 걸쳐놓는 것은 좋지 않다.
· 식당을 나갈 때는 남자가 앞장서서 나가서 뒤따라오는 여자를 기다리는 것이 예의이다.
· 계산시 다소 넉넉한 큰돈을 내고 거스름돈을 거슬러 받는 편이 품위를 유지할 수 있다.

2) 서양 정식

동·서양을 막론하고 각국 정상들의 정식 연회에서는 프랑스 요리를 내는 것이 관례처럼 되어 있다. 이는 일찍이 유럽 제국이 국왕에 의해 다스려지던 시대에 왕실에서 일하던 궁중요리의 조리 장은 대부분 프랑스 인이었기 때문에 생겨난 전통이다. 오늘날 프랑스 요리는 세계 각국의 요리 중에서 가장 훌륭한 요리로 정평을 얻고 있다. 프랑스 요리의 특징은 맛, 향, 모양이 뛰어나다는 점과 이와 어울리는 포도주가 매우 다양하다는 점이다. 따라서 서양 정식이라면 프랑스식 '풀 코스(full course)'인 '따블 도트(table d' hôte)'를 가리키는 것이 일반적이다. 이것은 '일품요리(A la carte)'와 달리 각 코스별로 정해진 요리가 차례로 제공되는 것을 말하는데 프랑스어를 직접 사용하는 것이 특징이다.

다음은 일반적인 서양 정식의 각 코스별 요리를 나열한 것이다.

➡ 어페리티프(apritif: 식전주 아뻬리티프-apéritif)

식전에 분위기를 돋구기 위해 마시는 술.

➡ 에피타이저(appetizer: 전채 오르되브르-hors-d' oeuvres)

식욕을 증진시키기 위하여 제공하는 적은 양의 요리로 카나빼, 생굴, 피클, 캐비어, 훈제 연어 등이 이에 속한다. 오르되브르에 어울리는 술은 셰리주나 샴페인이다.

➡ 수프(soup: 뽀따쥐-potage)

· 뽀따쥐 클레르(potage claire): 맑은 수프로 꽁소메가 대표적이다.
· 뽀따쥐 리에(potage lié): 진한 수프로 크림수프가 대표적이다.

➡ 생선 요리(fish: 쁘와송-poisson)

주로 생선을 찌거나 버터 구이한 것인데 조개류도 포함된다. 맛은 담백하다. 주류는 백포도주를 섭씨 5도 내지 10도로 차게 하여 마신다.

➡ 셔벗(sherbet: 소프베-sorbet)

다음 나올 요리를 먹기 전 입가심용으로 먹는 것이다. 과일이나 술이 들어간 얼음과자로 유지방이 전혀 들어있지 않아 맛이 산뜻하다.

➡ 앙뜨레(entree: 앙뜨레-entrée)

주요 코스에 들어간다는 뜻
쇠고기, 닭고기, 오리고기, 양고기 등이 이에 해당한다. 실온의 적포도주를 함께 마신다. 익힌 야채도 함께 짙은 접시에 담아 서브된다.

➡ 로스트(roast: 로티-rôti)

디너의 클라이맥스로 치킨이나 오리고기를 로스트한 요리를 말하는데 생략되는 경우도 많다.

➡ 샐러드(salad: 살라드-(salade))

앙뜨레에 따라 나온다. 샐러드 그릇에 정면에 나오면 대부분 앙뜨레 보다 먼저 먹고 비워도 되며 앙뜨레와 함께 먹어도 괜찮다.

➡ 치즈(cheese: 프로마쉬-fromage)

서양인들은 식후에 다양한 종류의 치즈를 즐기는 경우가 많다.
적포도주, 프렌치 빵과 어울린다.

➡ 디저트(dessert: 데쎄르-dessert 혹은 앙트르메-entremets)

단맛을 내는 과자, 파이, 아이스크림, 젤리 등을 먹는다.

➡ 과일(fruit: 후루이-fruits)

멜론, 딸기, 바나나, 파인애플 등의 과일을 먹는다. 수분이 많은 과일은 왼손으로 누르고 스푼으로 떠먹고, 딸기는 한알씩 스푼으로 떠 먹는다. 포도는 왼손으로 송이를 잡고 한알씩 따서 먹는다.

➡ 커피(coffee: 카페-café)

보통 컵에 반 정도 되는 작은 드미타스(demi-tasse) 컵으로 제공된다.

➡ 디제스띠프(식후주: digétif)

코냑(cognac)이나 브랜디(brandy)를 마신다.

3) 각 나라별 음식 문화

종교적, 역사적, 문화적 차이에 따라 나라나 민족마다 음식문화도 각양 각색이다.

➡ 한 국

한국음식은 오랜 전통과 역사 속에서 발달해오면서 지방에 따라 다양한 특색을 나타내며, 그 지방만의 독특한 음식문화를 자랑하기도 한다. 여러 가지 양념을 곁들이고, 무엇보다 손끝에서 우러나는 감칠 맛을 지닌 한국음식-우리에게는 일상음식이지만 특별한 날에는 가장 푸짐하고 정갈한 요리가 될 수 있는 한식과 그에 따른 식사 예법은 누구보다도 우리가 먼저 지키고 바르게 알아 두어야 외국인에게도 자신있게 대접할 수 있을 것이다.

① 전통적인 한식 상차림

우리나라 음식의 상차림에는 반상, 면상, 주안상, 교자상 등이 있다. 반상은 평상시 어른들이 먹는 진짓상이고 면상은 점심 같은 때 간단히 별식으로 국사류를 차리는 상이다. 주안상은 적은 수의 손님에게 약주 대접을 할 때 차리는 술상이고 교자상은 생일, 돌, 환갑, 혼인 등 잔치 때 차리는 상이다.

반상은 음식 수에 따라 3첩 반상에서 시작해 5첩, 7첩, 9첩, 12첩 반상 등이 있는데 밥, 국, 찌개, 김치, 장류 등 종지는 첩수에 넣지 않는다. 반상은 외상, 겸상, 3인용 겸상으로 차리는데 외상일 경우 상차림은 상의 뒷줄 중앙에는 김치류, 오른편에는 찌개, 종지는 앞줄 중앙에 놓으며, 육류는 오른편, 채소는 왼편에 놓는다. 원래 우리나라 식탁의 기본 상차림은 외상으로서 잔치 때 수십명의 손님이 찾아와도 이들을 일일이 외상으로 모셨다 한다. 그러나 사회생활이 복잡해지고 편리함과 간편함을 먼저 생각하다보니 겸

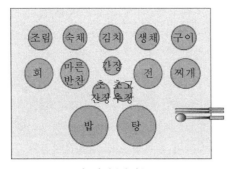

7첩 반상(외상)

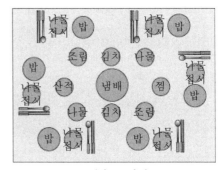

6인용 교자상

상, 두리반상과 교자상으로 점점 바뀌어가고 있다. 그러나 외국 손님을 집에 초청하여 한식을 대접하는 경우, 여러 사람이 한 상의 음식을 먹는 교자상보다는 우리 고유의 기본 상차림인 외상으로 하거나, 아니면 서양식 식탁 위에 외상식으로 손님마다 제각기 음식을 따라 차리는 반상이 바람직할 듯하다.

② 절충식 한식디너

비즈니스와 사교의 영역이 점점 넓어지고 외국인과의 대면이 자연스러워진 만큼 그들에게 우리의 음식을 접대할 기회가 많아지고 있다. 그러나 외국인들에게 무조건 한국식을 권하기 보다는 요리는 우리 것으로 접대 방식은 서양식으로 하는 이른바 절충식이 어떨까 한다.

㉠ 절충식 한식디너 장만의 예

· 국을 대접하고자 할 때에는 건더기를 적게 해서 준비한다. 만두국의 경우 만두는 엄지 손가락보다 조금 큰 정도로 조그맣게 빚고 두서너개 정도만 담아낸다.
· 여름철에는 오이냉국을 대접하면 효과적이다.
· 디저트로서 커피나 홍차대신 인삼차나 수정과, 식혜 등을 준비해 두는 것도 좋다.

한국요리는 요리만을 먹기보다 밥을 먹기 위한 반찬의 비중이 크므로 전반적으로 짜고 맵다. 따라서 외국 손님에게 대접할 때는 특별히 조리법에 신경을 써서 접대해야 한다. 무엇보다 마늘을 많이 넣지 않도록 주의해야 한다.

③ 한국식 뷔페디너

손님을 많이 초대할 때는 한국요리도 뷔페 스타일로 대접하는 것이 좋다. 전채에서부터 고기요리, 음료와 후식까지 골고루 한꺼번에 차리고 밥도 곁들여 놓는다. 외국인 손님이 있는 경우라면 볶은밥이나 김밥을 보기 좋게 말아서 내놓는 것도 좋은데 이때에는 수저와 함께 포크도 준비하는 센스를 발휘하도록 한다.

'상다리가 부러지게' 라는 우리만의 표현이 있듯이 한번을 먹더라도 거하게 차려먹는 식습관은 접어두고 뷔페로 준비할 때에는 맛있고 자신있는 요리 4~5가지 정도로 요리의 수를 줄여 장만하는 것이 좋다. 마지막으로 청결하고 말끔한 식탁 분위기를 만들어 손님이 즐겁게 식사할 수 있도록 접대하는 것에 가장 신경을 쓰도록 한다.

④ 한국식 식사 예절

· 출입문에서 떨어진 안쪽이 상석이므로 윗사람이 앉도록 하며, 식탁에는 곧고 단정한 자세로 앉는다.
· 손윗사람이 수저를 든 후 아랫사람이 따라 들고, 식사 중에는 음식 먹는 소리 등을 내지 않도록 한다.
· 숟가락을 빨지 말고 또 숟가락, 젓가락을 한 손에 쥐지 않는다.
· 밥은 한쪽에서 먹어 들어가며 국은 그릇째 들고 마시지 않는다.
· 반찬은 뒤척이지 말고 한입에 먹을 만큼만 집어서 입을 다물고 먹는다.
· 식사 속도를 윗사람에게 맞추는 것이 예의이며, 윗사람이 식사를 마치고 일어서면 따라 일어선다.
· 반상기의 뚜껑은 빈 그릇의 경우 뒤집어 덮으며, 남은 음식이 있는 그릇은 본래대로 덮어 놓는다.

➡ 중국음식

중국음식은 수천년의 역사를 자랑한다. 중국은 워낙 넓고 큰 나라여서 각 지역마다 재료와 기후, 풍토가 달라서 일찍이 지방마다 독특한 식문화가 발달하였다. 지역에 따라 북경요리, 사천요리, 광동요리, 상해요리 등 네 가지로 분류된다.

① 중국요리의 종류

㉠ 북경요리

북경요리는 중국 북부지방의 요리로, 한랭한 기후탓에 높은 칼로리가 요구되어 강한 불로 짧은 시간에 만들어내는 튀김요리와 볶음요리가 특징이다. 재료도 생선보다 육류가 많으며, 면, 만두, 병 등와 종류가 많다. 대표적인 요리로는 북경 요리, 양 통구이, 물만두, 자장면 등이 있다.

ⓛ 사천요리

사천요리는 양자강 상류의 산악지대와 사천을 중심으로 한 운남, 귀주지방의 요리를 말한다. 바다가 먼 분지여서 추위와 더위의 차가 심해, 악천후를 이겨내기 위해 향신료를 이용한 요리가 발달했으며, 마늘, 파, 고추 등을 넣어 만드는 매운 요리가 많다. 신맛과 매운맛, 톡 쏘는 자극적인 맛과 향기가 요리의 기본을 이룬다. 마파두부, 새우 칠리소스 등이 유명하다.

ⓒ 광동요리

광주를 중심으로 한 중국 남부지방의 요리를 말한다. 중국 남부 연안의 풍부한 식품 재료 덕분에 어패류를 이용한 요리가 많고, 아열대성 야채를 사용해 맛이 신선하고 담백하여 중국 요리 최고로 평가받고 있다. 광동식 탕수육, 상어 지느러미 찜, 볶음밥 등이 유명하다.

ⓔ 상해요리

중국의 중부지방을 대표하는 요리로, 풍부한 해산물과 미곡 덕분에 예로부터 식문화 발달하였다. 특히 그중에서 상해는 바다에 접해 있어 새우와 게를 이용한 요리가 많다. 상해 게요리는 세계적으로 명성이 높으며, 오향우육, 홍소육 등이 유명하다. 상해요리는 간장과 설탕을 많이 사용하는 것이 특징이다.

② 중국식 식사예절

· 원형탁자가 놓인 자리에서는 안쪽의 중앙이 상석이고, 입구쪽이 말석이다.
· 중국식은 원탁에 주빈이나 주빈내외가 주인이나 주인내외와 마주앉는다. 주빈의 왼쪽자리가 차석, 오른쪽이 3석이다.

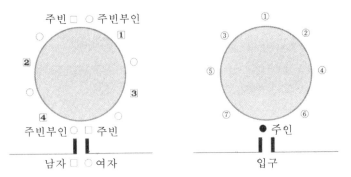

○ 중국요리 테이블에서의 상석 서열

· 중국식당에서는 냅킨과 물수건이 함께 제공되는데, 이때 물수건으로 얼굴을 닦는 일은 없어야 한다.

· 중국요리는 요리접시를 중심으로 둘러앉아 덜어먹는 가족적인 분위기의 음식이다. 적당량의 음식을 자기 앞에 덜어먹고, 새 요리가 나올 때마다 새 접시를 쓰도록 한다.

· 젓가락으로 요리를 찔러 먹어서는 안되며, 식사 중에 젓가락을 사용하지 않을 때는 접시 끝에 걸쳐 놓고, 식사가 끝나면 상 위가 아닌 받침대에 처음처럼 올려 놓는다.

· 중국식당에서는 녹차, 우롱차, 홍차 등의 향기로운 차가 제공된다. 한 가지 음식을 먹은 후에는 한 모금의 차로 남아 있는 음식의 맛과 향을 제거하고 새로 나온 음식을 즐기면 된다. 중국 사람들이 기름진 음식을 먹고도 비만을 예방할 수 있는 것은 차 덕분이라고 한다. 그러므로 중국 음식을 먹을 때에는 중국차를 많이 마시는 것이 좋다.

· 만두, 빵 등은 손으로 작게 자른 뒤에 먹는다.

· 면 건더기가 있는 음식은 수저를 이용하여 먹고 국물은 작은 그릇에 떠서 마신다.

· 오리구이, 돼지구이는 밀전병에 소스를 바른후 야채, 고기 등을 얹어 손으로 싸서 먹는다.

· 게 요리는 통째로 나오므로 껍질을 분리한 후 잘라 젓가락으로 먹는다.

㉠ 중식 주문 요령

· 세트 메뉴가 있는 식당인 경우, 요리를 하나하나 주문하는 것보다 손님의 수와 취

향을 고려하여 세트 메뉴를 주문하는 것이 좋은 요리를 고루 먹을 수 있고 한결 경제적이다.

· 4명 이상인 경우 요리 중에 수프류를 넣는다.

· 재료와 조리법, 소스 등이 중복되지 않도록 주문한다.

· 처음 이용시에는 웨이터의 도움을 받는 것이 합리적이다.

➜ 일 본

일본 요리의 특징은 해산물과 제철의 맛을 살린 산나물 요리가 많다는 것과 혀로 느끼는 맛과 함께 눈으로 보는 시각적인 맛을 중시하는 것이다. 일본 요리는 맛과 함께 모양과 색깔, 그릇과 장식에 이르기까지 전체적인 조화에 신경을 쓴다.

① 일본식 식사예절

일식에서는 일식 벽장 앞 중앙이 상석이며, 밥상 앞에서는 언제나 똑바른 자세로 앉아야 한다. 웃어른이나 주인보다 먼저 자리에 앉아있어야 하며 물러날 때는 웃어른이나 주인이 일어서면 이에 따른다.

일본 요리는 보통 소반 위에 얹혀져 나오는데, 젓가락은 자기 앞쪽으로 옆으로, 음료용 컵들은 바깥쪽에 얹어서 놓는다. 밥이나 국을 받으면, 밥은 왼쪽에 국은 오른쪽에 놓았다가 들고 먹는데, 그릇을 받을 때나 들 때는 반드시 두손을 사용하게 되어 있다. 밥을

먹을 때에는 반찬을 밥 위에 얹어 먹어서는 안 되고, 추가를 원한다면 공기에 한술정도의 밥을 남기고 청하는 것이 예의이다. 국은 그릇을 들고, 한 모금 마신 후 건더기를 한 젓가락 건저 먹은 다음, 상 위에 놓은 식으로 여러 번 들고 마시며, 밥그릇에 국물을 부어 먹어서는 안 된다.

생선회는 겨자를 생선 위에 조금 얹고 말 듯이 한 후 간장에 찍어 생선맛과 겨자의 향을 즐기는 것이 원칙이다. 우리처럼 처음부터 겨자를 간장에 풀어서 먹으면, 겨자의 향이 날아가 버리므로 바른 방법이 아니다. 생선회에는 무나 향초 잎이 곁들여 나오는데, 이것은 장식용이지만 입가심으로 먹어도 좋다. 두서너 가지의 모듬회인 경우에는 희고 담백한 생선부터 먹는 것이 바른 순서이다.

튀김의 경우는 찍어먹는 쯔게지루를 상에 놓고 먹거나 손으로 들고 찍어 먹어도 되며 잔이 비고난 후 술을 따르는 우리와는 달리 상대의 술잔에 술이 조금 남아 있을 때 술을 채워주는 것이 일본식 주도이며 한손으로 술잔을 잡아도 되며 잔은 돌리지 않는다.

➜ 프랑스

세계적인 미식가로 알려져 있다. 돼지고기에 국한되는 독일 요리를 깔보는 경향이 있다. 아침식사 때 사업에 관한 이야기를 나누는 것은 별로 좋아하지 않으며 레스토랑에도 개를 데리고 들어가 웨이터에게 개 식사를 부탁하는 것이 흉이 되지 않을 만큼 애완견을 좋아하기도 한다.

스테이크와 샐러드를 동시에 제공한다. 손을 식탁에 올려도 된다.

➜ 영 국

영국에는 Tea 타임이 있는데 Afternoon Tea란 저녁때 작은 샌드위치나 과자류를 차와 함께 먹는 것을 말하고, High Tea란 계란이나 훈제 고기를 곁들인 것이다. 냅킨은 기저귀를 의미하므로 서비어트(Serviette)라고 해야 한다.

➜ 독 일

아침 식사에 꿀을 가장 즐기는 민족이다.

아침에 꿀을 대접받으면 특별한 것으로 간주한다. 손을 식탁위에 올려도 된다.

독일의 음식은 프랑스와 이탈리아에 견주어 초라하다는 평가가 있을 정도로 서민적이다. 이처럼 초라한 그들의 음식을 돋보이게 하기 위해 식기는 디자인이 돋보이는 것들이 많이 발달되어 세계적으로 큰 인기를 누리고 있다.

➜ 미 국

말고기를 먹지 않는다. 식사를 하지 않을 때에는 손을 무릎 위에 두는 것이 예의라고 생각한다. 칵테일 아워가 있다.(식사 전 약 1시간 동안 술을 즐기는 것)

점심을 간단히 저녁을 풍성하게 먹는다.

➜ 회교도

돼지고기는 물론 돼지고기를 가공한 음식물도 먹지 않으며 술도 마시지 않는다.

3 파티 매너

파티란 서로를 이해하고 인간관계를 보다 돈독히 하기 위해 관련된 사람을 초청하여 대화를 나누며 짧은 시간 많은 사람을 만나 상대방에게 좋은 인상에 남기는데 그 의의가 있으므로 서로간에 매너를 지켜야 친밀한 교제와 즐거운 분위기를 만들어 낼 수 있다.

1) 하우스 파티(House Party)

주말에 집이나 클럽으로 손님을 초대하여 하루나 며칠 함께 묶으면서 여는 파티이다.

(1) 에티켓

· 예정이 확실치 않으면 거절하는 편이 좋다.
· 반드시 선물을 준비한다. 아기 선물, 음식 장만 등도 좋다.
· 며칠 묵을 경우 한끼쯤은 손님이 접대하는 것이 좋다.
· 그 집안의 습관을 따르도록 애쓴다.
· 사소한 일가지 주의를 기울인다.(목욕탕 욕조, 침대, 흡연)
· 장거리 전화를 한 경우 돈을 지불해야 한다.
· 실수로 잘못을 할 경우 사과하고 변상할 뜻을 비춘다.
· 음식 준비나 설거지를 도와주는 배려를 한다.

2) 뷔페(Buffer)

장소와 크기에 비해 많은 손님을 대접할 때의 식사 형식이며 'buffet'라는 프랑스어로 찬장, 선반이라는 뜻에서 유래되었다.

(1) 종 류

· Sitting buffer
· Standing buffer
· Cocktail buffer

(2) 에티켓

· 실례가 되지 않을 정도의 단정한 옷차림이면 무방하다.

· 줄을 지키며 조금씩 접시에 담는다. 새치기 하지 않는다.

· 빵은 빵접시에 따로 담는다.

· 남성은 옆자리의 여성을 위해 빵을 여유있게 가져와 권하는 것이 예의이다.

· 여성의 잔이 비었을 때도 음료를 갖다준다.

· 먹는 순서는 일반 정식의 순서대로 전채, 수프, 생선요리, 고기요리, 디저트 순이다.

· 찬 음식부터 시작해야 더 많이 먹을 수 있다.

· 음식을 담을 때는 시계도는 방향으로 나아가는 것이 원칙이다.

· 찬요리와 뜨거운 요리를 같은 접시에 담아 먹지 않는다.

· 파티에서는 주인을 독차지 하지 말고 대화를 짧게 하도록 한다.
  (끼리끼리 모이지 말고 서로 소개하거나 즐겁게 담소하도록 한다.)

· 주빈이 돌아간 후 적당한 시간에 일어나도록 한다.

3) 칵테일 파티(Cocktail Party)

· 칵테일을 주로 하고 손으로 집어 먹을 수 있도록 작게 만든 카나페를 곁들여 내는 파티로 저녁 식사전인 5~8시 사이에 실내나 실외에서 2시간 정도 진행된다.

· 참석자는 시간에 제한없이 자유롭게 참석하고 돌아갈 수 있다.

(1) 에티켓

· 일반적으로 턱시도나 칵테일 드레스를 입지만 상황에 따라 평상복을 착용하여도 무방하다.(단 스포티한 차림은 금한다.)

· 주최자의 소개를 기다리지 말고 스스로 자기를 소개하면서 다른 손님과 어울린다.

· 같은 사람하고만 너무 오래 있거나 동료들끼리만 모여 있는 것은 좋지 않다.

· 먹는 것 보다 마시는 것을 위주로 하므로 지나치게 많은 카나페를 먹어선 안된다.

· 술을 못하더라도 음료를 주문해서 함께 마시면서 어울린다.(Coke, gingerale, seven-up)

- 칵테일은 만든지 10분이 지나면 섞인 재료가 분리되어 맛이 떨어지므로 될 수 있는 대로 빨리 마셔야 한다.
- 주최측과 인사를 나눈 뒤 조용히 떠나도 되며 파티가 끝난 후에도 자리를 뜨지 않는 것은 실례가 된다.

4) 티파티(Tea Party)

식사를 겸하지 않는 간단한 음식과 차를 대접하는 것으로 오전 10~11시경이나 오후 2시~4시 전후에 열린다. 어떤 연회보다도 친밀감을 느낄 수 있다.

(1) 에티켓

- 복장은 단정하고 깨끗한 평상복이나 장소에 따라 애프터눈 드레스나 양복 등으로 격식을 차려 입는 것이 좋다.
- 친한 사람의 초대가 아닐 경우 차를 마시고 15~30분 안에 떠나는 것이 좋다.

5) 가든 파티

정원에서 하는 비교적 규모가 큰 파티로 저택의 뜰이나 정원, 공원 등에서 열기도 한다.

(1) 에티켓

- 참석 여부를 반드시 알려준다.
- 여성은 밝고 화려한 색채의 드레스가 원칙이다. 혹 운동을 겸한 파티라면 운동복을 입어도 무방하다.
- 먼저 주인과 인사를 나눈 뒤 가능한 짧은 자기 소개와 동반자를 소개한다.

6) 조 찬(Breakfast Party)

항상 바쁜 사람들이 조식 시간을 이용해 모이는 행사로 아침 8시에서 9시경까지 아침 식사를 하면서 간담을 하는 형태이다.

조찬시엔 중형(Appetize) 나이프와 포크를 사용한다.

7) 오 찬(Luncheon Party)

점심을 대접하는 파티로 정오부터 2시까지 베풀어지며 정찬인 디너에 비해 약식으로 진행된다.

(1) 에티켓

· 오찬은 정시에 시작하므로 늦지 않도록 한다.
· 술은 보통 생략되나 식전에는 카나페를 안주로 한 칵테일이 나오며 포도주나 맥주 정도가 준비될 때도 있다.

8) 만 찬

결혼식 피로연이나 외국 손님의 환영, 축하시에 마련하는 것으로 정중하고 많은 예절이 요구된다. 의례적 규칙에 따라 진행되는 정식 만찬일 경우 집사 이하 시중드는 이들이 전원 남성으로 하는게 규정이다.

(1) 에티켓

· 초대장은 받으면 조속히 참석 여부를 회신하여야 한다.
· 여성은 저녁에는 이브닝 드레스 낮에는 애프터눈 드레스 칵테일 드레스를 입으며 그에 맞는 액세서리를 갖추도록 한다.

· 주변이 떠난 뒤라도 연장자가 떠날 때까지 남아 있어야 한다.
· 집으로 돌아와서는 편지나 전화로 인사를 하는 것이 바람직하다.(또는 2-3일 내에 명함을 보내서 감사의 뜻을 정중하게 표시하기도 한다.(p.r.: pour remerciments 라고 소문자로 써 넣는다.)

9) 무도회

첫 춤과 마지막 춤은 함께 동행한 상대와 추는 것이 관습이다.

(1) 에티켓

➡ 남 성

· 무도회장내에서는 가능한 한 담배는 삼간다.
· 무도회장내를 가로지르지 않는다.
· 주최자와 손님은 그들의 딸들과 한 번은 춤을 춘다.
· 춤추기전 식사가 있었을 경우 주최자의 부인 · 주빈의 부인 · 식탁의 좌우에 앉았던 여성들과 각각 춤을 춘다.
· 부부 동반의 경우, 아내와 가장 먼저 춤을 춘다.
· 소개받은 여성과 춤을 춘다.
· 휴식을 취하고 있는 여성에게 춤을 권하지 않는다.
· 한 여성과 계속 춤을 추지 않는다.(2곡 이상은 안됨)
· 춤추고 있는 도중에 신청하지 않는다.
· 춤춘 후에는 반드시 "Thank you"라고 인사한다.
· 남성끼리의 춤은 금물이다.
· 야식(supper)을 먹으로 갈 때는 함께 춤을 끝낸 여성을 안내한다.

· 함께 춤을 춘 여성을 집까지 바래다주는 것도 예의이다.
· 가까이에 상대가 없이 앉아 있는 여자가 있으면 춤을 권한다.

→ 여 성

· 신청을 거절한 후 곧바로 다른 신청을 수락하여 춤을 추어서는 안 된다.
· 신청에 대해 응하고 거절하는 일은 신중해야 한다.
· 같은 남성과 계속 춤추는 것은 삼가도록 한다.
· 여성이 먼저 남성에게 춤을 신청하지는 않는다.
· 여성이 남성에게 야식(Supper)을 먹으로 가자고 권해서는 안 된다.(전통적인 관점
  이나, 요즈음은 그렇지 않다.)
· 여성끼리 춤을 추지 않는다.
· 작은 백을 들고 춤을 출 때는 왼쪽 팔에 걸도록 한다.
· 댄스 파티에서는 장갑을 끼고 있어도 된다.

10) 파티용 복장 매너

· 모닝 코트 : 낮의 정식 예복(Morning Coat, Cutaway)
· 색 코트 : 낮의 약식 예복(Sack Coat)
· 연미복 : 밤의 정식 예복(Tail Coat)
· 턱시도 : 밤의 약식 예복(Tuxedo, Smoking Jacket)
※ 초대자에 복장 표시: White tie(연미복), Black tie(턱시도), Morning Coat(모닝 코트)

→ 남성 모닝 코트(Morning Coat)

· 국가원수나 고위공직자가 개최하는 공식 오전행사, 정식오찬이나 간단한 미팅, 공
  식야유회, 교회 내에서의 의식, 경마 등 오전의 행사에 착용하는 정식 예복

· 현재 주로 오전 결혼식 또는 장례식 등에 입는다.
· 장례식 : 검정타이, 검정장갑

➡ **색 코트(Sack Coat)**

· 낮의 약식 예복(모닝 코트와 평상복의 중간 복장)
· 오늘날 검정색 계통의 정장으로 대체
· 외교 관계의 특수한 신분의 사람들이 공적인 방문, 회의, 오찬, 다과회 등 오전의 행사에 착용하는 옷차림이다.

➡ **연미복(Tail Coat)**

· 야간의 정장 예복: 공식만찬회, 무도회, 공식야간 리셉션, 오페라, 음악회, 야간결혼식
· 백색타이, 백색조끼, 백색장갑

➡ **턱시도(Tuxedo, Smoking Jacket)**

· 오후 6시 이후에 입는 정장(After Six)
· 각종파티, 극장 또는 콘서트, 호텔, 클럽, 유람선에서의 만찬(배 위에서 연미복은 입지 않음)
· 외국인과 교제시
· 검정조끼, 검정 나비 타이

4 공공 장소 매너

공공장소는 여러 사람이 함께 사용하며 접촉이 빈번한 곳이므로 그만큼 상대방에게 피해가 가지 않도록 더욱 더 세심한 배려가 필요한 곳이다. 그러므로 공공장소에서의 매너는 모르는 사람과 만나 쾌적한 공동 생활을 위해서 꼭 지켜야 하는 중요한 습관이다. 또한 공공장소에서 바르게 행동하고 조화를 이루는 자세는 인격 그대로를 나타내는 것이며, 국제인으로서의 바른 모습이다.

1) 교통 수단

➜ 렌터카(Rent a Car)

· 공항에 내려 짐을 찾은 뒤 렌터카 사무실에 있는 곳으로 가면 된다.
· 국제 면허증과 여권을 함께 제시한 후 약 20%의 할인 가격을 적용받을 수 있게 요구한다. 한국에서 미리 예약시엔 유럽은 최고 40% 미국은 20~30%까지 할인받을 수 있다.
· 가격은 1500cc 급 소형차의 경우 미국은 하루 45~50달러 유럽 3백프랑(45,000원 선) 정도이다.
· 평일보다 주말이 싸다.
· 기간이 길수록 더 싸다.
· 기어가 자동인지 수동인지 확인한다.
· 신용카드가 없으면 떠나기전 렌트비를 지불했다 하더라도 빌려 주지 않는 경우가 있다.
· 보험가입 여부를 확인한다.
· 기름은 채워서 반납할지, 쓰던대로 반납할지 미리 결정한다.
· 운전석에 앉으면 차의 모든 것을 점검한다.

➜ 택 시

· 택시 승차장을 이용하거나 사전에 호텔 콩시어쥬에 의뢰한다. 전화로 부를 땐 왕복 요금을 지불해야 한다.
· 가이드북 등에서 사전에 요금을 알아둔다.
· 지역에 따라 교외로 나가는 택시와 도심으로 들어오는 택시의 요금이 다를 수 있다.
· 동남아시아, 중동 등지나 후진국에서는 사전에 요금을 말한 다음 승차하는 것이 좋다.
· 가능한 한 호텔의 등록되어 있는 택시를 이용한다.
· 수하물을 가지고 타는 경우 추가비용을 낼 수도 있다.
· 팁은 요금은 10~15% 정도를 주어야 한다.
· 유럽의 택시 기사는 옆자리 조수석을 자신의 공간으로 생각하므로 여기에 타면 싫어한다. 4명일 경우 사전에 양해를 구해야 한다.
· 택시에서 운전 기사에게 지시를 하는 것은 대개 여성 쪽의 역할이다.
· 안전띠를 하고 대화할때에는 속사이듯 조용히 하며 창문을 내렸을 경우 원 위치로 해놓고 내린다.

➜ 승용차

· 승차시에는 여성이 먼저 타고, 하차시에는 남성이 먼저 내려 차문을 열어준다. 윗사람일 경우도 같다. 반드시 고맙다는 인사를 한다.
· 자동차 속에서는 동승한 사람이 있을 경우 담배를 피우지 않는다.(특히 여성일 경우)
· 승용차에서의 상석은 누가 운전하는가에 따라 달라진다. 직업적인 운전 기사가 운전을 할 때는 뒷자리 오른편이 가장 상석이다. 다음은 왼쪽 창가가 두 번째 상석이며 세 번째 상석은 뒷좌석 한 가운데이다. 운전기사 옆자리는 가장 말석이다.

· 오너 드라이버, 즉 자가용인 경우에는 운전자 옆 좌
　석이 최상석이며 그 다음으로 뒷좌석의 맨 오른쪽,
　맨 왼쪽, 가운데 좌석의 순이다.
· 자가용인 경우 운전자의 부인이 있다면 부인에게 최
　상석을 양보하는 것이 원칙이다.
· 승용차 뒷좌석의 한 가운데 여성을 앉히는 것은 금
　물이다.

기사가 있는 자가용　　오너인 자가용　　택 시

· 여성이 승용차를 탈 때는 꿩처럼 머리부터 들어가기 보다는 의자에 비스듬히 앉은
　다음 다리를 가지런히 모으고 들여 놓고 내릴 때는 역순의 동작을 취하는 것이 바
　람직하다.

➜ 지하철 · 버스

· 노약자나 장애인, 임산부 어린이를 데리고 탄 여성에게 자리를 양보한다.
· 러시아워에는 어린이를 무릎에 앉히고 가방도 빈 좌석에 올려 놓는 것은 좋지 않다.
· 내릴 곳이 다가오면 미리 문 앞으로 나와 있는다.
· 지하철이나 버스에서 어떤 경우이건 다리를 앞좌석의 의자 위에 올려놓아선 안 되
　며, 남성들의 경우 다리를 벌리고 앉지 않는다.
· 혼잡한 차안에서 발을 밟히거나 누가 밀치더라도 가능한한 이해하려고 노력한다.
　반대의 경우에는 그냥 웃어넘기지 말고 정중히 사과하여야 한다.
· 전철이나 버스에서 사람들이 내리기도 전에 밀고 들어가서는 안 된다. 대개의 서양
　인들은 사람들이 모두 내리기를 기다렸다가 탄다.
· 출퇴근 시간에 우리 나라 사람들의 절반 이상이 머리를 흔들면서 졸고 있는 모습을
　연출한다. 서양인들은 낯선 사람들 앞에서는 정신을 바짝 차리고 있어야 한다고 생
　각하기 때문에, 이런 모습을 보고 그들은 이상하게 생각한다.
· 함께 타는 일행 가운데 여성이 있으면 먼저 자리에 앉힌 다음 착석한다.
· 버스를 탈 때는 정거장에 붙여진 지도에서 노선을 정확히 확인한다. 내리고자 하는

정거장에 도착하기 직전에 스위치를 눌러 하차 의사를 알린다. 내릴 **때**에는 남성이 먼저 내려 뒤에 내리는 여성을 도와주도록 한다.

- 지하철이나 버스에서 자리에 앉을 때는 좌석이 장애인용이 아닌가 확인할 필요가 있다.
- 자리를 양보하지 않겠다는 생각으로 조는 척 하거나 요령을 부려서는 안 된다.
- 자리를 차지하기 위해 뛰거나, 빈자리가 생기면 소지품을 던지는 행위는 삼가야 한다.

➜ 열 차

- 차내에서는 사람이 많이 다니는 출입구나 통로에 기대어 서 있거나, 통로에 짐을 놓는다거나 혼자 자리를 독차지해서는 안 된다.
- 큰소리로 웃고 떠드는 등 다른 손님들에게 폐가 되는 행위는 일체 삼가도록 한다.
- 기차의 개폐식 창은 다른 승객에게 폐가 되지 않을 정도만 열도록 한다. 창문을 열 때는 주위 사람들의 동의를 구하는 게 좋다. 한 사람이라도 꺼리는 사람이 있다면 그의 의견을 존중해야 한다.
- 휴지나 과일 껍질 등을 바닥에 버린다거나 계속 먹어대기만 하는 것도 별로 보기에 좋지 않다.
- 기차에서는 전망이 좋은 창가의 좌석이 상석이고 사람들이 다니는 통로 쪽이 말석이다. 마주보고 가는 경우에는 기차의 진행 방향을 바라보는 좌석이 상석이다.
- 열차 내에서는 가급적 옆 좌석 사람들과 인사를 나누고, 무거운 짐을 휴대한 사람을 도와주도록 한다.
- 자신의 가방은 다른 사람에게 방해가 되지 않도록 신경을 써야 한다.
- 금연 차량 내에서는 흡연을 삼간다.
- 실내에서 크게 웃거나 떠들지 않는다.
- 차내에서는 치즈(cheese)나 소시지, 김치, 깻잎 캔이 열려 차내에 냄새가 퍼지지 않도록 조심하여 한다.

- 아이들이 시끄럽게 떠들거나 복도를 뛰어다니지 않도록 주의를 시킨다.
- 앞좌석이 비었거나 아는 사람이 아닌 한 앞좌석에 발을 올려놓지 않는다.
- 함부로 구두를 벗어선 안 된다.
- 자신의 몸을 다른 사람에게 기대지 않도록 해야 한다.
- 야간 열차에서는 다소 편안한 자세가 허용되지만 도가 지나치지 않도록 주의한다. 침대차에서는 아래쪽 침대가 상석이다. 세면대에 갈 때는 실내복과 슬리퍼 차림이 좋다. 침대차에서는 특히 다른 사람들의 수면을 방해하지 않도록 한다.

2) 건물 출입

➜ 출입문

- 문을 열고 닫을 때는 뒷사람을 위해 문을 잡아준다.
- 남성이 먼저 문을 열어 여성이 통과하도록 한 다음 문을 닫고 따라 들어온다.
- 회전문은 남성이 먼저 밀면서 나가 여성이 나오는 것을 도와준다.

➜ 엘리베이터

- 승무원이 없는 경우 아랫사람이나 남성이 먼저 타서 작동시킨다.
- "After you, please!"라고 권하면 양보를 받은 사람은 바로 답례를 한다.
- 엘리베이터 안에도 상석이 있다. 들어서서 왼편 안쪽, 즉 버튼이 있는 반대쪽이 상석이다.
- 여성이 함께 탄 경우에는 모자를 벗는 것이 매너이다.
- 엘리베이터의 시설물을 파손하거나 낙서를 해서는 안 된다.
- 엘리베이터 안에서는 절대 금연이다.
- 문이 닫히려는 순간 누군가가 뛰어 온다면 잠시 기다렸다 함께 가는 것이 매너이다.
- 닫힘 버튼은 사용하지 말고 기다린다.

- 엘리베이터 안에 침을 뱉거나 오물을 버리지 않는다.
- 엘리베이터 안에서 몸을 기대거나 구르는 것은 안전에 위험이 있다.
- 밤늦은 시간에 여성 혼자서 탑승하는 것은 가급적 피하는 것이 좋으며, 타기 전에 바닥을 한번 확인하는 습관을 갖는 것이 좋다. 사고는 방심에서 비롯되는 경우가 많다.
- 좁은 지역이며, 공동으로 사용하는 공간임을 인지해야 한다. 따라서 움직이거나 말을 해서는 안되는 지역이다.
- 이용하다 보면 다칠 위험이 있으므로 안전에 신경을 써야 한다. 그래서 닫침 버튼은 특별한 경우 이외 사용하지 않아야 한다.
- 좁은 공간에서 시선이 마주치면 어색하므로 탑승한 후, 모든 문쪽을 향하여 서 주어야 한다.
- 사람은 누구든지 두 팔을 벌린 공간을 개인 공간으로 생각 하기 때문에 한 두 사람이 탑승하더라도 구역을 구석구석에 위치해야 한다.
- 모르는 사람끼리 이용하는 공공 시설이기에 먼저 탑승한 사람이 입구쪽 버튼을 조작해 주어야 한다.
- 손님, 상사, 연장자 등을 먼저 배려하는 예절을 지켜야 한다. 상대를 먼저타게 하고 먼저 내리게 하는 것이 기본이라 할 수 있다.
- 식사 후, 탑승하면 입냄새가 많이 나는 관계로 양치질을 못할경우 물양치라도 하여야 한다.
- 모두가 어려워하는 시선처리 문제인데 손에 아무것도 없을 때는 개개인의 눈높이와 이마를 보는 기분으로 향하면 된다. 신문이나 잡지를 가지고 있을 때에는 억지로 보는척하는 것도 좋다.
- 짧은 시간이지만 밀집한 공간이기에 갑자기 핸드폰이 울리면 모두가 당황하게 된다. 따라서 진동으로 하는 매너도 잊지 않도록한다. 탑승하기 전 이어지는 전화는 반듯이 다음 엘리베이터를 이용하여야 한다.
- 먼저 탑승한 사람이 안쪽으로 가 주어야 하나 낮은층에 내려야 할 때는 입구쪽에 위치하여도 무방하다.

➡ 에스컬레이트

· 남성은 여성 뒤에서 올라가고, 내려갈 때는 남성이 먼저 내려간다. 만약의 경우 여
  성이 넘어지면 남성이 받쳐주기 위해서이다.
· 여성이 뒤에서 올라가는 경우는 민망한 뒷모습을 보여주지 않기 위해서이다.
· 남성이 안내를 할 경우에는 앞서가도 된다.
· 급한 사람을 위해 반드시 오른편으로 비켜서는 매너를 지켜야 한다.

➡ 화장실

· 각 화장실 문 앞에서 기다리지 않고 화장실 밖에서 기다린다.
· 외국 여행시 유료 화장실도 많으니 잔돈을 준비한다.
· 변기나 세면대는 사용 후 휴지로 깨끗이 닦는 것이 좋은 방법이다.
· 각 나라마다 다른 화장실 문화를 미리 알아두는 것도 현명하다.
  ex) 미국의 센스가 달려 있어 자동으로 물이 내려가는 화장실, 중국의 문이 없고 칸
      막이만 있는 화장실
· 용변후 화장실 내에서 반드시 옷매무새를 정돈하고 나온다.
· 유로 화장실에 동성끼리 함께 들어가지 않는다.
· 외국여행시 화장실을 찾을때는
  where is the man' s room?
  where shall I wash my homds? 라고 묻는다.

➡ 계단 · 복도

· 계단에서는 가능한 한 다른 사람을 추월하지 않는다.
· 계단을 오를 때는 남성이 여성보다 앞서서 올라가며, 반대로 내려갈 때는 여성이
  먼저 내려간다. 혹 계단이 미끄럽거나 지나치게 협소한 경우에는 남성이 밑에서 여

성의 손을 잡아주는 등 보호해 주는 게 바람직하다. 수치보다는 안전이 우선이기 때문이다.

· 계단이나 복도에서 상급자를 에스코트할 때는 상급자를 중앙에 서도록 하고, 안내할 때는 약간 앞서가면서 상황에 따라 손으로 지적하면서 설명한다.

· 좁은 계단에서 남성이 여성이나 상급자와 마주치는 경우에는 한편으로 비켜서서 잘 지나갈 수 있도록 배려한다.

· 지나가다 부딪치면 반드시 'Excuse me!' 라고 한다.

· 앞서가는 사람이 여성일 경우, 가능한 한 멀리 떨어져서 걷는다. 서양인은 개인간의 거리 개념이 훨씬 멀기 때문이다.

➡ 보 도

· 상급자나 여성과 함께 일 때 남성이 항상 차도 쪽에 서야 한다.

· 보도에서 고개를 숙이거나 한 눈을 팔지 않는다.

· 횡단보도 위에서는 다소 빠른 걸음으로 걷는다.

· 돌부리에 걸리거나 빙판 길에서 넘어진 사람을 보고 웃거나 놀려서는 안 된다. 악의에서 비롯된 것은 아니겠지만 오해를 불러일으킨다. 가능하다면 도와준다.

· 혼잡한 노상에 서서 친구와 장시간 이야기하는 것은 가급적 피해야 한다.

· 길을 가면서 담배를 피우거나 껌을 씹지 않는다.

· 길거리에서 큰 소리로 멀리 떨어져 있는 친구의 이름을 부르거나 큰 소리로 떠들지 않는다.

· 남성의 경우 길거라에서 셔츠의 위 단추를 풀어헤치거나 넥타이를 풀었다 다시 매는 행위는 삼간다.

· 여성의 경우 길에서 화장을 고치거나 머리모양을 바꾸는 행동을 하지 않는다.

· 길에서 싸움을 하거나 침이나 가래를 뱉지 않는다.

· 술에 취해 비틀거리며 걸어서는 안 된다.

· 길을 묻는 사람에게는 친절하게 안내한다.

· 서양 사람들은 모르는 사람과도 눈길이 마주치면 미소를 던지면서 인사한다.
· 동성끼리 손을 잡고 걷거나 팔짱을 끼면 서양인들은 대개 동성연애자로 간주한다. 동성끼리 춤을 추는 것도 마찬가지이다.

3) 쇼 핑

· 서양에서는 점심 시간에 문을 닫는 상점이 많다. 슈퍼마켓도 저녁 6~7시면 모두 문을 닫으므로 미리 필요한 물건을 사두는 것이 좋다.
· 물건을 부탁해 놓고 점원이 그 물건을 찾으러 간 사이에 슬쩍 나가버리는 등의 몰상식한 행동을 해서는 안 된다.
· 이 상품 저 상품 구경했다고 해서 반드시 물건을 구입해야 된다고 생각할 필요는 없다. 설령 점원이 언짢은 표정을 지어도 빈손으로 나오는 것을 창피하게 여길 필요가 없다. 그러나 '미안합니다' 나 '감사합니다' 라는 표현은 아끼지 말아야 한다.
· 상품의 하자가 있거나 골동품 상점에서는 물건 값을 흥정할 수 있다.
· 바겐세일을 한다고 충동구매를 해서는 안 된다. 한국인의 싹쓸이 쇼핑은 국제무대에서 악명이 높다. 이 시기에 구입한 물건은 교환해 주지 않는 경우도 있기 때문이다.
· 옷가게에서 옷을 입어 볼 때는 한 번에 여러 벌을 가지고 탈의실로 들어가지 않는다.
· 백화점이나 상점에서 물건을 만지거나 흩트려 놓아서는 안 된다. 특히 고가의 의류는 점원의 양해를 구한 후 입어 봐야 한다.

5 관람 매너

문화 공연을 접하는 것은 외국에선 그 나라의 문화를 이해하는데 도움이 된다. 문화인으로서 정열을 쏟은 그들의 노고에 감사하며 서로에게 불쾌감을 주지 않도록 관람시 매너를 지키는 것이 현대인으로서 문화를 즐기는 태도이다.

1) 영화관

· 영화관은 상영 중에 입장해도 무방하지만, 재빨리 자리를 찾아 앉아야 한다. 안내 양이 손전등으로 자리를 안내해 주면 약간의 팁을 주는 것이 매너이다.
· 관람 시에는 동행자와 이야기를 나누어서는 안 된다.
· 머리를 지나치게 움직여 뒤에 앉은 사람을 방해하지 않도록 하여야 한다.
· 사탕이나 과자 껍질을 벗기는 소리를 내거나, 껌 씹는 소리를 내지 않아야 한다.
· 발을 앞좌석 등판에 올리는 일은 앞사람에게 심한 불쾌감을 줄 수 있다.

2) 연극 · 오페라

· 유럽에서는 연극이나 오페라 혹은 음악회의 입장권을 일년 단위로 구입하면 비교 적 싸다. 좌석의 예약은 편지, 전화, 인터넷을 이용하거나 또는 직접 극장에서 가서 할 수 있다. 미리 예약할수록 좌석의 선택권이 크게 마련이다. 연극이나 오페라 혹 은 음악회장에서는 좌석이 어딘가에 따라 감동의 무게가 달라질 수 있다.
· 남녀 동반인 경우 좌석으로 갈 때는 여성을 앞세우는 것이 매너이다. 그러나 안내 인으로부터 안내를 받는 경우에는 해당 좌석이 있는 열까지는 남성이 앞장서서 여 성에게 좌석을 알려주며, 여성을 먼저 앉힌 뒤 착석한다.
· 좌석의 양끝에는 여성을 앉히지 않는다.
· 로열박스(극장에서 소수의 인원이 앉도록 칸막이가 되어 있는 좌석)에서는 여성이 앞에 앉는다.
· 전통적으로 귀족들을 연미복과 이브닝 드레스를 호화롭게 차려 입고 극장에 가는 것이 관습이었다. 그러나 오늘날은 턱시도나 정장 또는 칵테일 드레스 정도로 간소 화되고 있다. 그러나 초연에는 반드시 정식 예복을 입어야 한다.
· 외투는 클라크 룸에 보관시키며, 그렇지 않을 경우 좌석 뒤쪽에 걸쳐놓을 수도 있다. 퇴장 시에는 남성이 여성이 외투를 입는 것을 도와 준 후 자신의 외투를 입 는다.

· 지각하면 입장을 거절당하는 수도 있으니 제 시간에 도착해야 하지만 어쩔 수 없는
  사정으로 늦은 경우에는 잠시 기다렸다가 막간에 입장한다.
· 파리의 극장에서는 예정보다 15분 정도 늦게 시작하는 경우가 많은데 이를 '파리
  의 15분' 이라 부른다.

➜ 관람시의 에티켓

· 헛기침이나 팜플릿등의 부서럭거리는 소리를 삼간다.
· 박수는 함께 치며 혼자서 눈에 띠도록 치는 것을 자제한다.

➜ 박수치는 시기

· 오페라 · 연극 · 발레 → 막이 내린 후에 박수와 환호를 보낸다.(오페라의 경우 아리
  아가 끝나도 박수와 환호를 보낸다.)
· 성악 독창회 → 일반적으로 3곡마다 또는 팜플릿의 곡 묶음을 끝낼때마다 박수와
  환호를 보낸다.

3) 사찰, 박물관, 성당

· 한 곳에 지나치게 오래 머물거나 다른 사람을 밀치고 먼저 가려고 해선 안 된다.
· 박물관이나 전시회장에서는 전시품을 만지거나 파손해서는 안 된다.
· 카메라, 우산, 비옷 등 휴대금지 품목을 지정한 곳에 맡긴다.
· 노출이 심한 옷이나 소리 나는 슬리퍼를 삼간다.
· 외국 여행시 그 나라의 특성을 한 눈에 볼 수 있는 곳이며 규정대로 예의있게 행동
  해야 하는 곳이다.
· 큰소리로 웃거나 떠들지 않는다.
· 특히 기도나 의식 중에는 방해하지 않도록 주의한다.

- 사찰의 영내나 성당안에 입장할 때는 모자를 벗는다.
- 이슬람 사원에 입장할 때는 신발을 벗어야 한다.
- 유대교 교회는 입구에서 테가 없는 모자를 벌려 써야 하며 여자는 왼쪽 남자는 오른쪽에 앉는다.

4) 스포츠

- 운동 경기장에서 상대 선수나 심판에게 야유를 보내거나 물건을 던지는 행위는 결코 용서받을 수 없다.
- 흥분하여 경기장으로 뛰어 들어가서도 안 된다.
- 적절한 응원으로 경기에 활력을 주도록 노력한다.
- 상대편 선수라도 훌륭한 플레이에는 박수를 아끼지 않는다.

6 여자의 경쟁력을 위한 매너

우리는 흔히 매너라고 생각하면 우선 거추장스럽고 나와 상대를 긴장시키는 불편한 것이라고 생각하기 쉽다. 그러나 매너는 정해진 규칙이 있어 꼭 그대로 행해야만 하는 규율이 아니라 상황에 따라 가장 상대방을 편하게 해 줄 수 있는 배려인 것이다. 매너를 지키지 않음으로 해서 서로가 불편하고 어색해지는 경우엔 서로가 편안한 관계를 만들어 갈 수 없을 뿐 아니라 경쟁력에서도 뒤쳐질 수밖에 없다. 21C에 앞서가는 여성이라면 자신을 좀 더 우아하게 세련돼 보이게 하는 매너를 익혀 자신의 브랜드 가치를 업그레이드(upgrade)시켜 경쟁력을 갖는 것이 현명한 일일것이다.

1) 결혼식 매너

➜ 가족 친척의 결혼식

식을 준비하는 호스트가 되어 손님들을 맞이하기도 해야 하므로 상대집안 사람들을 고려해 의상 선택에 신중해야 하고 행동에 유의하며, 일손을 돕기도 해야 한다.

➜ 선배, 친구의 결혼식

의상은 신부보다 튀지 않은 의상을 선택해야 하고 신부가 불편한 것이 없는지 살피고 가방들을 챙겨 주며, 만일 부케를 받았을 땐 중간에 버리지 말고 집에까지 가지고 간다.

➜ 의 상

검정과 흰색 의상은 되도록 피하고 화사하고 밝은 색상으로 정장이나 세미정장을 기본으로 단정한 느낌으로 연출한다.

2) 운전 매너

습관을 알면 문화가 보인다고 한다.

운전 습관과 매너는 한 국민의 시민의식과 성숙도를 가장 쉽게 측정할 수 있는 바로미터가 되기도 한다. 우리나라 사람들은 운전대만 잡으면 난폭해지고 욕설을 퍼붓곤 한다.

특히 여성의 경우는 평상시와 전혀 다른 인격을 보여주기도 한다. 운전시엔 운전자들은 자신과 차를 동일시하게 되므로 다른 차를 앞지르거나 과속을 하는 것이 자신의 능력인양 자신을 과신하게 되므로 과격해지기도 하며, 교통법규를 어김으로써 짜릿함을 느끼기도 한다. 여성 운전자가 많아지므로 여성의 목소리가 커졌다는 사실도 이와 같은 맥락일 것이다.

운전을 하다보면 여성들은 남성들로부터 많은 험담을 듣게 되는 경우가 있다.

자칫 전체를 생각지 않고 자동차라는 자신만의 공간에서 자신만 생각한다면 여성 운전자들은 계속 비난의 대상이 되어질 것이다. 이제 하루 속히 훌륭한 운전 매너를 갖출 수 있도록 전체적인 교통의 흐름을 따르고, 다른 사람의 운전에 방해가 되지 않도록 하는 배려가 절실하다.

➜ 고속도로

· 1차선은 추월선이므로 추월이 끝나면 주행선으로 이동 저속으로 1차선을 점령하지 않는다.
· 차창 밖으로 쓰레기를 던지지 않는다.

➜ 일반도로

· 좌석에 먼저 앉은 후 양다리를 가지런히 모아 차속으로 들여 놓는다. 머리부터 들어 가다보면 민망할 일이 벌어질 수도 있다.
· 신호 대기중에 다른 사람에게 구경거리를 제공하지 않도록 한다. 화장을 하거나 손톱을 깎거나 코를 후비거나 하는 등의 행동은 혐오감을 준다.
· 신호를 반드시 준수한다.
  교차로에서 신호를 놓치지 않으려다 다른 차량이 방해가 되는 일이 없도록 한다.
· 비상등을 켠 앰뷸런스나 소방차, 경찰차 등 비상 차량이 지나가면 속도를 줄이고 비켜주어야 한다.
· 자전거나 오토바이 옆을 지날 때는 1m 이상 거리를 둔다.
· 사고 발생시 겁을 먹거나 욕설을 하거나 싸우지 말고 보험회사에 연락한다.
· 보행자에게 우선권을 준다.

➜ 주차시

· 차고앞, 행단보도 위, 인도에 주차하지 않는다.

· 두 대의 주차 공간을 점령하지 않고 주차선을 지킨다.

· 장애인용 주차공간에 차를 세우지 않는다.

· 내릴 때 차문이 옆차의 문에 손상을 주지 않도록 문을 잡고 내린다.
  특히 아이들이 내릴 경우 미리 문을 잡은 후 내리게 하는 세심함이 필요하다.

· 부득이 다른 차를 가로막고 주차해야할 경우 윈도 브러시에 연락처를 꽂아둔다.

3) 데이트 매너

· 반드시 1대 1 데이트를 한다. (겹치기 데이트를 자제한다.)

· 오전부터 데이트를 할 경우 남성으로부터 여성이 깔보일 수 있다.

· 10시 이후는 피한다.

· 남성이 약속시간 먼저 기다리는 것이 예의이다.

· 호젓한 곳, 으슥한 곳은 피해야 한다.

· 데이트 비용은 분담하는 것이 좋다.

· 식사나 차는 너무 비싼 것을 주문하지 않는다.

· 너무 싼 것을 주문하면 남성의 자존심을 건드릴 수 있다.

· 식사 때는 너무 빨리 먹지 말고 가볍고 밝은 이야기를 간간히 주고 받는다.

➜ 교제시의 주의사항

· 너무 서둘지 않는다.

· 외모에만 집착하지 말라.

· 항상 상대방이 예상하는 데로 행동하지 마라.

· 약간의 신비감을 조성한다.

· 성실하게 상대를 대한다.

→ 프로포즈의 에티켓

· 프로포즈는 남성이 먼저 하는 것이 매너다.
· 영화관의 뒷좌석, 승용차안, 취중, 으쓱한 곳에서의 프로포즈는 삼간다.
· 오전보다는 느긋한 오후의 프로포즈가 좋다.
· 프로포즈는 선뜻 수락해도 너무 매정하게 거절해도 매너가 아니다.

4) 데이트시 대화 에티켓

· 데이트에 앞서서 상대방의 관심사나 취미 그리고 소질이나 장점 같은 것을 알아두었다가 화제의 내용이 풍부해지도록 유도하면, 우선 관심을 갖게 되고 긴장감을 푸는데 도움이 된다.
· 상대방에 대한 정보가 없을때 고개를 끄덕이며 경청하게 되면 상대방에게 배려깊은 인상을 줄 수 있다.
· 자기중심적인 화제나 일방적인 대화는 삼가해야 한다. 또한 상대에게도 이야기 할 수 있는 기회를 줌으로써 오히려 불안이나 긴장감을 해소할 수가 있는 것이다.
· 대화속에 유머를 간간이 섞으면 분위기는 일변하고 긴장감은 의외로 해소된다.
· 일반적으로 여자의 심리를 의지하려는 경향이 있어서 남자가 분위기를 주도해주기를 바란다. 행동에 있어서도 남자가 능동적일 때 믿음직하게 여긴다. 대화의 분위기를 주도하기 위해서는 화제가 풍부해야 하고, 화제가 풍부하기 위해서는 상식도 풍부해야하기 때문에 화제를 통해서 그 사람의 지식의 깊이와 상식의 정도 그리고 성격과 품위까지도 알 수 있게 된다.

5) 상황별 데이트 매너

➡ 남녀가 길을 걸을 때 걸음걸이도 신경쓴다.

여성을 차도 쪽에 걷게 하는 남자라면 어느 누가 보아도 그것은 절교감이다. 그리고 여성을 안쪽에 두고 길을 걷다가 갑자기 사이가 좁아진다거나 마주 오는 사람으로 인해 길을 좁혀야 할 때에는 가볍게 여성의 몸 뒤쪽으로 팔을 들러 보호막을 해주는 것도 하나의 센스이다. 이 밖에 이성과 함께 걸어갈 때 신경 써야 할 것이 있다. 바로 걷는 모습이다. 걷는 모습 하나만 가지고도 어느 정도의 성격이 드러나기 때문이다.

➡ 지갑은 뒷주머니에서 꺼내지 마라.

지갑을 뒷주머니에 넣지 않아야 하는 이유는 외형상의 문제도 있지만 우리 신체에 좋지 않은 영향을 끼칠수 있으므로 더욱 피해야 한다. 두터운 지갑이 뒷주머니에 들어 있게 되면 자리에 앉을 때 바른 자세로 앉기 어렵고 이로 인해 자세, 특히 척추등에 나쁜 영향을 줄 수 있다는 것이다.

➡ 짧은 치마를 입고 자리에 앉을 때

데이트를 할 때 이성에게 잘 보이기 위해서 미니스커트를 입는 경우가 있다. 이때 자세를 특히 주의해야 한다. 미니스커트를 입은 상태에서 주변을 의식하지 않고 조심성 없는 자세를 보인다면 함께 있는 이성까지도 민망하게 만들 수 있다. 무릎 위 들떠있는 부분을 지긋이 누르며 다리를 반듯하게 모으고 무릎을 사선으로 기울여 주는 전략적 방법을 활용해야 한다. 심한 노출은 신비감을 떨어트리고 품격이 없어보이므로 몸을 많이 가리면서도 실루엣을 살리는 의상이 스타일리쉬하다.

➜ 데이트 비용은 누가 부담하는 것이 좋을까

일부 여성은 데이트 비용은 모두 남자가 부담해야 한다고 생각하다. 하지만 매번 남자 혼자 계산을 하게 되면 그 비용이 조금은 부담스러워 질 수 있고 보기에도 좋지 않다. 적어도 세 번에 한 번은 여자 쪽에서 계산하는 것이 바람직하다. 아니면 남자가 식사 값을 냈을 때 여자는 커피 값을 내는 정도면 적당하다.

➜ 내숭을 떨지 말아야 할 때

적당한 내숭은 여자의 무기가 된다. 도를 넘지 않는 한도 내에서의 내숭이라면 어떤 남자라도 이 여자는 '귀여운 악마' 정도로 생각할 것이다. 그러나 남자들이 싫어하는 내숭도 있다. 첫째, 조금만 스킨십을 해도 큰일 난 것처럼 호들갑을 떠는 것은 좋지 않다. 둘째, 조신한 모습을 보여주기 위해 지나치게 말을 아끼는 것도 좋지 않다. 셋째, 귀가 시간에 예민한 척하는 모습도 속 보이는 내숭이다.

6) 프로 직장인이 되는 방법

➜ 대 화

· "언니~", "어~야~" 등 10대 시절 말투를 버려라.
· '팀장님', '부장님' 정확한 호칭을 구사하라.
· 상사에게 "조금 늦어요. 봐주삼" 같은 유치한 문자메시지는 역효과
· 말의 속도를 줄여라.
  청중과 눈을 맞추면서 천천히 말하라.
· 서두가 장황하면 지루해진다.
  핵심부터 말한 뒤 그 근거를 짧게 설명하라.
· 현란한 제스처는 금물.

말하려는 바가 권위 있게 전달되지 않는다.

· 회의시간에 가능하면 앞쪽, 또는 회의 주재자와 가까운 곳에 앉아라.

  의견 전달이 훨씬 용이하다.

· "다들 알고 계시겠지만…" 같은 겸양 표현을 쓰지 말자.

  자신감 없어 보인다.

➜ 발표

여성이 직장에서 남성에게 뒤지는 이유는 많은 경우 '능력'이 아니라 '전달력 부족'이 문제이다. 남성들은 표현 방식에 있어 기발하고 재미있고 신뢰감 있게 발표하는 경우가 많으나 여성들은 발표 준비도 많이 해 오고 발음도 명료하지만 말이 너무 빠르거나 설명이 장황하거나 목소리가 작거나 시선이 산만하거나 너무 현란한 제스처를 구사해 말하려는 바가 권위있게 전달되지 못하는 경우가 많다. 청중과 눈을 맞추면서 천천히, 단순 명료하게 말하는 훈련, 싸늘한 분위기에서도 기죽지 않고 의견을 표명하는 훈련도 필요하다. '남자처럼 일하고 여자처럼 승리하라'의 저자 게일 에반사는 "여자들은 회의시간에 눈에 띄지 않는 뒤쪽 자리에 앉는 경향이 있다"며 "앞쪽에 앉을수록 의견 반영률이 높아진다"고 충고한다.

➜ 남성화

남성적인 기업에서 살아남기 위해 말과 행동을 '남성화' 하는 것도 좋은 방법은 아니다. 그렇다고 여성성을 너무 내세우는 것도 품격을 떨어트린다.

맹목적으로는 남을 따라하기 보다는 자기다움으로 승부를 거는 것이 중요하다.

'협상' 같은 중요한 순간에도, 어색하게 180도 돌변한 태도를 보일게 아니라 평소 스타일을 유지하고, 본심을 솔직히 털어놓는 게 도움이 된다. 어색한 권위를 갖추려는 것보다는, 솔직함을 무기로 삼는게 훨씬 효과적이다.

Memo

CHAPTER 3

성공적인
면접을 위한
Image Making

상대를 사로잡는 자기 소개서

자신을 소개한다 함은 타인을 대상으로, 어떤 특별한 의도를 가지고 자신의 언어로써 자신을 드러내는 것이다. 이력서가 한 개인을 개괄적으로 이해할 수 있는 자료가 되는 한편, 자기소개서는 출신대학이나 전공학과 등 이력서에 객관적으로 명시된 개인의 신상명세로는 파악할 수 없는 실제 기업에서 궁금해 하는 대인관계, 조직에 대한 적응력, 경력, 성격 등 개인에 대한 구체적인 정보와 성장 과정이 드러난다. 때문에 자기소개서는 면접과 더불어 입사의 당락에 큰 영향을 미치는 변수로 등장하고 있으며, 차후 면접의 기초 자료가 된다.

몇 년 전까지만 해도 출신대학·출신학과와 학교성적 및 필기시험 성적 등이 기업에서 개인을 평가하는 절대적인 요소였지만, 최근에는 급변하는 국내외 기업환경으로 인해 기업의 인재관은 많은 변화를 보이고 있다. 그 중에서 가장 두드러진 변화는 입사지원자의 외적인 배경보다는 실질적인 능력과 조직구성원으로서의 자질을 더욱 중시한다는 점이다. 따라서 입사 지원자의 내실을 평가할 수 있는 구체적인 자료의 하나인 자기소개서의 중요성은 더욱 커진다고 볼 수 있다.

1 기업에서 자기 소개서를 요구하는 이유

· 기업은 사람을 구하는 입장에서 지원자의 지원동기와 장래성을 본다.
· 그 사람의 성장 배경을 통해 대체적인 성격과 인생관 등을 파악한다.
· 자기소개서를 통해 문서 작성과 자신의 논리를 전개시켜 나가는 능력을 본다.
· 자기소개서는 면접의 자료가 된다.

자기 소개서는 입사 지원자로서는 결코 소홀히 할 수 없는 중요한 입사 서류이다. 그러므로 성실성과 적극성 이것이 자기 소개서 작성의 가장 중요한 핵심이다.

2 자기 소개서에 꼭 들어가야 할 내용 5가지

➡ 성장배경

현재의 자신을 이루는 원형적인 부분에 해당하는 것으로, 본인에 대해 가장 솔직하고 도식적이지 않은 표현으로 자신의 이미지를 무리없이 심어주는 대목이 되어야 한다.

자기 소개서는 '저는…', 혹은 '나는…' 이라는 어구로 평범하게 시작하지 말고 자신을 핵심적이고 뚜렷하게 부각시킬 수 있는 유년기의 에피소드나 가족관계에 얽힌 이야기, 혹은 자신이 성장한 고향의 얘기 등을 글의 전개에 무리가 되지 않는 선에서 신선하게 끌어들여 말문을 여는 것이 더 참신한 방법이 될 수 있다.

또는 유년기에 가졌던 호기심이나 문제의식 등을 전공이나 현재의 관심분야에 연결시켜 언급하는 것도 읽은 사람에게 깊은 인상을 심어줄 수 있다.

또한 성장과정이나 가족관계에서 어려움이 있었다면 솔직하게 밝히면서 그것이 본인에게 미친 긍정적인 영향이나 어려움을 극복한 과정 등을 정리해 준다면 신뢰를 얻을 수 있을 것이다.

➡ 성 격

본인의 성격에 대해 언급할 때 단정적이기 보다는 교유관계나 가족관계 등에서 간접적이고 집약적으로 자신을 표현할 수 있는 가벼운 에피소드 등을 소개하는 것도 한 방법이 될 수 있다. 그리고 성격에서 자신이 있는 점이 있다면 상대에게 거부감을 일으키지 않을 정도의 어법으로 구체적인 표현을 해주는 것이 좋고, 만일 단점이 있다면 개선의 의지와 노력을 보이면서 드러내 주는 것도 솔직하고 발전적인 인상을 줄 수 있다.

➡ 생활 태도

생활태도를 서술하는 데 있어서도 상투적이거나 과장된 표현에 주의해야 한다.

생활태도는 성격과 더불어 지극히 개인적인 서술이 되므로 이 부분에서 참신함이나 독특함이 보이면 전체적으로 개성있는 자기 소개서가 될 수 있을 것이다.

➡ 학창생활

이 부분에서 중요하게 다뤄야 할 부분은 대학생활이다. 고등학교 시절까지는 특징적이고 개괄적인 것을 간단히 소개하는 선에서 마무리하고 본격적인 얘기는 대학생활이나 최종학교의 생활에 맞추어서 한다. 전공이나 활동했던 분야를 지원 업종과의 연관성이 초점을 두고 구체적으로 서술해 준다.

또한 대학은 평생의 직업을 준비하는 곳이라는 의미 외에도 그 사람의 인생관이나 세계관을 확립하고 건강한 사회진출을 결정짓는 장으로서의 의미도 있다. 그러므로 대학생활까지의 학창시절 동안 형성된 인생관이나 학문에 대한 관심 등을 주제의 흐름에 벗어나지 않을 정도로 언급하는 것도 그 사람을 깊이 이해할 수 있는 계기로 작용될 수 있다.

➡ 지원동기 및 앞으로의 포부

자기 소개서를 통해 기업의 입장에서 실제적인 관심사가 되는 부분이 이 대목이다.

아무리 전반부에서 기업에서 필요한 유능한 인재로 판단이 됐다 해도 이 부분에서 확고한 모습을 볼 수 없을 때 결정적으로 신뢰감을 주지 못하게 된다.

지원동기와 포부를 표현함에 있어서 거창하고 추상적인 구호 속에 지원자의 알찬 목소리가 가려지는 경우가 있다. 기본적으로 강한 의지를 담되, 지원하려는 기업의 구체적인 환경에 대한 사전지식 속에서 솔직하게 쓰는 것이 좋다. 자기 소개서는 차후 면접의 기본자료로 활용되기 때문이다.

➜ 기타 첨가사항

그리고 국가나 관계 단체 등에서 인정해주는 자격증을 소지하고 있다면 그것에 대해서도 구체적으로 언급해야 하고, 국가나 특정 단체를 대상으로 자원봉사활동 등을 했다면 그것에 대해 말해 주는 것도 좋다. 또한 자신의 장점을 드러내는 것보다 신체적인 결합이나 장애가 있다면 면접이나 입사 후 중요한 자료가 되는 것이므로 숨김없이 솔직하게 얘기해야 한다.

3 작성시 항상 주의할 점

➜ 기본적인 내용을 필수적으로 포함시킬 것

양식이 정해져 있을 때에는 양식에 맞게 그렇지 않을 경우엔 너무 개성있고 독특하게 쓰려는 욕심으로 자칫 소개서가 갖추어야 할 기본적인 사항을 빠뜨리는 경우가 있다.

자신을 드러내고 싶은 부분에 중점적인 투자를 하되, 사람을 이해하는데 기본적인 요소가 되는 성장배경, 교육, 지원동기, 각오 등은 꼭 포함시키도록 한다.

➜ 객관적인 서술을 할 것

자기 소개서는 자기의 이야기를 하는 것이지만 남을 염두에 두고 쓰는 글이다. 따라서, 자신이 좋아하는 소재나 단어에 얽매이지 말고 타인과의 의사소통이 가능한 어휘나 소재를 선택해야 한다. 또한 부분부분 자신의 주장을 피력함에 있어서 주관적이고 배타적인 시각이나 표현은 삼가고 상식적인 선에서 거부감 없는 내용이 되어야 한다.

➜ 모든 서술이 자신을 나타내는 데 복무(服務)하도록 할 것

많은 자기 소개서에서 자신의 얘기를 뒤로 한 채 특정 사안에 대한 일반적인 주장을 펴고 있는 경우가 있다. 지원동기나 인생관 등을 나타내는 부분에서 자신을 누군가에게 소개한다는 전제를 망각한 때문이다.

일단은 타인에게 자신을 소개한다는 본래의 취지를 염두에 두고, 그러한 전제에서 사실과 주장이 균형을 이룰 수 있도록 모든 얘기들이 그 목적을 뒷받침하는 구성으로 이끌도록 해야 한다.

➜ 추상적인 문구는 지양할 것

성격이나 장래의 포부를 말할 때 특히 주의해야 할 사항이다. 성격이 원만하고 적극적이다. 최선을 다하겠다와 같은 막연하고 일반적인 문구는 상투적이고 의미를 주지 못하는 말일 뿐 아니라, 그 부분에 대한 지원자의 구체적인 관심이나 지식의 결여로 읽힐 수 있기 때문이다.

모든 사실의 서술에서 정확하고 구체적인 표현으로 치밀하고 솔직한 인상을 심어 주도록 한다.

➜ 한자나 외래어 사용에 주의할 것

문장에서 불가피하게 한자나 외래어를 써야 하는 상황이 있을 때, 자신이 확신하는 선에서 주의를 기울여 사용하도록 한다. 한자나 외래어는 뜻이 빠르게 전달되고 문장이 고급스러워질 수 있는 반면, 잘못 사용됐을 경우 사용하지 않은 것만 못한 효과를 낼 수도 있기 때문이다.

➜ 표현에 일관성을 유지할 것

흔히 문장의 첫머리에서는 '나는…이다'라고 했다가 어느 부분에 이르러서는 '저는…습니다.' 라고 혼용하는 경우가 많다. 그 어느 쪽을 쓰든 한 가지로 일관되게 통일해서 써야 한다. 동일한 대상에 대한 반복 표현을 피하기 위해 다양한 표현을 쓰는 것이 좋으나 호칭이나 종결형 어미, 존칭어 등은 일관된 표현을 쓰는 것이 바람직하다.

4 자기 소개서 작성의 여러 유형

자기 소개서 작성의 바람직한 글의 양을 배분하여 도표로 보이면 다음과 같다.

1/3	1. 출생
	2. 성 장
	종합정리(내면의 이야기 포함)
	3. 교 육
2/3	4. 취미 · 교유관계 기타
	종합정리(내면의 이야기 포함)
	5. 지원동기
	6. 총정리 및 지원사에 대한 각오

	내 용
1. 출생	강릉의 교외 작은 어촌에서 저는 태어났습니다. 다른 어촌들이 그런 것처럼 집 앞은 바다가 끝없이 펼쳐져 있고, 마을 뒤로 동해고속도로가 지납니다. 때문에 도시화되어 가는 어촌입니다.
2. 성장 (가정환경)	어부이신 아버지와 아버지에 순종하는 한국의 보통 여자인 어머니 사이에 2남 1녀 중 맏딸입니다. 따라서 집안은 보수적이며 전통적인 가정입니다.
종 합	어머니는 몸짓으로 여자의 길을 가르쳐 주셨지만, 저는 이에 고분고분하지 못했습니다. 오히려 바다 가르쳐 주는 교훈, 생명의 용솟음과 자연의 냉엄함 속에 진취적인 자아를 만들어 나갔던 것 같습니다.
3. 교육 (학장생활과 활동분야)	대학은 서울의 ○○대학교 지리학과를 졸업했습니다. 강릉에서 고등학교까지 마치고 아버지의 반대를 무릅쓰고 서울로 진학했습니다. 여성의 몸으로 아르바이트로 학비와 생활비를 마련하면서 다닌 대학생활은 힘들었으나 한편 재미있던 시절이었습니다.
4. 취미 및 특기사항	가입한 서클은 없었고, 대신 여행을 즐겼습니다. 어려웠던 중에도 틈틈이 절약하며, 마음에 맞는 친구와 함께 여행을 했습니다. 여행은 산과 바다, 섬과 내륙의 오지 마을로 두루 다녔습니다.
종 합	이러한 여행에서 자연이 훼손되고 오염된 것을 도처에서 목격했습니다. 그리고 유년과 소년시절에 바다로 달려가 자연으로부터 많은 교훈을 배우고, 구원을 청했던 기억이 새로워졌습니다. 이러한 성장배경과 여행은 자연스럽게 환경문제에 관심을 기울이게 했습니다.
5. 지원동기	이제 짧은 여행 같았던 대학생활을 마감하고 사회에 첫발을 내디디게 되었습니다. 그러다가 저는 귀사가 발행한 환경관련 잡지 발행취지가 인간을 인간답게 살도록 한다는 사실에 감명받았습니다.
6. 전체종합 및 지원사에 대한 각오	지금까지 대학생활에서 사유하고 행동했던 자유분방한 모습은 현실에 밀착한 것이 아님을 압니다. 제가 사회에 첫발을 내디딤과 동시에 과거 대학생활에서 보였던 자유분방한 모습에서도 함께 졸업을 하려 합니다. 그래서 그때의 여러 경험들을 현실 속에서 있는 어떤 어려움이라도 극복해 낼 수 있는 의지로 만들고 싶습니다. 그리하여 떳떳한 사회의 일원으로서 그리고 조직의 일원으로서 제 역할을 충분히 수행하는 조직에 필요한 사람이 되겠습니다.

→ 유형 2

	내 용
1. 출생	푸른 물결이 시야 가득히 안기는 강원도 강릉이 저의 고향입니다.
2. 성장 (가정환경)	어머니는 저의 많은 부분에 영향을 주신 분입니다. 직업상 타지방 근무가 잦았던 아버지를 대신해 어머니는 2남 1녀의 자식들을 거의 도맡아 키우셔야 했습니다. 넉넉지 못한 가계를 위해 남의 집 일을 하시면서도 자식들 앞에서는 힘든 내색하지 않고 오히려 행동으로 보이는 교육을 하려 하셨습니다. 두 분 모두가 일을 갖고 있던 관계로, 부모님 부재시에는 장녀인 제가 동생들을 돌봐야 하는 책임을 맡아야 했습니다. 당시에는 무겁기만 했던 장녀로서의 자각이 지금에 와서는 저의 추진력이나 주도력을 연마하는 계기가 되어 주지 않았나 생각합니다.
3. 교육과정, 취미 기타	서울로의 대학진학은 제가 자연스럽게 부여받은 조건들에 대해 객관화할 수 있는 계기가 되었습니다. 어릴 때부터 품었던 자연에 대한 관심은 큰 갈등없이 지리학과를 전공으로 택하게 했습니다. 대학에서는 제가 가지고 있던 자연에 대한 열의와 지각을 응용할 수 있는 부분인 '환경문제연구회'라는 동아리에서 활동하게 되었습니다. 이 시기에 환경문제가 갖는 유효성에 깊이 공감할 수 있었다고 생각합니다.
종합정리 (내면 이야기) 포함)	동네 어디를 가도 막힘없이 펼쳐진 바다는 그것 자체로 유년시절 저에게 세상에 대한 하나의 상징이 되기에 부족함이 없었습니다. 무언가를 꽉 채우고도 쉴새없이 꿈틀대는 파란 물결들은 저 아닌 다른 세상에 대한 경외심과 미지의 것들에 대한 조건없는 호기심을 일으켰으니까요
4. 지원동기	외국에서는 논의되기 시작한 지가 꽤 오래된 환경문제가 우리 나라에서는 최근 몇 년 사이에 새롭게 부각되고 있습니다. 그리고 이제까지 환경문제가 정부나 시민단체 주도하에 심정적인 차원에서 진행된 것이라면 앞으로는 인론과 실천이 겸비된 조직적이고 상시적인 문제로 전환될 것입니다. 이의 신호탄을 알리는 귀사의 잡지 발간에 힘있는 응원을 보내면서 함께 참여하고 싶은 마음 간절합니다.
5. 총정리 및 지원사에 대한 각오	앞으로 사회인이 되어서도 저의 생활태도는 이제까지 살아왔던 자세와 크게 다르지 않을 것입니다. 더불어 환경잡지 편집업무는 이제까지의 저의 성장 과정을 스스로 돌아보건대 낯설지 않으면서도 애정과 소명을 가지고 일할 수 있는 분야일 거라고 믿습니다.

➡ 유형 1의 자기 소개서 연습

〈출생〉
〈성장과정 또는 배경〉
〈종합정리?〉
〈교육과정 · 외국어 학습〉
〈취미 · 친구관계, 자격증 취득 등〉
〈종합정리〉
〈지원동기〉
〈총정리 및 지원사에 대한 각오?〉

➜ 유형 2의 자기 소개서 연습

〈출생〉

〈성장과정 또는 배경〉

〈교육과정 · 외국어 학습〉

〈종합정리〉

〈지원동기〉

〈총정리 및 지원사에 대한 각오?〉

*위의 내용은 「상대를 사로 잡는 자기 소개서」(임준규 편저, 양서원)에서 발췌한 것임

성공적인 면접을 위한 이미지 연출법

면접을 짧은 순간에 자신이 가지고 있는 최상의 모습을 연출하여 성공적으로 자신을 표현해야 하는 중요한 순간이다.

오랫동안 많은 준비와 훈련을 해왔더라도 면접장에서는 누구나 긴장하기 마련이다.

그래서 할 말을 못하고 초조해하며 떠는 경우가 많은데 이는 절대적인 마이너스 요소이다. 모두가 같은 입장이라고 생각하고 평소에 준비해 올 생각이나 행동을 충분히 그리고 침착하게 표현할 수 있어야 한다. 무엇보다 면접에 임하는 자세는 예의바른 자세와 자신감 있는 태도가 중요하며 창의력과 적극성을 보여주는 당당한 모습이 필요하다.

먼저 면접에 임하기 위해 준비해야 할 것은 지원코자 하는 업종에 대해 폭 넓은 지식을 갖고 있어야 한다.

1 업종별 면접 요령

➜ 언론기관

· 근성과 끼를 발휘하는 것이 좋다.
· 장애와 난관 앞에서도 굴복하지 않는 기질을 보여주도록 해야 한다.
· 표준어와 바른말을 사용하도록 훈련한다.

➜ 항공사

· 서비스업이니 만큼 밝고 단정한 이미지와 명쾌한 태도를 보여주는 것이 좋다.
· 성격, 말씨, 걸음걸이, 자세 미소 등으로 종합적인 자질을 판단한다.

➡ 은 행

· 아직 보수적인 직업이니 만큼 단정하고 예의바르게 연출한다.
· 고객 유치에 적극적일 수 있는 자세를 보여 주는 것도 좋다.

➡ 전문직

· 응시한 직업의 특색에 맞게 개성이고 자신감 있는 연출이 호감을 줄 수 있다.
· 전문직으로서의 느낌을 최대한 살려준다.

➡ 공무원

· 인품, 교양, 예절을 중시해서 평가하므로 그에 맞게 행동한다.

2 면접시의 요령

· 자신은 모든 일에 대한 준비가 다 잘 되어 있는 느낌이 들도록 한다. 자기 자신도
  이만하면 됐다는 **자심감**을 가진다.
· 사회생활에 있어 가장 큰 투자가 바로 **인사**이다. 인사를 습관화 한다.
· **표정**은 그 사람이 과거를 알게 하고 미래를 예견할 수도 있듯 자신의 내면을 그대
  로 표현하고 있음을 기억하고 항상 상대에게 호감을 줄 수 있는 표정을 갖도록 훈
  련한다.
· 면접관이 어떤 말을 하더라도 열심히 들어주며 응대말을 보내는 등 **적극적**이며 **융
  통성**있게 행동하여 대화의 분위기를 높여 면접관을 자기 편으로 만들도록 하며 명
  확하고 적극저긍로 말하며 답변에 대해선 결론부터 말하도록 한다.

· 인사를 할 때도 따뜻하고 **적극적인 시선**을 가져야 하며 질문에 답할 때도 시험관 전원을 향해 말하듯 시선을 한 사람 한 사람에게 보내듯 자신있게 행동한다.

· **걷는 자세**는 개인의 인격과 마음을 나타낸다. 성공한 사람들은 당당하게 걷는다. 긍정적이며 자신감있게 걸어라.

· 요즘은 너무 조용하고 단정한 사람은 오히려 좋은 점수를 얻지 못하므로 적당한 **개성**을 표출하도록 한다.

3 면접시의 복장 매너

➡ 남 성

① 옷차림

일반적으로 짙은 색상 정장을 입어 안정감을 주는 것이 좋다. 청색 계열은 다양한 색상의 셔츠와 넥타이가 무난하게 다 잘 어울린다. 셔츠는 흰색이 깔끔하지만, 요즘은 양복과 같은 색 계열이면서 톤이 밝은 유색 셔츠를 입는 것도 유행이다.

밝은 회색은 나이 들어 보일 수도 있으므로 짙은 것이 무난하다. 짙은 감색도 좋다. 아주 세밀하게 줄 무늬가 있거나, 비슷한 색상이 혼합되어 단색으로 보이는 옷도 깔끔하다. 검정색이나 밤색 계열은 연출하기 까다로운 색상이라 초보자는 피하는 게 좋다. 투버튼(Two-button) 정장보다는 쓰리버튼(Three-button)이 유행에 맞으면, 조끼를 같이 입으면 깔끔한 인상을 준다.

셔츠는 밝은 색상을 선택해 V자 가슴선을 강조함으로써 시선을 얼굴 쪽으로 집중시키는 것이 바람직하다. 셔츠는 상의 밖으로 1.5cm 정도 나오도록 입는다. 셔츠의 목 뒷부분도 수트 깃 위로 조금 올라오도록 입는다. 셔츠의 목 뒷부분도 수트 깃 위로 조금 올라오도록 입는 것이 정석, 넥타이는 바지와 허리 밴드에 닿을 정도의 길이가 가장 보기 좋다. 투버튼-쓰리버튼 모두 아래 단추는 채우지 않는 것이 올바른 방법이다. 몸에 달라

붙는 스타일이나 번쩍이는 소재의 정장은 피하고 어깨나 허리, 바지통에 여유가 있는 스타일을 고르도록 한다.

② 외모연출

남성은 약간 짧은 머리 스타일이 단정하다. 헤어로션이나 무스 등을 발라 단정히 마무리하는 것도 하나의 요령.

➡ 여 성

① 옷차림

트임이 깊지 않은 무릎 길이 스커트 정장이나 바지 정장이 바람직하다.

색상은 차분한 회색이나 브라운, 화사한 베이지, 깔끔한 검정 정장이 적당하다. 여러 가지 복잡하게 섞지 말고 한두 가지 색으로 조화감을 이루는 게 좋은 인상을 준다.

재킷은 헐렁한 모양보다는 몸에 여유감을 주면서 허리선이 살짝 들어가고 엉덩이선을 약간 덮는 스타일이 바람직하다.

스커트 길이는 무릎 길이나 무릎이 살짝 드러나는 정도, 그리고 바지의 경우 구두의 발등을 약간 덮는 길이가 적당하다. 구두는 하이힐이나 뒤축이 없는 것보다 굽이 적당해 편안해 보이는 제품을 선택한다.

② 외모연출

여성은 커트나 단발이 활동적이라는 인상을 준다. 긴머리일 경우에는 뒤로 묶는 편이 깔끔하다. 짙은 염색이나 강한 웨이브는 피하는 게 좋다. 화장은 자연스럽고 밝게, 눈썹은 부드럽게 하고, 립스틱은 진하거나 어두운 색을 피한다.

➡ 주의할 점

① 남성의 경우

· 셔츠 속에 색이 비치는 내의를 입거나 흰 양말을 신는 것은 금물이다.
· 휴대전화나 전자수첩 등 소지품을 주머니에 많이 넣으면 후줄근해 보이므로 좋지
  않다.
· 너무 헐렁하거나 꽉 끼는 옷도 피해야 한다.

② 여성의 경우

· 지나치게 비싼 정장과 액세서리 코디는 피하는 편이 좋다.
· 자극적인 향의 화장품이나 향수도 피한다.
· 단추나 지퍼, 스타킹 등 작은 것에도 신경을 쓰는게 좋다.
· 너무 여성미를 강조하거나 몸에 피트되는 의상은 피한다.

4 면접시 좋은 점수를 받는 경우

· 개성이 있는 사람
  똑같은 질문이라도 다르게 생각하고 표현하는 사람에게 신뢰감을 느낀다.
· 활발하되 튀지 않는 사람
· 앞으로 밀고 나갈 사람
· 어떤 일이든 적극적으로 대처할 수 있는 적극적인 자세를 가진 사람
· 더 좋은 방법을 생각하는 사람
· 안심할 수 있는 정직하고 성실한 사람
· 마지막까지 최선을 다하는 사람

5 면접 시험 대비를 위한 최상의 Image

· 긍정적인 사고로 자신에 대한 믿음으로 자신감있고 당당한 마음가짐을 갖는다.
· 올바른 인사법을 익혀둔다.(당당함+겸손)
· 표정에 미소를 담으며 침착하고 자신있게 행동한다.
· 올바른 대화법과 논리있게 말하도록 한다.(경청)
· 시선처리를 익혀둔다.
· 바른 자세로 앉으며 바르게 걷는다.
· 외형적인 이미지 연출을 효과적으로 한다.

6 면접시 금기사항

· AM 9:00 - PM 5:00까지만 일하면 된다고 생각하는 사람
· 불성실해 보이는 사람
· 무표정한 사람
· 겁먹은 표정으로 긴장한 사람
· 면접관을 가르치려 들려는 사람
· 모른다로 일관하는 사람
· 일에 정열을 쏟지 못하는 사람
· 지시하지 않으면 아무일도 일하지 못할 것 같은 **사람**
· 목표도 없는 소극적인 사람
· 어떤 문제에도 대항하지 못하는 사람
· 자신감 긍지도 없는 사람
· 생산적인 것은 무시할 사람

· 너무 여유만만해서 오만해 보이는 사람

이런 지원자는 매력이 없다.

많이 아는 것과 잘난 척 하는 건 전혀 다른 얘기이다. 논리없이 자기 주장만 고집하는 것도 탈락의 지름길임을 명심해야 한다.

7 면접시의 구체적 행동요령

· 첫인상을 단정하고 품위있게 연출한다.
· 면접장에 들어가면 가볍게 문을 닫는다.
· 정중하고 바른자세로 걸어가 면접관에게 가볍게 인사한다.
· 면접관이 앉으라고 할 때 바른자세로 앉는다.
· 면접번호, 이름을 말한다.
· 친지하고 미소 띤 밝은 표정을 갖도록 한다.
· 대화중 제스추어를 절제한다.
· 실수를 했더라도 특유의 버릇을 보이지 않는다.
· 침착하며 자연스럽게 자신있는 태도를 유지한다.
· 대답은 결론부터 명료하고 간단하게 한다.
· 모르는 질문은 솔직히 밝힌다.
· 너무 크게 말하거나 기어들어가는 소리로 말하지 않는다.
· 끝까지 바른자세를 갖는다.
· 일어서기 전 인사말을 바른자세로 한다.
· 일어서서 의자옆에서 목례를 한다.
· 정중한 태도로 걸어나온다.
· 문을 정중히 닫는다.

몇분 안되는 짧은 시간동안에 이루어지는 면접은 순간의 이미지가 좌우할 수도 있다. 먼저 자신이 오너일 때 뽑고 싶은 사람을 생각하고 그렇게 행동하라. 자기 자신을 가장 성공적으로 만들어 내는 것은 자기 자신뿐이라는 것을 항상 기억해야 한다.

8 면접의 종류

➜ 단독 면접

한명의 면접 위원과 한명의 수험생이 개별적 질문과 응답을 하는 보편적인 면접방식이다.

⊙ 성공 테크닉

· 면접관을 친한 선배나 교수님과 같다고 생각하고 면접에 임한다.
· 친근감을 조성하되 예의 바르게 행동한다.

➜ 개인 면접

다수의 면접 위원이 한 명의 수험생을 대상으로 질문과 응답을 하는 방식이다.

⊙ 성공 테크닉

질문에 답할 땐 전체 면접위원을 향해 대답한다는 기분으로 임하고 여러 면접 위원과 눈을 맞춘다.

➜ 집단 면접

다수의 면접위원과 다수의 수험생이 질문과 응답을 하는 방식이다.

⊙ 성공 테크닉

평소 다른 사람 앞에서 자신의 의견을 조리있게 발표할 수 있는 능력을 갖춘 사람이 유리하다. 자신의 개성을 표현할 수 있도록 경험을 답변에 포함시키면 유리하다. 또한 다른 수험생의 얘기를 잘 듣는 태도도 필요하다.

➡ 집단 토론식 면접

면접 위원들이 여러 명의 수험생들에게 특정한 주제를 주고 토론시켜 발언 내용이나 토론 자세 등을 평가하는 방식이다.

⊙ 성공 테크닉

언제나 주제와 관련된 발언을 하고 요점을 명확히 하기 위해 결론부터 얘기한다. 간단한 필기도구를 준비하면 치밀하다는 인상을 줄 수 있으므로 꼭 준비하며 자신을 돋보이게 하기 위해서 너무 많은 말을 하거나 시간을 끌지 않는다.

타인의 말을 막거나 심한 반박도 마이너스 요인이 될 수 있으며 자신의 의견을 발언하는 것은 주저하거나 발언 횟수가 적어도 점수를 잃는다.

➡ 프리젠테이션 면접

회사측에서 주제와 관련된 재료나 컴퓨터 등을 제공하면서 어느 정도 준비 시간을 준 뒤 주제에 대하여 자신의 의견 지식 경험 등을 서로 본론, 결론의 형식에 맞춰 발표하는 면접방식이다.

⊙ 성공 테크닉

실례에 입각해 논리적으로 발표한다.

추측이나 무리한 주장을 사용하지 말아야 하며 구체적인 예시를 통해 발표를 하는 것이 좋다.

고객 감동 서비스

1 서비스의 개념

　서비스란 약자가 강자에게 증여하는 뇌물도 아니며 제공자가 받는 자 사이의 사회적 계급의 차이를 표시하는 것도 아닌 그야말로 대등한 입장에서 수수되는 기업 활동의 일부인 것이다.

　서비스는 오늘날 인간 욕망의 대상으로서 경제 주체의 합리적 선택의 목적이 된다. 즉, 인간의 욕망은 유형적 재화만으로써는 충족될 수 없으며 유형적 재화 이외의 무형적 가치, 즉 서비스가 반드시 요구되는 것은 명약관화하다. 여기에 서비스의 경제적 중요성이 있는 것이다. 서비스의 특성은 생산과 소비가 동시에 이루어지며 운송과 보관이 불가능하다. 서비스가 인간 욕망의 충족에 유용한 것이 분명하고 생산이 경제적 유용성의 창조를 의미하는 이상 서비스가 곧 생산이라 하는 것도 당연한 것이다. 따라서 서비스의 제공을 목적으로 한 기업은 생산과 소비를 동시적으로 추구하는 기업이라고 할 수 있다.

2 서비스의 종류

➜ 기능적 서비스

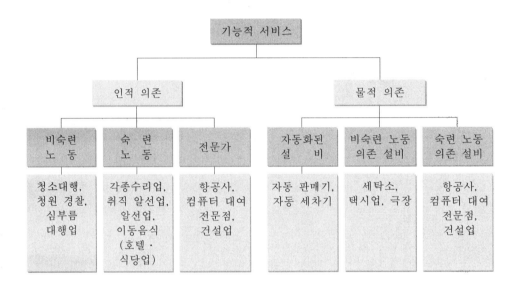

➜ 정신적 서비스

"고객은 언제나 정당하다.", "고객은 왕이다.", "고객은 보스이다."라고 하는 하나의 신앙같이 된 이런 유형의 사상이 오랫동안 서비스 업종의 지도 이념이 되어온 것은 사실이다. 즉, 사업 자체는 고객에 대한 봉사라는 경영관이 그것이다.

➜ 태도 표현적인 서비스

정신적 서비스란 말 그대로 막연하고 추상적인 가치의 개념이다. 회사의 방침이 철저한 서비스 정신에 있다고 주장하는 경영자가 사원들에게 고객에게 태도나 행위를 부드럽째 하라는 요구는 너무나 추상적이어서 사원들에게 이해 적용되는 데 어려움이 따르는 것이 사실이므로 좀 더 계량적이고 구체적인 지시가 필요하다고 하겠다.

여기서 태도와 표현에 나타나는 서비스 제공자의 구체적인 서비스를 살펴보면 다음과 같다.

① 태도(Attitude)

· 고객을 맞이할 때 즉시 고객 중심적 반응을 보이는가?
· 응대 중에 고객을 무시하는 것 같은 인상을 주자는 않는가?
· 지극히 거계적이고 무표정한 태도를 보이고 있지 않는가?

② 표정(Facial expression)

· 미소와 밝은 표정으로서 고객을 응대하고 있는가?
· 냉담하고 찡그린 표정은 아닌가?

③ 동작(Motion)

· 접객과정 중 부드럽고 명쾌한 동작을 취하는가?
· 난폭하고 무분별한 동작을 취하고 있지는 않는가?

④ 표현(Expression)

· 표준어로서 경어를 사용하고 있는가?
· 매직 프레이즈는 적절한 구사하고 있는가?
· 외국어를 정확하고 적절히 구사하고 있는가?
· 예의에 벗어난 화술은 아닌가?

이상의 네 가지 요소는 서비스 제공자로서 반드시 구비해야 할 요소로서 평가를 받아야 한다. 특히 관광 업종을 중심으로한 레저 산업, 서비스 업종의 경우는 이런 유형의 서비스의 무형적 부품이 조합된 하나의 상품이 근간을 이룰 수 있다고 생각하고 반드시 준수되어야 함은 말할 것도 없다.

3 3서비스의 3S, 7C & 10S

(1) 서비스의 3S

➡ 미소(Smile)

고객을 맞이하는 순간부터 접객 중, 전송시는 물론이고 그 외에도 고객과의 만남에서 미소는 서비스 제공자의 기본 업무 자세라고 할 수 있다. 자연스럽고도 고객을 편안하고 기분좋게 하는 미소를 짓는 업무 자세를 항상 견지하도록 해야 한다.

➡ 신속(Speed)

서비스의 제공은 스피디하게 진행됨이 기본이다. 고객은 의외로 기다림을 지루하게 여기며 특히 한국인은 더욱 그러하다. 느리지 않는 식 적절하면서도 신속성이 유지되는 서비스의 제공 또한 중요하다.

➡ 성의(Sincerity)

한결같은 자세로 성심성의껏 고객에게 서비스를 제공하는 것이 서비스 제공자의 업무에 대한 기본자세이다.

(2) 서비스의 7S

➡ 미소(Smile)사고(思考, Consideration)

서비스 제공자는 고객에게 서비스 제공에 있어 기계적인 서비스를 제공하는 것이 아니므로 항상 고객을 배려하고 생각의 연장선에서 서비스를 제공함을 잊어서는 안된다.

➜ 정확(Correctness)

고객에 대한 서비스의 제공은 정확한 서비스 제공이 기본이다. 주문을 받을 때는 필요하다면 메모지에 기록하는 것이 좋고, 고객의 요구나 대화에 따른 중요한 사항은 반드시 확인하고 복창하는 습관을 갖도록 한다.

➜ 일치(Coincidence)

서비스 제공자는 항상 언행이 일치하도록 업무 자세를 견지해야 한다. 돌발적인 상황이 발생하여 불일치의 경우가 발생하면 고객에게 정중하게 설명하여 이해를 구하도록 해야 한다.

➜ 찬사(Compliment)

고객에 대한 응대에 있어 적절한 칭찬의 어귀를 가급적 사용하도록 해야 한다.

➜ 결합(Coherence)

업무상에 병행되는 상품의 여러 요소가 일사분란하게 전문성과 숙련도가 발휘되는 결합력이 표현되어야 한다.

➜ 간결(Conciseness)

서비스의 부품이나 과정이 복잡할수록 서비스 품질의 저하율이 높을 가능성이 크므로 간결성을 서비스 제공의 기본으로 삼아야 한다.

➡ 예절(Courtesy)

이는 고객과의 관계에서 종합적 평가에 대한 가장 중심 측정치가 될 정도로 비중이 크므로 성별, 연령별, 지역별, 계층별 고객에 대한 폭넓은 예절을 늘 익혀두어야 한다.

(3) 서비스의 10S

➡ Self-introduction

서비스제공자는 반드시 자기에 대한 간단한 소개를 필수적으로 하고 이때 이름은 반드시 풀 네임으로 밝혀야 한다.

➡ Skill

고객이 요구하는 서비스의 내용을 정확히 숙지하고 이에 따르는 능숙한 기술을 구비해야 한다.

➡ Speed

고객의 요구에 신속히 대처해야 한다.

➡ Sure

고객에게 서비스가 생산·제공되는 과정에 확신과 자신감을 고객에게 주어야 한다.

➜ Sincere

서비스 제공자는 진지한 자세를 항상 유지하며 고객에게 적당한 서비스를 제공해야 한다.

➜ Smiling

마음 속에서 우러나오는 자연스러운 미소를 고객에게 친근감이 가도록 띠어야 한다.

➜ Smart

서비스 제공자는 스스로 옷차림, 몸차림, 말씨, 행동을 항상 산뜻한 인상을 줄 수 있도록 업무 자세를 견지해야 한다.

➜ Smooth

서비스의 연출은 부드러움, 온화함, 깨끗함, 매끄러움 등이 통합되어 고객에게 제공되어야 한다.

➜ Seemly

고객의 느낌에 과잉 친절이 되지 않도록 유의해야 하며 심리적인 부담을 주지 않는 지나침이 없는 서비스가 되어야 한다.

➜ Sensible

서비스 제공자는 고객의 욕구를 정확히 파악하고 미리미리 준비하는 센스가 필요하다.

4 우수 서비스 기업의 성공 요인

	영역별 성공 요인
서비스인력	· 우수한 사람을 채용, 세심하고 강도있는 교육 · 인간의 힘이 조직 내의 가장 큰 자원이라는 사실 인식 · 고객과의 관계는 '종업원과 경영자의 관계를 반영한다' 는 전제하여 종업원에게 최대한 투자 · 고객 중심적인 사고를 가진 사람을 모집 · 관리자들은 최일선 조직을 최우선으로 지원
리더십	· 정신과 행동 양자에 걸친 융통성 있는 리더십 · 서비스 문화의 구성 요소를 결정하는 리더십 · 조직의 상층에서부터 솔선하는 리더십
민감성	· 고객의 발언을 듣고 서비스에 반영하는 경청과 대응 · 고객의 욕구에 부응하는 방향으로 스스로를 변화시키는 능력 · 고객의 욕구 변화에 기민한 반응
서비스의 질	· 서비스의 질에 대한 구체적 기준 설정과 이 기준에 따른 평가 · 서비스의 질을 측정하고 평가함으로써 전략의 효율성을 검증 · 서비스의 질이 이익의 원천이라는 믿음

*관광 서비스론(이상춘 저, 신지서원)에서 발췌한 것임.

5 고객 만족 서비스

➔ **첫**인상을 만족시켜라.

단정한 용모, 깔끔하게 정돈된 유니폼, 밝은 미소, 반갑게 맞이하는 친근한 인사말, 적극적인 안내 자세.....

겉으로 드러난 모습만으로 고객은 환대 받고 있다는 만족을 느끼게 한다.

① 첫인상의 결정요소

표정, 인사, 용모복장, 자세동작, 말씨로 좋은 첫 인상을 만들어 보라.

② 고객에 대하여 관심을 가져라.

첫 대면의 순간부터 고객 한사람 한사람에 대한 진지한 관심은 첫 인상을 만족시키고 이어지는 SVC에 대한 만족까지 연결되는 것이다.

③ 환대의 마음을 미소로 표현하라.

미소는 미소를 부른다. 적극적이고 자신감있는 밝은 환영의 미소는 첫 인상의 상징이다.

④ 객관적으로 진실하게 고객을 칭찬하라.

고객의 마음을 사로잡기 위해서는 먼저 칭찬하라. 사실에 입각해서 객관적으로 진실하게 상대방에게 알맞는 칭찬은 친근감과 호감을 더해줄 것이다.

⑤ 고객의 이름을 칭하여 만족시켜라.

고객의 이름을 칭하는 것은 고객의 존재를 부각시키고 고객을 특별대우하는 최상의 만족을 줄 뿐 아니라 창조의 SVC에서 고객 관리까지 이어지는 것이다.

➡ 친절로서 고객을 만족시켜라.

고객은 환영해 주기를 원하며 만족을 원한다. 고객은 우리의 친절한 SVC에 대하여 참으로 경험하지 못한 "어떻게 이처럼 친절할 수 있을까?"라고 감동하는 반응을 보일 것이다.

① 고객이 우리와의 만남을 즐거운 경험으로 느끼게 하라.

② 고객이 우리와의 만남을 유익하게 여기도록 하라.

고객은 관심을 가져주기를 바라며 동시에 유익함을 더욱 원한다.

고객으로부터 "감사합니다." 라는 말을 들을 수 있다면 유형, 무형의유익함을 기대하는 고객의 욕구가 충족된 것이고 우리의 친절을 인정받는 것이 아닐까?

③ 고객을 존경하는 마음으로 대하라.

고객에게 존중하는 말씨와 태도로 신속하고 예의바르게 맞이해야 한다.

고객은 존경받기를 원할 뿐 아니라 존경받을 권리가 있다는 것을 먼저 명심해야 한다.

④ 고객의 욕구와 의견을 존중하라.

고객은 자신의 기대와 요구를 수용해 주기를 바라며 반드시 중요한 사람으로 대접받을 권리가 있다고 생각한다.

➡ 상품지식을 충분히 숙지하여 만족시켜라.

상품지식이 풍부하면 일에 자신을 갖게 된다.

한가지라도 답변을 못한다면 고객의 마음 속에 신뢰감이 무너질 것이다. 상품 지식이 풍부하면 고객의 불만이 훨씬 줄어들 뿐만 아니라 불만에 대한 대응도 보다 수월할 것이다.

① 정통한 상품지식은 훨씬 많은 가망고객을 확보하게 한다.

② 자사의 상품에 대해 항상 흥미를 갖고 정보를 수집해 보라.

최신의 정확한 상품지식으로 인해 고객으로부터의 대우가 달라질 것이다.

③ 경쟁사의 상품에 대해서도 관심을 갖자.

자사 상품과의 차이점, 우수성, 단점을 알 수 있으며 고객에게는 자사상품의 편리함과 우수함을 제공할 수 있을 것이다.

④ 고객의 입장에서 고객의 계층에 알맞게 상품의 이점과 가치를 구매 동기와 일치시켜 고객에게 도움이 되는 것을 제공해야 한다.

➡ 불만 고객의 행동유형

· 95%의 고객은 표현하지 않는다.
· 서비스에 불만인 고객 90% 이상은 두번다시 오지 않는다.
· 한사람은 9명 이상에게 이야기 한다.
· 고충을 신속하고 완벽하게 처리받은 고객의 90% 이상은 우리의 고정 고객이 된다.

➡ 대표적 고객유형

· 잘난체 하는 고객
· 성급한 고객
· 신경질적인 고객
· 말 많은 고객
· 의심 많은 고객
· 자신감 없는 고객
· 깐깐한 고객
· 난폭한 고객
· 고집불통형 고객

➡ 고객관리에 만전을 기하라.

기존의 고객을 관리하기 보다 새로운 고객을 찾기에만 열심이다.
그러나 승부는 결코 고객의 창조에서라가 보다 고객관리에 의해서 결정된다는 사실을 잊어서는 안될 것이다.

① 현재의 고객에게 향후에도 자사를 이용하도록 유도하라.

② 타사를 이용하는 고객에게 자사를 이용하도록 유도하라.

어제의 고객이 반드시 오늘의 고객이 된다는 보장은 없다.

같은 질과 값으로 경쟁하는 타사에 단골을 얼마든지 놓칠 수 있기 때문이다. 따라서 어제의 고객은 오늘의 고객, 미래의 고객으로 계속 유지할 수 있느냐가 경쟁시대에 승리하는 고객관리의 지혜라 할 수 있다.

참고문헌

- 패션코디네이트와 이미지 칼라진단　다나후지이　(주) 그래픽사
- 맨워칭 인간 행동을 관찰한다.　데즈먼드 모리스　까치
- 첫인상, 성공의 1/2　노구치 아스오　매일경제신문사
- 생활예절 가이드　모경섭　일신서적 출판
- 지적인 여성의 화술　나가샤키 카즈노리　예문당
- 대화의 에티켓　전영우　집문당
- 색깔있는 이야기　박영수　샛길
- 제스처로 사람을 읽는다　제럴드 니렌버그　현대미디어
- 챠밍스쿨, 패션다이어트　현하　삶과 꿈
- 여성의 매너와 에티켓　편집부　세명문화사
- 관광 서비스론　이상춘　신지서원
- 이미지를 잡아야 세계를 잡는다　　국정홍보처
- 비지니스 에티켓(남자가 꼭 알아둘 국제사회 에티켓이야기)　　서광모드
- 글로벌 비지니스　박준형　김영사
- 멋을 아는 남자　　코오롱 모드
- 스타덤 옥망의 산업 1　크리스틴 글레드힐　시각과 언어
- 취업전략 상대를 사로잡는 자기 소개서　임준규　양서원
- 신사복 미학　이영재　프럼투
- 마침표를 찍는 10가지 방법　손일락　뜨인돌
- 현대인과 국제매너　박한표, 손일락, 최호열　한올출판사
- Impacts of the Hotel Restaurant Service Kum han na Justices on Customer Satisfaction.
- 「Color Atlas of Anatomy」 Rohen Yokochi. WILLAMS8 WILKINS.
- 「HOMO ELEGANS」 Emenegido Zegna.

이미지와 국제매너

2007년 2월 28일 초판1쇄 발행
2012년 9월 05일 초판4쇄 발행

저 자 금 한 나
펴낸이 임 순 재
펴낸곳 ⓞ한올출판사
　　　　등록 제11-403호
　　　　1 2 1 - 8 4 9
주　　소　서울특별시 마포구 성산동 133-3 한올빌딩 3층
전　　화　(02)376-4298(대표)
팩　　스　(02)302-8073
홈페이지　www.hanol.co.kr
e - 메 일　hanol@hanol.co.kr
정　　가　12,000원

ㅁ ISBN 978-89-8325-874-8